巨人的较量

抗美援朝高层决策

齐德学　著

辽宁人民出版社

图书在版编目（CIP）数据

巨人的较量：抗美援朝高层决策 / 齐德学著．— 2
版．— 沈阳：辽宁人民出版社，2017.3（2025.1 重印）
ISBN 978-7-205-08850-7

Ⅰ．①巨… Ⅱ．①齐… Ⅲ．①抗美援朝战争－史料
Ⅳ．① E297.5

中国版本图书馆 CIP 数据核字 (2016) 第 313858 号

出版发行：辽宁人民出版社
　　　　　地址：沈阳市和平区十一纬路 25 号　邮编：110003
　　　　　电话：024-23284321（邮　购）　024-23284324（发行部）
　　　　　传真：024-23284191（发行部）　024-23284304（办公室）
　　　　　http://www.lnpph.com.cn
印　　刷：辽宁新华印务有限公司
幅面尺寸：170mm×240mm
印　　张：17.5
字　　数：300 千字
出版时间：2017 年 3 月第 2 版
印刷时间：2025 年 1 月第 4 次印刷
责任编辑：马　辉　董　喃
特约编辑：宇宙之井　张京京
装帧设计：仙境书品
责任校对：吴艳杰
书　　号：ISBN 978-7-205-08850-7
定　　价：66.00 元

CONTENTS

朝鲜战争的爆发
给中国提出了新的课题

毛泽东决心用三年左右的时间恢复国民经济

中国共产党领导中国人民经过 28 年不屈不挠、艰苦卓绝的革命斗争，特别是经过 22 年的革命战争，终于推翻了帝国主义、封建主义和官僚资本主义在中国的统治。中国共产党和中国人民站在海岸遥望的"航船"已经靠岸，立于高山之巅远看东方光芒四射的一轮"朝日"已经喷薄出海，躁动于母腹中的"婴儿"已经成熟——新中国诞生了。

1949 年 10 月 1 日，毛泽东代表中国人民在北京天安门城楼上庄严宣告："中华人民共和国中央人民政府今天成立了！"第一面五星红旗在北京天安门广场升起，30 万军民在天安门广场举行了庆祝中华人民共和国成立的开国大典。

中华人民共和国的成立，标志着中国人民的革命斗争取得了伟大的胜利，标志着中

1949 年 10 月 1 日，毛泽东在北京天安门城楼宣告中华人民共和国成立

国历史进入了一个新时代，开辟了中国历史的新纪元，中国人民站起来了，百余年来备受欺凌和屈辱的中华民族，从此昂然屹立于世界的东方。

然而，中华人民共和国的成立，只是万里长征走完了第一步。摆在中国共产党和中国人民面前的形势依然相当严峻，任务依然相当艰巨。由于长期遭受帝国主义列强的侵略和掠夺，由于遭受长期战争的破坏，整个中国几乎是一片废墟，千疮百孔，百废待兴，一切均需从头做起。

在经济方面，许多工厂停工，本来就不发达的铁路交通约有1/2处于瘫痪状态，农业自然灾害严重。到1949年底，虽然人民政府已先后没收了占全国固定资产80%的官僚资本主义企业2858家，建立了社会主义性质的国营经济，控制了国家的经济命脉；农村已在东北、华北有1.2亿人口的老解放区，进行了土地改革。但是，工农业生产水平都很低。年人均收入不但与西方发达的资本主义国家无法相比，而且远远低于亚洲国家的平均水平。1949年工农业总产值只有466亿元人民币（1955年新币值），主要产品的年产量普遍低于历史最高水平。在历史上，钢、粮食和棉花的最高年产量，分别是92万余吨、2774亿斤和1698万担，而1949年的钢产量只有15.8万吨，粮食产量只有2162亿斤，棉花产量只有889万担，分别相当于历史最高年产量的17.1%、77.9%、52.3%。工业水平相当落后，没有像样的加工工业，更没有机械制造业，工业产值仅占工农业总产值的10%左右；占全国农村总人口2/3的地区有的尚未解放，解放了的土地改革尚未开始；物资奇缺，物价飞涨，通货膨胀严重，国家财政赤字庞大，财政经济方面存在着严重的困难。

在政治方面，人民解放战争还没有完全结束，广东、广西、四川、贵州、云南、西康省的全部或大部，陕西、湖南、湖北各一部，约占全国1/3的地区，仍在国民党反动派的控制之下，尚有白崇禧、胡宗南两股主力等残存的140余万国民党军部队，在上述地区和沿海岛屿负隅顽抗，在新解放区，匪患相当严重，国民党军队溃逃时留下的残余力量以及职业特务和反革命分子，同土匪和各种反动势力相勾结，进行各种破坏活动。新解放区的基层政权尚未健全，已经建立的也还未巩固。还有数百万的工人和知识分子失业等等。政治上还存在着许多动荡不安的因素。

此外，帝国主义不甘心在中国的失败，采取经济上封锁，军事上包围，外交上孤立，政治上颠覆等种种手段，企图把新中国扼杀在摇篮里。

毛泽东当时曾指出，我们面前还有困难，而且困难是很多的。[①]面对这种严峻的经济、政治形势，中国人民非常需要一个和平的国际环境，以治理战争创伤，恢复和发展国家

① 《毛泽东选集》第五卷，第6页，北京：人民出版社，1977年。

的经济、文化和科学、教育事业，巩固人民民主政权。同时饱尝了长期战争灾难的中国人民，深知和平来之不易，非常珍惜和热爱和平。1949 年 9 月 29 日，中国人民政治协商会议通过的《共同纲领》，代表中国人民的意志，明确规定："中华人民共和国外交政策的原则，为保障本国独立、自由和领土主权的完整，拥护国际的持久和平和各国人民间的友好合作，反对帝国主义的侵略政策和战争政策。"1949 年底，毛泽东访问苏联，在 12 月 16 日同斯大林等苏联领导人会谈时，毛泽东一开始就说：现在最重要的问题是保卫和平。中国需要三至五年的和平喘息时间，用这段时间来恢复战前的经济水平和稳定全国的局势。解决中国最重要的问题，取决于和平前景。①

根据《中国人民政治协商会议共同纲领》的规定，中央人民政府的任务是："在全中国境内实行人民民主专政。它将指挥人民解放军将革命战争进行到底，消灭残余敌军，解放全国领土，完成统一中国的伟大事业。它将领导全国人民克服一切困难，进行大规模的经济建设和文化建设，扫除旧中国所留下来的贫困和愚昧，逐步地改善人民的物质生活和提高人民的文化生活。它将保卫人民的利益，镇压一切反革命分子的阴谋活动。它将加强人民的陆、海、空军，巩固国防，保卫领土主权完整，反对任何帝国主义国家的侵略。它将联合一切爱好和平自由的国家、民族和人民，首先是联合苏联和各新民主国家，以为自己的盟友，共同反对帝国主义者挑拨战争的阴谋，争取世界的持久和平。"②

中央人民政府一成立，就按《共同纲领》的规定，领导中国人民展开了各项工作。

从 1949 年 10 月至 1950 年 5 月，主要是领导中国人民继续完成解放战争的任务，统一全中国，和在新解放区建立人民政权。至 1950 年 5 月底，8 个月时间，计歼灭国民党正规军 88 万余人，全国除大陆的西藏和沿海台湾等少数岛屿外，其他地区已全部解放。新解放区各级政权也已基本建立。此外，新解放区剿匪和全国镇压反革命工作，也取得重要成绩；实现了全国范围的财政经济工作的统一管理和统一领导，争取了财政收支的基本平衡，基本遏止了通货膨胀，稳定了物价；对合理调整工商业，改善公私关系和劳资关系，也做了一些工作；与苏联等社会主义国家及一些资本主义国家建立了外交关系，并与苏联缔结了《友好同盟互助条约》，等等。这些为集中精力恢复国家建设奠定了基础，但还没有获得大规模进行经济建设的条件。

---

① 1949 年 12 月 16 日毛泽东与斯大林会谈记录。
② 《毛泽东选集》第五卷，第 9 页，北京：人民出版社，1977 年。

在这种形势下，中国共产党于 1950 年 6 月 6 日至 9 日，在北京召开了第七届中央委员会第三次全体会议。毛泽东在会上作了重要讲话和《关于争取国家财政经济状况根本好转而斗争》的书面报告，刘少奇、陈云、周恩来、聂荣臻分别作了土地改革、财经工作、外交工作、军事工作的报告。

会议着重讨论了实现国家财政经济状况根本好转的问题。确定党的中心任务，是以三年左右的时间，争取实现国家财政经济状况的根本好转，为有计划进行经济建设创造条件。会议认为，"要获得财政经济状况的根本好转，需要三个条件，即：（一）土地改革的完成；（二）现有工商业的合理调整；（三）国家机构所需经费的大量节减。"为此，会议确定要做好土地改革、稳定物价、调整工商业、有计划地复员一部分军队、改革旧有文化教育事业、肃清反革命、整党等八项工作。[1] 毛泽东在讲话中特别强调："在伟大胜利的形势下，我们面前还有很复杂的斗争，还有许多困难。""我们的敌人是够大够多的。""我们不要四面出击……我们决不可树敌太多，必须在一个方面有所让步，有所缓和，集中力量向另一方面进攻。我们一定要做好工作，使工人、农民、小手工业者都拥护我们，使民族资产阶级和知识分子中的绝大多数人不反对我们。"这就是我们的政策，这就是我们的战略策略方针。[2]

为贯彻这次会议精神，6 月 14 日至 23 日，又召开了政治协商会议第一届全国委员会第二次会议，重点讨论了土地改革问题。决定按照《共同纲领》的规定，对新解放区有步骤地进行土地改革，1950 年冬至 1951 年春，在华北、西北、华东、中南共 300 多个县，1 亿多农业人口的地区，完成土地改革，其余尚未进行土地改革的地区，大部分于 1951 年冬完成，一部分 1952 年冬完成，还有一小部分少数民族聚居地区的土地改革，留待以后再说。6 月 28 日，中华人民共和国中央人民政府委员会通过《中华人民共和国土地改革法》，6 月 30 日，中央人民政府主席毛泽东发布命令公布实施。为实现国家财政经济根本好转的其他各项工作，也陆续蓬勃展开。

随着大规模战争的结束，和适应新中国建立初期的形势，中国人民解放军的职能和任务也发生了重要变化。按《共同纲领》的规定，人民解放军的职能是，保卫中国的独立和领土主权的完整，保卫中国人民的革命成果和一切合法权益。其任务是，在中央人民政府的领导下，将解放战争进行到底，解放中国全部领土，完成统一中国的事业；建设强大国防军，加强现代化的陆军，并建设空军和海军，以巩固国防；在不妨碍军事任

---

[1] 《建国以来重要文献选编》第一册，第 253～256 页，北京：中央文献出版社，1992 年。
[2] 《建国以来重要文献选编》第一册，第 257～260 页，北京：中央文献出版社，1992 年。

务的条件下，有计划地参加农业和工业生产，帮助国家的建设工作。

为实现《共同纲领》规定的任务和保证国民经济恢复，中共七届三中全会和政协第一届全国委员会第二次会议，为人民解放军确定了如下具体任务：

"第一是准备进军台湾、西藏，解放全部国土。"解放台湾和西藏等全部国土，完成统一祖国大业，是中国人民的意志，也是人民解放军的意志。人民解放军仍然具有重大作战任务，并且解放台湾是全国军事工作的重点。必须完成一切必要准备，克服一切可能遇到的困难，再接再厉，以竟全功。

"第二是消灭残余土匪，安定地方秩序。"虽然新中国成立8个月以来，人民解放军在新解放区歼灭土匪和国民党非正规部队58万余人，但在西南、中南、华东和西北地区尚有大量土匪散在偏远地方为害人民。剿灭这些土匪仍是人民解放军的重大任务之一。只有剿灭这些匪患，及根绝其所依存的封建势力，才能安定社会秩序。

"第三是参加生产建设工作。"1949年12月5日，中央军委就发出了《关于一九五〇年军队参加生产建设工作的指示》，号召全军"除继续作战和服勤务者外，应当担负一部分生产任务，使人民解放军不仅是一支国防军，而且是一支生产军，借以同全国人民克服长期战争所遗留下来的困难，加速新民主主义的经济建设"。指示"各军区首长，必须指导所属，从一九五〇年春季起，实行参加生产建设工作，借以改善自己的生活，并节省一部分国家开支"。对执行生产任务作了具体规定。执行这一指示，人民解放军除担负作战和执勤任务的部队外，均担负了一定的生产任务。仅东北、华北和西北军区的部队，即开垦土地213万余亩，并投入大量部队参加了水利工程和铁路工程建设。就连调到中原地区集中整训、作为国防机动部队的第13兵团，也参加了生产建设。该兵团所辖3个军，其第38、第39两军主力，1950年初集中后，即投入了生产建设，第40军完成海南岛战役后，正在广东休整，也准备北调中原地区，担负生产任务。

"第四是加强教育工作，提高部队的文化水平。"人民解放军的指挥员和战斗员，一般文化水平较低，许多还处于文盲状态。随着大规模战争的结束，为建设强大国防军，完成保卫祖国和建设祖国的伟大任务，必须提高全体指挥员和战斗员的文化水平。1951年8月1日，中央军委专门发出了《关于在部队中实施文化教育的指示》，指出："中央决定，全军除执行规定的作战任务和生产任务外，必须在今后一个相当时期内着重学习文化，以提高文化为首要任务，使军队形成一个巨大的学校，组织广大指挥员和战斗员，尤其是文化水平低的干部，参加文化学习。"规定全军规模的文化教育，自1951年1月1日正式开始，务求在3年内，使一般战士及初级小学程度以下的干部达到高级小学的水平，使一般相当于高级小学程度的干部达到初级中学的水平。连队以60％的时间进行文化教育，以30％的时间进行军事教育，以10％的时间进行政治教育。

"第五是整编和复员工作。"到1950年6月，人民解放军已达到550万的庞大数目。随着大规模战争的结束和恢复国家经济建设的形势，如此庞大的军队已没有必要，并且是国家财政上一个很大的负担。因此，在保证有足够力量用于解放台湾、西藏，巩固国防和镇压反革命活动需要的条件下，有必要对部队进行整编复员。中央军委决定，1950年下半年，复员150万人回乡参加生产，使部队保留400万人。为此，于5月即成立了以周恩来为主任、聂荣臻为副主任的中央复员委员会，并召开全军参谋会议进行了动员部署。各军区也作了复员计划，开始了全国第一次大规模复员工作。[1]仅中南军区即计划将军区现有153万人整编为100万人，其中第一步整编复员23万人，于6月已完成，第二步整编复员30万人，计划11月底前全部完成。[2]

总之，中国人民已经开始致力于医治长期战争遗留的创伤，以争取财政经济状况根本好转为中心任务，展开了恢复国家建设的各项工作。

---

[1] 人民解放军五个方面的任务，见《聂荣臻军事文选》，第335～339页，北京：解放军出版社，1992年。
[2] 见1950年5月6日中共中央中南局、中南军区党委关于中南军区部队整编计划致中央军委的电报。

朝鲜内战爆发

正在中国人民按照中共七届三中全会和人民政协第一届全国委员会第二次会议的部署，准备集中精力恢复国民经济的时候，一个新的情况出现了。1950年6月25日，朝鲜内战爆发。

朝鲜，是一个文明古国，在地理上，是从亚洲东北大陆伸出的一个狭长半岛，三面环海，北部与中国和苏联接壤。朝鲜半岛南北长800余公里，东西宽170～340公里，全部面积22万余平方公里，面积相当于中国的湖南省。境内遍布崇山峻岭，并有许多江河纵横奔流其间。南方气候较热，水量充足，是朝鲜的主要农业区，主要农作物是水稻；北方冬季寒冷，其东北部最低气温可达-40℃，北方是朝鲜的主要工矿区，占有大部分的金、铁、钨、铜、石墨、煤、木材等工业资源。

朝鲜半岛所处地理位置具有重要的战略作用。它是帝国主义入侵亚洲大陆的跳板，也是亚洲大陆抵御帝国主义侵略的一个屏障。

这里居住着一个勤劳的民族，具有悠久的文化和历史，早在公元1世纪，就是一个统一的王朝，14世纪定国号为朝鲜。然而，这个民族，历史上多遭劫难，16世纪以来，多次遭到外国的侵略，到20世纪初期的日俄战争后，沦为日本的殖民地，于1910年，被日本殖民主义者吞并，长期遭受日本军国主义的蹂躏践踏。直到第二次世界大战结束，日本帝国主义被打败宣布投降，朝鲜人民才从日本帝国主义的奴役下解放出来。

然而，朝鲜人民在欢庆解放的同时，又陷入了新的忧愁，统一的民族被人为地分割为南北两部分。

在第二次世界大战进行到1943年底的时候，遭受日本军国主义奴役之苦的朝鲜人民，引起了反法西斯同盟国的关注。12月1日，由中国（蒋介石国民党政府统治下的中国）、美国、英国发表的《开罗宣言》中说："我三大同盟国轸念朝鲜人民所受之奴隶待遇，决定在适当期间，使朝鲜自由独立。"

到了1945年2月，德国法西斯战败的前夕，反法西斯同盟的苏联、美国、英国三国首脑约瑟夫·斯大林、富兰克林·罗斯福和温斯顿·丘吉尔，在苏联克里米亚半岛南岸的雅尔塔举行会议，商议分区占领德国和柏林、苏联对日宣战和战后世界的安排等问题，并签订了《雅尔塔协定》。协定规定了苏联对日作战条件，背着中国政府（当时是国民党政府）践踏中国主权，其中包括苏联使用中国大连港和苏联通往大连铁路的优越权益、租用旅顺为海军基地等。

实际上，这次会议是三国划分战后势力范围的会议。战后世界政治格局的形成和许多国际问题的出现，都与这次会议有着直接的关系。朝鲜问题也不例外。会议期间，罗斯福同斯大林私下谈及朝鲜问题。这是美苏首脑首次就日本投降后朝鲜如何安排问题进行商谈。罗斯福认为，朝鲜不具备自治能力，需由苏、中、美三国共同托管20～30年。斯大林提出：托管时间越短越好，并应有英国参加。两人就这个问题私下达成了谅解。4月中旬，美国总统富兰克林·罗斯福突然病逝，由当时的副总统哈里·杜鲁门接任总统。5月下旬杜鲁门派特使去莫斯科商谈有关问题。该特使在谈到朝鲜问题时，斯大林告诉他，俄国允诺执行四国托管朝鲜的政策。

在德国法西斯战败投降后，1945年7月17日至8月2日，苏联部长会议主席斯大林、美国总统杜鲁门、英国首相丘吉尔（后为艾德礼）及三国外长，在柏林西南的波茨坦再次举行会议。这次会议是盟国在第二次世界大战中举行的最后一次会议。会议发表了《波茨坦协定》和《促令日本投降的波茨坦公告》。公告中，对朝鲜问题重申了《开罗宣言》中的内容。会间，苏联通报准备于8月8日对日宣战，并探询美国是否有同苏联在朝鲜联合登陆的意向。而美国的愿望，最好是独占朝鲜。杜鲁门曾说"国务院极力主张在整个朝鲜的日本部队应由美国受降，但是我们要是以必要的速度把军队运送到朝鲜北部，那就无法保证我们在日本抢先登陆"。[①]此外，美国估计攻占朝鲜将付出重大代价，因而想把攻占朝鲜的战役连同"可能遭到的重大伤亡"留给苏联去承担，自己则坐收渔利。因此，美国虽然知道苏联将于8月8日对日宣战，但并未准备近期内在朝鲜实施登陆作战。因此，美、苏两国只划定了空中和海上对日作战的分界线，而没有划定地面部队作战的分界线。

美国万万没有料到，苏联于8月8日对日宣战后，立即于9日就对日本关东军发起了进攻，并且发展很快。10日，日本内阁决定投降，并通知了美国等有关国家。这时美国人才有点着急了。美国距离朝鲜最近的地面部队，尚在600公里以外的冲绳岛，无论如何不会很快赶到朝鲜，倘若日本宣布投降，整个朝鲜岂不都被苏军占领了？美国不甘心这个结果。于是，迫不及待要同苏联在朝鲜划出一条接受日军投降的分界线。

在地图上，北纬38°线（下称"三八线"）恰好位于朝鲜半岛南北中央。于是美国陆军部建议以三八线为界，该线以北为苏军对日受降区，该线以南为美军对日受降区。

---

① 见《杜鲁门回忆录》第二卷，第376页，北京：生活·读书·新知三联书店，1974年。

这个建议立即得到美国军方和国务院的同意，8月14日获得了总统的批准。然而，这不是美国单方面一厢情愿的事，必须征得苏联的同意。根据当时的军事态势，苏军完全可能全部占领朝鲜。但是，8月16日，斯大林得到了这个提议，同美国作了妥协，未表示反对意见。斯大林的态度，甚至使美国人都感到惊异。于是三八线的问题就这样定下来了。

三八线本来是美苏两国为接受日军投降而临时划分的界线，但从此，朝鲜便以此线为界，形成了南北分裂对立的状态。

这时，全部朝鲜共有3 000万人口，三八线以北900万，占30%，土地面积占57%，三八线以南人口为2 100万，占70%，土地面积占43%。统一的半岛被人为地分割为天各一方的两个部分。

8月15日，日本宣布投降。苏军已于8月10日解放朝鲜的雄基，12、13日又解放了罗津和清津，16日占领元山，19日进入平壤，在金日成领导下的朝鲜人民革命军（朝鲜人民军前身）的配合下，迅速解放朝鲜三八线以北全部领土，23日，一部并进至三八线以南。根据美、苏两国以三八线为界，分区接受日军投降的默契，苏军全部撤至三八线以北。

美国对于朝鲜的解放没有任何贡献，9月2日，日本在投降书上签字，美军于9月8日和9日，才迟迟从朝鲜的仁川和釜山港登陆，开始占领朝鲜三八线以南地区。

由于美、苏两国在朝鲜问题上的妥协，以三八线为界分区受降和占领，使朝鲜人民刚刚挣脱日本的奴役，又开始陷入南北分裂的状态。从此埋下了朝鲜战争爆发的祸根。

美国和苏联本来就是社会制度和意识形态完全不同的两个国家，在第二次世界大战中为了反法西斯的共同利益，临时结成了同盟。反法西斯战争胜利后，共同利益消失，两国便立即转为尖锐对立和斗争。并在国际上形成了以苏联为代表的民主阵营和以美国为代表的帝国主义阵营。两大阵营的对立和斗争左右着世界政治形势的发展变化。朝鲜是这两大阵营在东方对立斗争的主要阵地。不言而喻，它们必然推行各自的政策，按照自己的意识形态管理所占领的朝鲜南方或北方。

1946年6月，美国总统特使埃德温·保莱在巡视朝鲜之后，于22日在给杜鲁门的报告中曾说："尽管朝鲜是一个小国，从我们的整个军事力量来看，我们在这里担负的责任并不大，但是，这个地方却是一个进行思想斗争的战场，而我们在亚洲的整个胜利就决定于这场斗争。就在这个地方将测验出来，究竟民主竞争制度是不是适宜于用来代替失败了的封建主义，或者其他某种制度——共产主义，还更强些。"①这段话反映了苏美两国军队占领朝鲜后，在朝鲜问题上斗争的性质。

① 见《杜鲁门回忆录》第二卷，第380页，北京：生活·读书·新知三联书店，1974年。

美军进入南朝鲜以后，立即解散了那里已经建立起来的人民政权——各级人民委员会，重新启用日本的殖民统治机构来维护美国的新的殖民统治。为朝鲜人民所痛恨的日本警察，居然戴上美国"军政府"的臂章招摇过市、横行不法。这些激起了南朝鲜人民的愤怒。美国占领军司令官约翰·霍奇，在占领南朝鲜3个月后给参谋长联席会议的报告中说："在南朝鲜，人们把分裂的局面归罪于美国，这个地区的人民越来越憎恨一切美国人。"杜鲁门在回忆录中也承认说："大多数朝鲜人既不希望美国士兵，也不希望俄国士兵留在自己的国土上，……1946年秋季，在我们占领的地区，曾发生过几起骚乱和示威运动，在少数情况下，我们的军队还不能不向进行示威的群众开枪射击。"①

与此相反，苏军进入朝鲜后，立即宣布"朝鲜已成为自由的国家"，帮助朝鲜人民建立自己的人民政权机关，得到了朝鲜人民的拥护。

关于由四国托管逐步建立朝鲜统一政府之事，1945年12月16日至26日，在莫斯科召开的苏、美、英三国外长会议上，达成了对朝鲜进行"托管"的协议，后来中国国民党政府也参加了这个协议。这个协议的主要内容是，为重建朝鲜成为一个独立的国家创造条件，特设立一个临时的朝鲜政府；为协助成立这一临时政府，由驻朝鲜南部的美军司令部和驻朝鲜北部的苏军司令部的代表，组成联合委员会，该委员会在咨商朝鲜各民主党派、社会组织，以及美、苏、英、中四国政府后，提出各项建议，然后，由该委员会的两国政府作最后决定；四国在朝鲜的托管以五年为限。这个协议是以苏联所提方案为基础达成的。美国国务卿在这次会议上，闭口不谈建立朝鲜政府，并提出托管可再延长五年。所以达成这个协议后，杜鲁门对美国国务卿在这次会议上的"妥协"大为不满。

由于美、苏两国尖锐的政治对立，在建立一个什么样的朝鲜统一政府问题上不可能形成一致的意见，因此，"托管"协议只能是一纸空文。虽然将这一问题提交已成立的联合国，但联合国本身就是在反法西斯同盟基础上产生的，美苏两国及以两国为首的两大阵营的对立和斗争，同样表现在联合国的活动中。因此，联合国不可能解决朝鲜问题。

美国在朝鲜的目的，不在四国托管，而是要建立一个由其控制的蒋介石型的傀儡政权。为达到这个目的，1948年2月，美国借联合国的招牌，强行决定在南朝鲜举行单独选举。经过美国的精心策划和导演，在美军刺刀的威逼下，南朝鲜举行了单独选举，选举了就连杜鲁门也认为是"专横""任性""不得人心"的70多岁的老头子李承晚为总统，组成"大韩民国政府"。

李承晚（1875—1965），生于朝鲜黄海道平山郡一个自称为统治朝鲜最后一个王朝

---

① 见《杜鲁门回忆录》第二卷，第376、第382页，北京：生活·读书·新知三联书店，1974年。

大韩民国（南朝鲜）总统李承晚

李氏王朝后裔的破落家庭里，幼年在私塾里受封建思想教育，青年时期进美国教会学校，成为基督徒，当了教员。后曾就读于美国乔治·华盛顿大学、哈佛大学和普林斯顿大学，获博士学位。1919年朝鲜爆发"三一"反日运动，李承晚从美国跑到中国上海，纠合一些朝鲜人，成立了临时政府，俨然当起了"总统"。当"三一"运动失败后，李承晚提出"把朝鲜交给美国委任统治"的主张，引起朝鲜人民公愤，又逃回美国，以"韩国临时政府"驻美代表自居。日本投降后，1945年10月被美国送回汉城，成为美国在朝鲜的头号代理人。美国当局对他并不太赏识，但在美国心目中又没有比他更合适的人可以代替，因此，杜鲁门在回忆录中说，"我们除了支持李承晚，再没有选择的余地"。[①]8月15日，"大韩民国政府"在汉城粉墨登场。

南朝鲜政府成立后，李承晚集团于1948年8月下旬至12月上旬，同美国先后签订了《韩美暂行军事协定》《韩美移交财政和财产协定》和《韩美经济援助协定》。这些协定规定：允许美国顾问完全控制南朝鲜军队、警察及一切重要地区的建筑；李承晚政府承担美国占领军的一切费用，美国有权在南朝鲜取得和处置任何财产；美国控制南朝鲜的对外贸易，鼓励美国私人在南朝鲜投资，掌握南朝鲜的经济命脉。从而把南朝鲜所有军事、政治、经济等都置于美国控制之下，加速了南朝鲜的殖民化和军事化。

在南方已经单独选举的形势下，朝鲜北方于8月25日也进行了选举，并邀请南方的选民代表参加，选出议员212名。9月2日，朝鲜最高人民会议第一次会议在平壤开幕。8日通过朝鲜民主主义人民共和国宪法，选举产生最高人民会议常任委员会。9日，组成了以金日成为首相的朝鲜民主主义人民共和国政府。

金日成（1912—1994），生于朝鲜平壤市万景台一个农民家庭，1925年随父到中国吉林，曾就读于吉林市毓文中学，其间组织朝鲜共产主义青年同盟，1931年加入朝鲜共产党，1932年创建反日游击队（后发展为朝鲜人民革命军），在中国东北和朝鲜北部地区坚持抗日武装斗争。1936年创建朝鲜祖国光复会。同年，率队参加中国东北抗日联军，任师长。东北抗日联军失败后，他转到苏联，任苏军朝鲜支队支队长。1945年8月率队返回朝鲜，配合苏军解

① 《杜鲁门回忆录》第二卷，第391页，北京：生活·读书·新知三联书店，1974年。

放朝鲜北部地区。1946 年任朝鲜劳动党中央委员会委员长和朝鲜临时人民委员会委员长。

朝鲜民主主义人民共和国政府成立后，立即要求苏、美两国占领军撤出朝鲜。苏联占领军于 1948 年底以前全部撤出朝鲜。美国占领军迟至 1949 年 6 月底才全部撤出朝鲜。

朝鲜民主主义共和国最高人民会议委员长金日成

此后，美苏两国在朝鲜问题上的对立和斗争，便具体表现为朝鲜内部南北两个政府、两种制度之间，在如何实现南北统一和统一于谁的问题上的尖锐对立和斗争。这个斗争是导致后来朝鲜战争爆发的根本原因。

以金日成为首的朝鲜北方政府，主张和平统一，并做了不懈的努力，同时也做了必要的军事准备。

在南方，李承晚集团，竭力主张武力统一，叫嚷"要结束南北分裂，就必须用战争来解决"。李承晚在大肆叫嚷和加紧战争准备的同时，不断加剧在三八线地区的武装挑衅，自 1949 年 1 月 1 日至 4 月 15 日，即动用连至营规模的兵力，沿三八线向北进犯 37 次。[①] 5 月，动用几个营的兵力向三八线以北的金川市以南地区发动攻击。据朝鲜北方的统计，1949 年 1 至 12 月，南朝鲜在三八线上进行军事挑衅共计 1836 次。[②] 1950 年初开始向三八线地区大规模集结武装部队。火药味越来越浓，一场内战已不可避免。

1950 年 4 月，金日成、朴宪永等朝鲜领导人访问苏联，同苏联领导人斯大林等讨论了朝鲜半岛的局势和朝鲜统一的方式问题。5 月中旬，金日成、朴宪永又到北京向毛泽东、周恩来等中国领导人通报了与斯大林会谈的情况。

美国积极支持李承晚的活动，并进行挑唆。1950 年 1 月 26 日，美国同南朝鲜签订了美国向南朝鲜的军事援助协定，3 月 15 日，美国决定给南朝鲜1097万美元的军事援助。[③] 在朝鲜内战爆发前一个星期，美国国务院顾问约翰·福斯特·杜勒斯，到南朝鲜活动，视察了三八线，并鼓动说："没有任何敌人，能够挡得住

---

① 1949 年 4 月 20 日华西列夫斯基和会捷缅科关于三八线的形势给斯大林的报告。
② 《朝鲜人民正义的祖国解放战争史》中文本，第 18 ~ 19 页，平壤：朝鲜外国文出版社，1961 年。
③ 詹姆斯·F.施纳贝尔《朝鲜战争中的美国陆军——战争爆发前后》，第 36 页，北京：解放军国防大学出版社，1990 年。

你们,不论它多么强大。可是我希望你们将作进一步的努力,因为你们显示出你们巨大力量的时候已经不远了。""如果与共产主义妥协,那就等于选择导致灾难的道路。""美国准备给予正在如此英勇与共产主义作斗争的南朝鲜以一切必要的精神上和物质上的援助。"连美国国务院的高级官员也承认:杜勒斯的这次南朝鲜之行和在三八线的活动,肯定使朝鲜北方感到极为不安。①与此同时,美国国防部长路易斯·约翰逊和参谋长联席会议主席奥马尔·布莱德雷也在日本活动,并同麦克阿瑟讨论了朝鲜问题,直至朝鲜内战爆发的前一天,6月24日才离开日本返回美国。三八线上长期小规模的武装冲突和摩擦,至1950年6月25日,终于发生了质变,响起了不同以往的激烈枪炮声,朝鲜大规模内战全面爆发。

此时,南朝鲜共有8个步兵师9.8万人,海岸警备队6 000余人,警察部队4.5万人,各种炮840余门、2.36英寸火箭筒1 900余具、军用卡车2 100余辆、作战舰船71艘。1949年6月,美国占领军撤离南朝鲜时,美国参谋长联席会议的一位将军在国会上作证时说:"我们感到(南朝鲜)部队的装备优于北朝鲜部队。"美国驻南朝鲜军事顾问团团长威廉·罗伯茨称南朝鲜军为"亚洲之雄",直至1950年6月朝鲜内战爆发前,罗伯茨任职期满,向美国《时代》周刊驻远东的一位记者辞行,这位记者在文章中写道:"大多数观察家现在认为,拥有10万之众的韩国陆军的规模在亚洲是首屈一指。"这一点,就连参谋长联席会议主席奥马尔·布莱德雷也深信不疑。②

北朝鲜拥有10个步兵师(其中有3个师是由参加中国人民解放军的朝鲜人组成的,1949年7月和1950年4月先后回到朝鲜,约4万人)、1个坦克旅、数个海岸警备旅及空军部队等共13.5万人,装备有苏式T-34中型坦克、雅克战斗机、122毫米榴弹炮等武器。

战争爆发后,南北双方均指责对方首先发动了进攻。朝鲜人民军发展很顺利,当天就解放了位于三八线以南的开城。

26日,朝鲜民主主义人民共和国最高人民会议常任委员会发布命令:决定委任金日成、朴宪永、洪命熹、金策、崔庸健、朴一禹、郑准泽7人组成军事委员会,金日成为委员长,国内一切权力集中于军事委员会,党政军民各级机关和全体人民必须绝对服从军事委员会的命令和指示。

---

① 1954年2月13日,迪安·艾奇逊在普林斯顿召集国务院原有关高级官员会议录音记录。参见华庆昭《从雅尔塔到板门店》,第204页,北京:中国社会科学出版社,1992年。
② 见约瑟夫·格登《朝鲜战争——未透露的内情》,第27、第41、第50页,北京:解放军出版社,1990年;奥马尔·布莱德雷《将军百战归》,第687页,北京:军事译文出版社,1985年。

杜鲁门派兵侵略朝鲜和中国台湾

朝鲜内战爆发，无论南方或北方谁首先发动进攻，其目的都是为了实现朝鲜的统一。是朝鲜内部事务。

联合国宪章明确规定"不得干涉本质上属于任何国家内部管辖之事件"。然而，朝鲜内战爆发后，美国当局公然违反联合国宪章，立即派出武装部队，干涉朝鲜内战。同时派以菲律宾为基地的美国海军第7舰队侵入台湾海峡。

在朝鲜内战爆发的当晚（华盛顿时间比平壤时间晚14个小时，在华盛顿此时为25日上午），美国当局的巨头们，就紧锣密鼓地行动起来。乘苏联代表因抗议美国阻止恢复中华人民共和国在联合国的合法席位而抵制联合国会议缺席之机，操纵联合国安理会通过了指责北朝鲜"发动武装进攻"的决议。华盛顿时间25日晚，美国总统杜鲁门、国务卿艾奇逊、副国务卿詹姆斯·韦伯、助理国务卿迪安·腊斯克、助理国务卿约翰·希克森、无任所大使菲利普·杰塞普、国防部长詹姆斯·约翰逊、陆军部长弗朗克·佩斯、海军部长弗朗西斯·马修斯、空军部长托马斯·芬勒特、参谋长联席会议主席奥马尔·布莱德雷、陆军参谋长劳顿·柯林斯、海军作战部长福雷斯特·谢尔曼和空军参谋长霍伊特·范登堡共14个军政要员，在布莱尔大厦召开紧急会议，决定：1.授权麦克阿瑟向南朝鲜运送他们需要的军援计划之外的武器和其他装备；2.命令美国空军掩护美国侨民眷属从朝鲜撤退，轰炸任何向金浦机场前进的北朝鲜地面和空中部队；3.命令海军第7舰队从菲律宾向北开动，阻止中国共产党人进攻台湾，同时也劝阻台湾国民党对大陆采取行动。并把这些决定迅速电传给了东京的麦克阿瑟。①杜鲁门同时决定，第7舰队未到达指定地区前，他暂不发表声明。

26日上午，美国的巨头们，在布莱尔大厦再次召开会议，决定：空军和海军向南朝鲜军提供全面支援；加强美国在菲律宾的军队和加速援助菲律宾的军队；增加对侵越法军的援助；提请联合国安理会通过一项新的决议案，号召联合国会员国给南朝鲜提供援助。

---

① 参见《杜鲁门回忆录》第二卷，第396～398页，北京：生活·读书·新知三联书店，1974年；《艾奇逊回忆录》（上），第266～267页，上海：上海译文出版社，1978年。

同日，美国驻日本的空军飞机和海军舰船，即出现在朝鲜的空中和海面，支援南朝鲜军作战。

27日，美国操纵联合国安理会，通过了要求联合国会员国以"紧急军事措施"给予南朝鲜以"必须的援助"的决议。

同日，杜鲁门公开发表声明，宣布了美国在朝鲜和台湾海峡采取的行动和在亚洲采取的其他措施。他在声明中公然制造中国分裂，他说，台湾"未来地位的决定必须等待太平洋安全的恢复，对日和约的签订或经由联合国考虑。"

尽管有美国海空军的支援，南朝鲜军仍不堪一击，6月28日，北朝鲜人民军即解放了南朝鲜政府所在地——汉城。鉴于这种情况，6月29日，美国总统杜鲁门批准，决定在朝鲜使用美军地面部队。7月1日，美军第一批地面部队进入朝鲜。

1945年，美国不费一枪一弹，白手分享了日军在朝鲜投降的利益。但是美国当局认为，朝鲜对于美国来说，在经济上、军事上均没有战略上的重要价值。1949年上半年，美国占领军撤出朝鲜，这是其中的重要因素。1950年初，美国当局在确定美国在远东和太平洋地区的利益范围时，将朝鲜半岛和中国的台湾岛都划在了圈外。

1月12日，国务卿迪安·艾奇逊在美国新闻俱乐部发表的讲话中说：我们的"防御

美国第一批地面部队进入朝鲜

半径沿阿留申群岛至日本，然后延续到琉球群岛。……从琉球群岛延至菲律宾群岛。"在此之前，美国远东军总司令道格拉斯·麦克阿瑟就已经划出了这个"防御"圈，只不过他所划的顺序与艾奇逊的相反罢了。

早在1949年12月23日，美国国务院在关于台湾的政策宣传指示中，就表明了对台湾的立场，指出："台湾完全是中国政府的责任。在历史上地理上来看，它是中国的一部分。……美国没有承担过实际的或道义的责任或义务。"1950年1月5日，美国总统杜鲁门在关于台湾问题的声明中，再次明确了这一立场，他指出：1943年12月1日的《开罗宣言》申明，日本窃取的中国领土，如台湾，归还中国。1945年7月26日的《波茨坦公告》宣称，《开罗宣言》条款应立即执行。美国是这一公告的签字国。日本投降时，台湾已归还中国。"美国对台湾或中国其他领土从无掠夺的野心。现在美国无意在台湾获取特别权利或特权或建立军事基地。美国亦不拟使用武装部队干预其现在的局势。"同日，美国国务卿艾奇逊在解释杜鲁门这一声明时说："当台湾被当做中国的一个省份的时候，没有任何人曾对此提出过任何法律上的疑难。此举经认为是符合各项约定的。"

但在朝鲜内战爆发后，美国当局又立即对朝鲜和台湾发生了如此浓厚的"兴趣"，在朝鲜和中国台湾如此迅速积极地采取行动，似乎令人不好理解。其实，这毫不奇怪，这完全符合美国政策决定者的逻辑。

美国在第一、第二两次世界大战中，均未遭到破坏，并发了战争财，第二次世界大战后一跃而成为资本主义世界的最强国，充当资本主义自由世界的"领袖"，推行霸权主义的全球侵略扩张政策，在国际上称王称霸，不可一世，把苏联为首的社会主义（共产主义）看成是世界安全的主要威胁，对共产主义采取全球遏制战略。美国虽然将朝鲜半岛和台湾划在了圈外。但是，作为资本主义世界的"领袖"和霸主，美国不可能，也没有完全抛弃南朝鲜和台湾的国民党当局。

朝鲜战争爆发后，在美国的决策者中，无论总统杜鲁门，还是国务卿艾奇逊，他们的第一个反应是，"几乎可以肯定，进攻是由苏联发动、支持和怂恿的"，北朝鲜事先未得到莫斯科的指示，绝不可能发动这场战争。因此，必须把这一行动看成是苏联的行动。是苏联共产主义在朝鲜问题上向自由世界的挑战，苏联显然是在冒发动第三次世界大战的风险。至少是苏联对美国抵御共产党阵营扩张决心的一个试探，或是挑起一场全面战争的前奏。[1]作为自由世界的"领袖"——美国，对此不能视而不见，否则既不能显示美国的强硬，也有失自由世界"领袖"的面子。美国必须在朝鲜采取行动。

[1] 参见《艾奇逊回忆录》（上），第265页，上海：上海译文出版社，1978年；约瑟夫·格登《朝鲜战争——未透露的内情》，第52～56、第99页，北京：解放军出版社，1990年。

　　杜鲁门在回忆录中说：当时"我深切地感觉到，如果听任南朝鲜沦丧，那么共产党的领袖们就会越发狂妄地向更靠近我们海岸的国家进行侵略。如果容忍共产党人以武力侵入大韩民国，而不遭到自由世界的反对，那么，就没有哪一个小国会有勇气来抵抗来自较为强大的共产主义邻邦的威胁和侵略。如果对这种侵略行动不加以制止，那就会爆发第三次世界大战，正如由于类似的事件而引起了第二次世界大战一样。我还清楚地认识到，除非这次对朝鲜的攻击得到制止，联合国的基础和原则将受到威胁。"①杜鲁门这段话非常明白地道出了美国采取行动的考虑。

　　然而，美国如何采取行动和以何种形式采取行动，也是美国当局必须要考虑的。后来，美国人在记述这段历史的一本具有官方性质的书中，讲了这样一段话："美国的每一个选择都有使其他国家疏远的可能性，而美国的政策正是基于与它们持久的友谊和支持的基础之上的。行动迟缓、无所事事将被一些国家指责为对大韩民国政府的背叛。它将严重损害美国维护在亚洲以及在其他地区特权的努力，并将导致一些国家诸如英国、意大利、日本等重新估计支持美国是否明智。另一方面，如果美国采取单方面军事措施反击北朝鲜袭击者，那么对许多国家来说，苏联关于帝国主义行动的指责和对联合国的蔑视将成为正当的、合法的。其作用是恐吓这些国家，使它们更易于接受俄国的观点。""最有意义的事大概是联合国成员国之间制止侵略的共同合作努力。但是南朝鲜需要立即援助，可联合国不能很迅速地行动。进而言之，联合国中的共产主义成员国正处心积虑地反对联合行动。"②这段话更加清楚地表明了美国当局决策者们的良苦用心。

　　在这种考虑下，在美国地面部队出动到南朝鲜后，7月7日，美国再次操纵联合国安理会，通过了组成以美国军队为主的侵朝"联合国军"的决议。决议指出：

　　　　欢迎联合国各会员国政府与人民对安全理事会1950年6月25日及27日关于援助大韩民国防御武装进攻，借以恢复该地区的和平与安全的决议所给予的迅速而有力的支持。

　　　　……

　　　　建议所有按照前述决议提供军事部队和其他援助的国家将该项部队和其他

① 《杜鲁门回忆录》第二卷，第394页，北京：生活·读书·新知三联书店，1974年。
② 见詹姆斯·F.施纳贝尔《朝鲜战争中的美国陆军——战争爆发前后》，第68页，北京：解放军国防大学出版社，1990年。

"联合国军"总司令、美国五星上将
道格拉斯·麦克阿瑟

援助交由美国指挥下的统一司令部使用。

请求美国派该项部队的司令官。

授权统一司令部在对北朝鲜部队作战时除使用参加各国的旗帜外同时斟酌使用联合国旗帜。

请求美国向安全理事会提出关于在统一司令部指挥下所采取行动的适当报告。

7月10日，美国总统杜鲁门任命麦克阿瑟为侵朝"联合国军"总司令。"联合国军"总部设在日本的美国远东军总部，由远东军总部行使"联合国军"总部的权力。派出部队参加"联合国军"侵朝行动的共有16个国家，美军占90%以上，英国为两个旅、加拿大和土耳其各1个旅，还有法国、澳大利亚、新西兰、菲律宾、泰国、荷兰、希腊、比利时、哥伦比亚、埃塞俄比亚、南非联邦、卢森堡等国家只是象征性地派出1个排到1个营。南朝鲜不是联合国成员国，但7月中旬，李承晚也将南朝鲜军交"联合国军"指挥。此外，瑞典、印度、丹麦、挪威、意大利为"联合国军"派出了医院或医疗船。除美国军队在朝鲜战争爆发第二天即侵入朝鲜外，其他国家的军队于1950年8月开始入朝，最迟的于1951年5月才到达朝鲜。

侵朝"联合国军"的组成，使美国将其一国对朝鲜的侵略行动，披上了"联合国"的外衣，扩大了朝鲜战争。本来是朝鲜南北双方为解决统一问题的内战，变成了侵略和反侵略的战争，使朝鲜内政问题国际化和复杂化。

此外，美国军方一直看重台湾的战略地位，麦克阿瑟更把台湾比做美国在亚洲"永不沉没的航空母舰"。美国决策当局担心，朝鲜打起来了，中国人民解放军会乘机攻取台湾，使台湾陷于中国共产党之手。美国已丢掉了在中国大陆的势力，不能再丢失台湾。因此，美国在一开始就将朝鲜问题与中国的台湾联在了一起，在武装干涉朝鲜内战的同时，派出海军第7舰队侵入台湾海峡，干涉中国人民的内政，阻止中国人民解放军解放台湾。并背弃有美国参加的有关台湾归属中国的《开罗宣言》和《波茨坦宣言》，声称"台湾未来地位"未定，制造中国的分裂。

周恩来主持国防会议讨论组建东北边防军

美国海军第 7 舰队开进台湾海峡，严重地侵犯了中国的国家主权，是对中国领土赤裸裸的侵略，美国武装侵略朝鲜，将威胁到中国东北大陆的安全。这不能不引起中国政府和人民的强烈反应，不能不引起中国领导人的高度关注和警觉。

6 月 28 日，毛泽东在中央人民政府委员会第八次会议上发表讲话，针对美国的侵略行为和杜鲁门 27 日发表的声明，指出："中国人民早已声明，全世界各国的事务应由各国人民自己来管，亚洲的事务应由亚洲人民自己来管，而不应由美国来管。美国对亚洲的侵略，只能引起亚洲人民广泛和坚决的反抗。杜鲁门今年 1 月 5 日还声明说美国不干涉

1950 年 6 月 28 日，毛泽东在中央人民政府委员会第八次会议上讲话，号召全国和全世界的人民团结起来，打败任何帝国主义的挑衅

台湾，现在他自己证明了那是假的，并且同时撕毁了美国关于不干涉中国内政的一切国际协议。"中国人民"既不受帝国主义的利诱，也不怕帝国主义的威胁"。号召"全国和全世界的人民团结起来，进行充分的准备，打败美帝国主义的任何挑衅"。

同一天，周恩来以外交部长名义，代表中华人民共和国中央人民政府发表声明，抗议、谴责美国侵略台湾和在亚洲其他地区的侵略行径，指出："杜鲁门27日的声明和美国海军的行动，乃是对于中国领土的武装侵略，对于联合国宪章的彻底破坏。""我代表中华人民共和国中央人民政府宣布：不管美帝国主义者采取任何阻挠行动，台湾属于中国的事实，永远不能改变；这不仅是历史的事实，且已为《开罗宣言》《波茨坦公告》及日本投降后的现状所肯定。我国全体人民必将万众一心，为从美国侵略者手中解放台湾而奋斗到底。"声明号召"全世界一切爱好和平正义和自由的人类，尤其是东方各被压迫民族和人民，一致奋起，制止美国帝国主义在东方的新侵略。只要我们不受恫吓，坚决地动员广大人民参加反对战争制造者的斗争，这种侵略是完全可以击败的。"

6月29日，中国《人民日报》发表题为《斥帝国主义强盗杜鲁门的非法声明》的社论。

此时，尽管朝鲜人民军势如破竹，作战发展十分顺利；尽管朝鲜在统一祖国的战争中，并未向中国提出任何援助的要求。但是，中国领导人也以敏锐的洞察力估计到，由于美国的武装干涉，朝鲜战争有可能长期化，朝鲜的局势更加复杂化。中国领导人分析认为，美国是企图在朝鲜打开一个缺口，准备世界大战的东方基地，至少企图将朝鲜人民军压至三八线以北。美国如果压服朝鲜，下一步必然对越南及其他原殖民地国家进行压服。因此，朝鲜战争至少已成为目前国际斗争在东方的焦点。美国是企图由此一步一步地发展为世界大战。[1]美国一旦增加兵力反扑，不但朝鲜形势要发生逆转，而且很可能直接威胁到中国大陆的安全，甚至进攻中国大陆。

本来，新中国成立后，中共中央和中央军委确定"全国国防重点是以天津、上海、广州三点为中心的三个区域"。国防部队部署的重点也主要在这三个区域。[2]海南岛解放后，人民解放军军事斗争准备的重点，是解放台湾。早在1949年5月下旬，上海解放后，第三野战军即根据中央军委的指示，以第9兵团4个军担负上海警备和准备攻台作战任务。第三野战军制订了攻台使用地面部队的计划，以12个军等部队共50万人的兵力分两个梯队攻台。中国人民解放军海军、空军在成立之初的主要任务，也都是准备攻台的条件。中央军委并责成第三野战军副司令员粟裕和海军司令员萧劲光负责主抓攻台作战准备工作。

但在美国侵略朝鲜和台湾后，形势发生了突变。东北地区成了中国的国防重点，准

① 参见《周恩来军事文选》第四卷，第43页，北京：人民出版社，1997年。
② 见《毛泽东军事文集》第六卷，第35～36页，北京：军事科学出版社、中央文献出版社，1993年。

备保卫东北边防和必要时支援朝鲜人民军作战，成了中国人民解放军军事斗争准备的重点。并且解放台湾是渡海登陆作战，不同于陆地作战，也不同于解放海南岛的作战，其组织准备工作，本来就比陆地作战和解放海南岛的作战都艰巨复杂得多。美国海军第7舰队侵入台湾海峡，更增加了人民解放军攻台的困难，使人民解放军的攻台计划短时间内难以实现。因此，中共中央和中央军委不能不根据形势变化，重新调整军事部署，作出必要的防范准备。周恩来指出："六月二十五日朝鲜战争爆发，给了我们新的课题：支援朝鲜人民，推迟解放台湾。"①

而此时，中国在东北地区部署的兵力最少。东北是中国大陆解放最早的地区，1948年底东北全境解放后，东北野战军（第四野战军）主力全部南下，参加解放华北、中南等地区的作战，东北仅留一些地方部队进行剿匪、参加土地改革、建立各级人民政权和维护社会秩序等。仅在1950年春调回第42军（4.6万人）到齐齐哈尔地区，准备集体转业，参加农业生产。据军委作战部统计，1950年5月，东北地区的部队（不含第42军）只有16.5万人，并多为新兵，根据中央军委关于复员整编的计划，准备减至8万人。②因此，东北地区的部队不足以保卫东北边防，更没有力量在必要时支援朝鲜人民军作战。

鉴于此，7月7日，主持中央军委日常工作的副主席周恩来，根据毛泽东的指示，主持召开了有中国人民解放军总司令朱德、中央军委代总参谋长聂荣臻、总政治部主任罗荣桓、副主任萧华、总后勤部部长杨立三、中南军区司令员林彪、海军司令员萧劲光、空军司令员刘亚楼、装甲兵司令员许光达、炮兵副司令员苏进、中央人民政府铁道部部长滕代远、中央军委作战部部长李涛参加的国防会议。10日，再次召开国防会议，到会人员除7日到会的滕代远由军委运输司令员吕正操代替、杨立三由总后勤部副部长张令彬代替外，还增加了中央人民政府卫生部副部长兼军委卫生部部长贺诚、中南军区第三政治委员谭政、中南军区参谋长赵尔陆、第四野战军特种兵司令员万毅、东北军区副司令员贺晋年等。根据两次国防会议的讨论，中央军委于7月13日作出了《关于保卫东北边防的决定》，主要包括以下内容。

一、部队调动部署：决定以部署在中原地区，作为国防机动部队的第13兵团（辖第38、第39、第40军）和第42军以及炮兵第1、第2、第8师等部，共25.5万余人组成东北边防军。第40军7月10日开始，已由广州车运出发，直接开到辽东的安东（今丹东），24日全部到达；第38、第39两军主力，7月15日，分由河

---

① 《周恩来军事文选》第四卷，第43页，北京：人民出版社，1997年。
② 见1950年5月5日中央军委致东北军区司令员高岗、副参谋长段苏权的电报。

南的信阳、漯河出发，8月1日以前，集结于辽东的辽阳、凤城、安东地区，第38军在湘西桃源地区剿匪的第114师和第39军在广西宜山地区剿匪的第115师，解除剿匪任务，8月4日前到达辽阳集结；第42军解除农业生产任务，7月30日从齐齐哈尔地区出发，8月1日到达吉林的通化、辑安（今集安）集结；炮兵的3个师于7月31日，分别集结于本溪至安东、通化至辑安两线；另调在上海和广州的共4个高射炮团，到安东、水丰、辑安地区集结，调工兵2个团到安东集结等。所有上述部队，8月5日前全部到达指定地区。除第40军已开始车运外，其余部队的车运计划，责成军委作战部、铁道部和总后勤部拟制，经军委批准后实施。此外，从苏联购买已抵达哈尔滨的飞机，编成3个团，原计划置于南京、徐州，改为置于沈阳、安东和吉林的敦化训练。

二、东北边防军的组织指挥机构：决定以主抓攻台准备的粟裕为东北边防军司令员兼政治委员、萧劲光为副司令员，另以萧华为副政治委员，李聚奎为东北边防军后勤司令员；林彪、罗荣桓、刘亚楼均认为第15兵团司令员邓华，各方面综合素质比第13兵团司令员黄永胜更强，因此决定以第15兵团部与第13兵团部对调，以第15兵团部为基础组成新的第13兵团部，以邓华为司令员、赖传珠为政治委员、解沛然（解方）为参谋长、杜平为政治部主任。由第四野战军特种兵司令员万毅负责指挥边防军特种兵部队；以东北军区副参谋长段苏权为司令员组成东北空军司令部。

三、后勤工作准备：步机枪弹药按5个基数，炮弹按20个基数准备，各先行运抵集中地区2个基数和5个基数，每团携带炸药2 000斤；从第四野战军和东北地区共抽调汽车1 000辆，从东北地区动员大车4 000辆，担任运输；按31万人员、3万牲口、1 000辆汽车、4 000辆大车，准备3个月的粮草、汽油，在部队完成集结前，先运1个月的粮草、汽油；由总后勤部赶制朝鲜人民军式服装，每人单衣、棉衣各1套，另准备其他装具；按收容本军和人民军共4万伤员准备医院；准备5 000副担架，等等。

四、兵员补充准备：拟由中南军区减少10万人的复员，准备补充。如再需要，东北尚有地方师参加生产，可以补充。

五、政治动员工作：在保卫国防安全的口号下进行政治动员，由总政治部拟定动员令，核定后实施。

7月7日，周恩来在主持讨论组建东北边防军的第一次国防会议上，即决定，一旦边防军参战，则"改穿志愿军服装，使用志愿军旗帜"。①

中央军委确定的东北边防军指挥机构，主要是从作战较为有利考虑的，但粟裕正在患病，中央已批准其休养一个时期，一时不能到职，萧劲光主持海军工作、萧华主持总政日常工作，他们一时也难以离京北去；李聚奎所带轻便后勤机构，对组织边防军所需后勤保障，恐也有困难；而边防军正在集中，集中后的统一指挥和供应是大事，急需解决；且东北军区司令员高岗等感到层次太多，有所不便。

鉴于此，在边防军各部向指定地区开动后，7月22日，周恩来与聂荣臻、刘亚楼研究后，与聂荣臻联名向毛泽东提出建议："请主席考虑边防军目前是否先归东北军区高岗司令员兼政治委员指挥并统一一切供应，将来粟、萧、萧去后，再成立边防军司令部。中南李聚奎到东北后，即兼任军区后勤部长，所带之后勤机构，即合并到东北后勤部中，因东北军区后勤部太弱，不能胜目前的大任。这样，部队指挥既可免生脱节，供应问题也较易解决。是否可行，请主席批示，以便及早布置。"②这一建议得到毛泽东的批准。在此前后，根据中南军区和邓华的建议，7月19日和8月上旬，中央军委又先后任命第40军军长韩先楚为第13兵团副司令员、第15兵团副司令员洪学智为第13兵团第一副司令员，8月下旬，决定第42军编入第13兵团建制，万毅为第13兵团副司令员。因赖传珠身体有病，9月25日，中央军委批准其离职休养一个时期，由邓华兼任第13兵团政治委员。

8月上旬，除高炮团未全部到位外，东北边防军各部队全部到达东北地区完成集结。在东北军区和第13兵团的领导下，开始突击整训。整个军事训练工作都是由邓华为司令员的第13兵团统一组织的。

8月中旬以后，朝鲜的形势已经变得不容乐观，战争双方在朝鲜东南隅的洛东江一线形成了僵持局面，朝鲜人民军的作战已经没有后劲。朝鲜战争长期化的趋势已经十分明显。在这种情况下，中央军委根据代总参谋长聂荣臻的建议，于8月下旬，决定将第三野战军重点准备攻台作战的第9兵团和作为国防机动部队的第一野战军第19兵团，指定为东北边防军的二线部队，分别置于津浦、陇海两铁路线的机动位置，以做未雨绸缪之计。9月6日，又决定将中南军区在湖北的第50军编入东北边防军序列。

东北边防军的组建，是以毛泽东为主席的中共中央和中央军委战略上的高瞻远瞩和英明预见，为保卫中国的国防安全和必要时支援朝鲜人民军作战，争取了军事上的主动，

---

① 见1950年7月7日《讨论保卫国防问题的第一次会议记录》。
② 《周恩来军事文选》第四卷，第38～39页，北京：人民出版社，1997年。

为后来中共中央作出"抗美援朝、保家卫国"的重大战略决策，准备了必要的军事力量。

在部署调动部队的同时，中共中央也在党、政府、军队的高层领导中，逐渐明确了对朝鲜要帮的考虑。

在8月4日的中共中央政治局会议上，毛泽东指出：如果美帝得胜，就会得意，就会威胁我。对朝鲜不能不帮，必须帮助，用志愿军形式，时机当然还要选择，我们不能不有所准备。周恩来指出：如果美帝将北朝鲜压下去，则对和平不利，其气焰就会高涨起来。要争取胜利，一定要加上中国的因素。中国的因素加上去后，可能引起国际上的变化。我们不能不有此远大设想。①

这次会后，8月5日，毛泽东起草电报，以中央军委名义致电东北军区司令员兼政治委员高岗，"请高岗同志负主责，于八月中旬召集各军师干部开会一次，指示作战的目的意义和大略方向，叫各部于本月内完成一切准备工作，待命出动作战。" ②

根据中央军委的指示，8月13日，高岗在沈阳主持召开了东北边防军师以上干部大会，高岗、萧劲光、萧华、邓华均在会议上作了报告或讲话。在边防军师以上干部中明确了边防军的任务就是准备出动到朝鲜，援助朝鲜人民抗击美国侵略。高岗根据中央的意图在动员报告中指出："如果美国侵略者占领了朝鲜，毫无疑问，一定会准备力量，来进攻我们的东北与华北，进攻我们的祖国。那么我们究竟是让它打下朝鲜，让它准备力量，增长气焰，等它打到中国来的时候再去消灭它好呢，还是现在争取主动，配合朝鲜人民军，在国土以外，消灭敌人，保卫自己好呢？显然地，在国土以外消灭敌人，是有利于我们，有利于我们的朋友，有利于世界人民反对帝国主义争取和平民主的事业的。所以为着保卫祖国，巩固胜利，粉碎帝国主义的侵略计划，我们必须主动地、积极地援助朝鲜人民，帮助朝鲜人民解放，使朝鲜成为独立民主统一的国家。……支援朝鲜和保卫我们的祖国与保卫世界和平是一致的。""到朝鲜去是以志愿军的名义出现，穿朝鲜服装，用朝鲜番号，打朝鲜人民军的旗帜，主要干部改用朝鲜名字。这样的处置，可以使朝鲜人民喜欢，又很策略。"

会后，15日，高岗将会议情况向毛泽东作了报告，萧劲光回京后也将会议情况向毛

---

① 见薄一波《若干重大决策与事件的回顾》上卷，第43页，北京：中共中央党校出版社，1991年。
② 《毛泽东军事文集》第六卷，第90页，北京：军事科学出版社、中央文献出版社，1993年。

泽东作了报告，并说明边防军于8月底前完成一切作战准备，困难很大。14日，邓华、洪学智、解方联名致电高岗、贺晋年、萧劲光、萧华并报军委，根据边防军编制、装备需补充等情况，也曾建议将完成准备时间延至9月底，最早也需9月中旬。对这些，18日，毛泽东致电高岗指出，"八月十五日送来你在边防军干部会议的报告收到了。这个报告是正确的"。并决定"边防军完成训练及其他准备工作的时间可延长至九月底，请你加紧督促，务在九月卅日以前完成一切准备工作"。①

8月26日，周恩来主持召开有军委各总部、各军兵种领导人参加的国防会议，专题检查和督促东北边防军的作战准备工作。周恩来在会议上指出：朝鲜战争长期化形势的出现，"加重了我们的责任"。尽管"朝鲜进行长期战争的基本条件是存在的。但最后将美军各个歼灭，看来这个任务势必落在我们肩上"。因此，"必须加紧和加强准备工作。一切都要准备好，不要成为'临急应战'，而要有充分准备，出手就胜"。②

到9月初，关于对朝鲜要帮的问题，已不仅仅限于党内军内的高层领导中考虑。9月5日，毛泽东在中央人民政府委员会第九次会议上，把援助朝鲜问题在有各民主党派委员在内的政府委员中作了公开阐述，使中央人民政府各部门的工作都要考虑到这个因素。他指出：对于朝鲜人民，我们要给以帮助鼓励。朝鲜人民对于中国革命是有很大帮助的。中国革命的几个阶段，都有他们的帮助。现在美军已增加了部队，战争的持久性也就随之增加了。朝鲜战争持久了，不如速决的好。但持久了更有利于教育朝鲜人民和世界人民。美国是有许多困难的，内部争吵，外部也不一致。美国是不可怕的，但它可能乱来。对于这一点我们要充分估计到。它在朝鲜已经干起来了，它什么都可能干起来。我们不准备就不好。我们要准备战争打起来的时候，不是小打，而是大打；不是短打，而是长打；不是普通打，而是打原子弹。我们中国人民是打惯了仗的，准备你打原子弹。我们是不要你打的，你一定要打，就让你打。你打你的，我打我的，你打原子弹，我打手榴弹，抓住弱点，跟着你，最后打败你。

经同朝鲜政府协商后，9月19日，由第13兵团侦察科长崔醒农、第40军第118师参谋长汤景仲、第39军参谋处长何凌登、军委炮兵司令部情报处副处长黎非和东北军区后勤部副部长张明远5人，以大使馆武官名义前往朝鲜搜集美军情况和了解朝鲜地形，为边防军出动作战作准备。

由于美国侵略朝鲜和中国的台湾，侵犯中国主权威胁中国大陆的安全，和制造亚洲的紧张局势，中国政府和人民不得不准备进行一场看来是难以避免的战争。

① 《建国以来毛泽东文稿》第一册，第469页，北京：中央文献出版社，1987年。
② 见《周恩来军事文选》第四卷，第43～49页，北京：人民出版社，1997年。

中共中央政治局决策：
抗美援朝、保家卫国

美国参谋长联席会议训令，武装占领全朝鲜

中国政府和人民在抗议、谴责美国对中国台湾和朝鲜的侵略行径，进行必要防范准备的同时，一再主张和平解决朝鲜问题。

8月，苏联是联合国安理会的轮值主席国，苏联驻联合国代表雅格布·马立克回到联合国。8月4日，马立克在联合国安理会上提出了和平解决朝鲜问题的两点建议方案：一、在讨论朝鲜问题时，有必要邀请中华人民共和国的代表，并听取朝鲜人民代表的意见；二、停止朝鲜境内的敌对行为，并同时自朝鲜撤退外国军队。

8月7日，中国《人民日报》代表中国人民的意愿，以《拥护和平解决朝鲜问题的提议》为题发表社论，支持苏联代表的主张。

8月20日，周恩来外长致电联合国安理会当月主席马立克和联合国秘书长（挪威原外长）特里格夫·赖伊，指出："中华人民共和国中央人民政府完全支持马立克先生代表苏联政府于8月4日在联合国安全理事会所提出关于和平调处朝鲜问题的全部方案。这提案是完全符合联合国宪章精神和亚洲及世界人民愿望的。""中华人民共和国中央人民政府坚决主张：安全理事会在讨论朝鲜问题时，必须有四亿七千五百万人口的中华人民共和国的代表参加，必须邀请朝鲜人民代表出席陈述意见，并且在朝鲜应停止军事行动，同时自朝鲜撤退外国军队；否则不可能合理地和平解决朝鲜问题。"要求联合国安理会负起维持国际和平与安全的责任，"立即采取措施，迅速制止美军违反国际法与人类道德常规的暴行"。

这些，向全世界表明了中国人民主张和平解决朝鲜问题的立场。

然而，美国不顾中国人民的一再抗议和谴责，也不理睬中国和苏联等关于和平解决朝鲜问题的建议和主张，而继续扩大战争。

8月27日开始，美国侵朝的空军飞机将战火烧到中国东北境内。这一天，美国侵朝飞机先后5批13架次，侵入中国东北境内的辑安、临江、安东地区上空轰炸扫射，炸死中国居民3人，炸伤21人，炸坏火车机车、客车、守护车5辆，卡车2辆。继之，于29日，又有4架飞机，侵入中国安东地区上空，杀死中国居民4人，杀伤7人。

对此，周恩来外长于 28 日，致电美国国务卿艾奇逊，提出严重抗议。28 日和 30 日，并致电联合国安理会主席马立克和联合国秘书长赖伊，要求制裁美国侵朝飞机侵入中国领空的严重罪行。

在朝鲜战场上，美国继续增加兵力，扩大战争规模。至 8 月中旬，美国投入到朝鲜战场上的地面部队，已有步兵第 24 师、第 25 师、第 2 师、骑兵第 1 师和 1 个海军陆战旅，共 4 个师 1 个旅，总兵力达 7 万余人。①由沃尔顿·沃克中将为司令的美第 8 集团军司令部统一指挥。参加侵朝"联合国军"行动的其他国家的部队，也开始陆续进入朝鲜，最先到达朝鲜的是英国第 27 旅。

尽管美国不断增加在朝鲜的作战部队，但美军仍连遭失败。在 7 月中旬的大田战役中，美第 24 师师长威廉·迪安少将也成了朝鲜人民军的俘虏。至 8 月中旬，朝鲜人民军已解放了三八线以南 90% 的地区，将美军和南朝鲜军压缩到洛东江以东仅 1 万平方公里的所谓"釜山防御圈"内。

美国为了挽回战场上的败局，一面利用其控制地区内的釜山港继续增加援兵，进行负隅顽抗；一面秘密策划乘朝鲜人民军后方空虚之际，在人民军侧后实施大规模的登陆进攻。

"联合国军"总司令麦克阿瑟在第二次世界大战中的战略成功，主要取决于他夺占敌人后方的越岛登陆作战战术。南朝鲜军和美军在战场上的连连败退，又勾起他要玩一玩老把戏的念头。

在朝鲜战争爆发的第 5 天，他飞到南朝鲜，站在汉江桥头上目睹南朝鲜军的狼狈溃退，就想再试一试这种把戏，但并未确定登陆进攻的具体地点。7 月初他指定参谋人员拟制代号为"蓝心行动"的登陆计划。在 7 月 10 日完成的这份计划中，预定 7 月 22 日，以美军骑兵第 1 师和海军陆战队第 1 旅（陆战第 1 师开往朝鲜的先遣部队）在汉城以西的仁川港，发起登陆进攻。由于骑兵第 1 师部队没有登陆作战经验，其训练准备和海军为登陆所需的船只准备均来不及，并且仁川海潮落差太大，"蓝心行动"计划遭到海军陆战队第 1 旅和骑兵第 1 师军官的一致反对。"蓝心行动"计划只好作罢。

但是麦克阿瑟并未放弃登陆进攻的想法，7 月 23 日，他的参谋人员又制定了一个名为"铬铁矿行动"的登陆计划，登陆地点仍选在仁川，但登陆时间向后推迟到 9 月中旬，使用的部队为 2 个师组成的 1 个军，并将这一意图电告华盛顿的五角大楼。

然而，五角大楼的美军参谋长们，对麦克阿瑟的计划则疑虑重重，忧心忡忡。一则担心麦克阿瑟在朝鲜用兵太多，将削弱美国用来应付全面战争的预备队；另一方面，他

---

① 美军师一般编制 1.8 万人，其中骑兵第 1 师和后来仁川登陆时进入朝鲜的海军陆战队第 1 师，是美军历史较久的部队，编制人数更多些，装备和战斗力也是美军中最强的。

们更担心麦克阿瑟仁川登陆成功的把握如何，仁川海潮的涨落差平均为20.7英尺（约合7.05米），是世界上最大的涨落差，而预计登陆的9月15日，由于月相的关系，潮水落差将达32英尺（约合9.5米），落潮时，港外延伸的淤积泥滩长达2英里多（约合3公里多），高潮只有2个小时，与下一次高潮到来相距10个多小时，任何一艘船只沉在那里，都会阻塞航道，正好是人民军岸炮攻击的目标。即便仁川登陆能够成功，第8集团军在釜山的防御圈是否有能力实施反攻？如果第8集团军不能反攻，那么，不但登陆部队要承受巨大的压力，而且也失去了登陆的意义。

鉴于此，参谋长联席会议派出陆军参谋长柯林斯、海军作战部长谢尔曼和空军副参谋长伊德沃尔·爱德华兹到东京，8月23日，在麦克阿瑟的总部举行一次专门的论证会。参加论证会的有太平洋舰队司令阿瑟·雷德福海军上将、远东海军司令特纳·乔埃中将、海军陆战队司令多伊尔上将、麦克阿瑟和他的参谋长爱德华·阿尔蒙德、副参谋长多伊尔·希基等。除了麦克阿瑟和阿尔蒙德外，都对仁川登陆成功的可能性提出质疑。柯林斯和谢尔曼建议麦克阿瑟将登陆地点改在仁川以南100英里的群山，那里没有仁川那样不利的自然条件，并更靠近第8集团军，成功的把握更大。

但麦克阿瑟对这些担心和建议不以为然，他要来一次冒险赌博，以他的能言善辩，打消将军们的疑虑。麦克阿瑟认为，越像仁川这样不易登陆的地方，人民军越缺少防备，况且人民军主力都在釜山前线，而后方空虚，这正好为美军提供了乘虚而入之机。如果在群山登陆，虽然易于成功，但军事战略上的价值不大，而仁川登陆成功则可根本改变美军在战场上的不利局面。他估计仁川登陆成功和失败的可能性是5000：1。[1]他说，投下一个5美元的赌注，我会赢得5万美元。[2]麦克阿瑟的陈述，以至于谢尔曼也转而与他同样有信心。与此同时，麦克阿瑟的仁川登陆计划，得到了杜鲁门的赞许。尽管参谋长联席会议对仁川登陆计划仍有保留，但8月28日，还是批准了这一计划。

为实施仁川登陆，美国陆军当局批准麦克阿瑟以海军陆战队第1师和步兵第7师组成美第10军，麦克阿瑟任命他的参谋长阿尔蒙德为该军军长。为解决美军兵力不足的问题，从南朝鲜征召8600余名新兵补入美第7师，第10军集结时，兵力约7万人，其中陆战第1师2.5万余人，步兵第7师2.48万余人。此外还抽调230余艘军舰和近500架飞机支援配合。

9月15日，麦克阿瑟坐镇旗舰亲自指挥，开始仁川登陆。麦克阿瑟的仁川赌博成功了。这被美国人视为"军事奇迹"、美国历史上"不朽的军事胜利"，麦克阿瑟也被称

---

① 参见《艾奇逊回忆录》（上），第299页，上海：上海译文出版社，1978年。
② 参见约瑟夫·格登《朝鲜战争——未透露的内情》，第218页，北京：解放军出版社，1990年。

麦克阿瑟指挥仁川登陆

美军在仁川实施登陆

为"军事天才"。占领仁川后，麦克阿瑟兵分两路，以陆战第1师攻打汉城，以步兵第7师向南切断人民军的后路。釜山防御圈的美军和南朝鲜军于16日也开始了反攻，至9月23日，全线突破人民军防线，向北进攻。朝鲜战局发生逆转，人民军在腹背受敌的情况下，被迫实施战略退却。

9月28日，美陆战第1师占领汉城。9月27日，从釜山防御圈北进的美骑兵第1师第7团部队与美第7师第31团部队在水原附近会合，29日、30日，美第8集团军指挥的美军和南朝鲜军全部进抵三八线。30日，杜鲁门专门给麦克阿瑟发电祝贺。

此时，在朝鲜的"联合国军"地面部队，总数超过33万人，另美国远东空军的兵力已达3.6万余人，远东海军达5.9万余人。①

早在麦克阿瑟计划仁川登陆时，美国白宫和五角大楼就开始考虑美军地面部队是否越过三八线的问题。国务卿艾奇逊、助理国务卿迪安·腊斯克和五角大楼的参谋长们，均主张为消灭北朝鲜人民军，应授权麦克阿瑟在三八线以北进行军事行动。艾奇逊说"不能指望部队……前进到一条检查员画出的线，然后停止下来……不应强行下达不许越过三八线的武断禁令。作为一条分界线，它不具备任何政治合法性"。②参谋长联席会议认为，不应将麦克阿瑟限制在三八线以南，而强烈要求占领北朝鲜。麦克阿瑟更是积极主张占领北朝鲜。虽然国务院政策计划部门受苏联问题专家乔治·凯南观点的影响，反对越过三八线，因为越过三八线会大大增加同苏联或中国军队发生冲突的危险。但这种反对意见被认为是消极的，不实际的。

9月7日，美国国家安全委员会通过了81/1号文件。文件中确定：为击败北朝鲜军队，应授权麦克阿瑟在三八线以北实施各种军事行动，通过自由选举，在政治上统一整个朝鲜。11日，杜鲁门正式批准了这个文件。布莱德雷后来说：对这个文件中的基本政策，"总统、艾奇逊、参谋长联席会议和麦克阿瑟的意见是完全一致的"。并评论说："国家安全委员会81号文件反映出我们对朝鲜战争的观点有了重大变化。起初，我们进行干涉是为了'拯救'南朝鲜，现在我们的战争目的已扩大为彻底摧毁北朝鲜军队和政治统一这个国家。"③

然而当时，仁川登陆尚未开始，美第8集团军仍在釜山防御圈内，战局形势尚难以预测。因而，没有把这个文件及时发给麦克阿瑟。仁川登陆后，美第8集团军全线向三八线推进时，经杜鲁门批准，参谋长联席会议于9月27日给麦克阿瑟发去了授权他越

① 参见詹姆斯·F.施纳贝尔《朝鲜战争中的美国陆军——战争爆发前后》，第213页，北京：解放军国防大学出版社，1990年。
② 转引自奥马尔·布莱德雷回忆录《将军百战归》，第724页，北京：军事译文出版社，1985年；参见约瑟夫·格登《朝鲜战争——未透露的内情》，第268页，北京：解放军出版社，1990年。
③ 见奥马尔·布莱德雷回忆录《将军百战归》，第727页，北京：军事译文出版社，1985年。

过三八线作战的训令。指出：

> 你的军事目标是粉碎北朝鲜的武装部队。为了达到这个目标，授权你于三八线以北的朝鲜境内采取军事行动，包括两栖和空降或地面作战，只要在采取这种行动时没有主要的苏联和中国共产党军队进入北朝鲜，没有准备进入的声明，也没有在北朝鲜在军事上对抗我们行动的威胁。但是，无论在什么情况下，你的军队不得跨进"满洲"或苏联与朝鲜交界的地域，并且为了政策的缘故，在与苏联接壤的东北各省或在沿"满洲"边境的地区，不得使用非朝鲜人的地面部队。再者，对于你们在三八线南北作战的支持将不包括对"满洲"或对苏联领土的空军或海军行动。
>
> 苏联如果在三八线以南公开地或秘密地使用大部队，你应采取防御态势，不采取任何扩大事态的行动，并向华盛顿报告。如果你的部队在三八线以北作战苏联使用了大量部队，你应采取同样的做法。你不能仅因目标区有苏联或中国共产党军队而停止在三八线以北的空军和海军行动。但是，如果苏联或中国共产党事先声明他们要重占北朝鲜的意图，并公开地或含蓄地发出他们的部队不应受到攻击的警告，你应立即请示华盛顿。
>
> 当北朝鲜军队有组织的武装抵抗实际上被粉碎时，你应该指挥韩国军队去负责解除残余的北朝鲜军队的武装，并实施投降条款。……对北朝鲜的占领属何种性质，将依当时的情况而定。你的占领计划和你在三八线以北的军事行动计划要提交参谋长联席会议批准。……

指令中还告诉麦克阿瑟，国务院正在为他起草一份准备于10月1日发出的要求北朝鲜投降的最后通牒。麦克阿瑟接到这一指令后，于28日向参谋长联席会议报告了他的简要计划：

> 如果北朝鲜武装部队不按我将于10月1日发出的通牒投降，我将进入北朝鲜采取军事行动，完成将其消灭的军事目标。
>
> 1.第8集团军以现有兵力打过三八线，主攻方向是开城——沙里院——平壤轴线，目标是夺取平壤。
>
> 2.第10军以现有兵力在元山实施两栖登陆，然后与第8集团军会合。

3.从本土向朝鲜起运的第3师，初期作为总司令部的预备队留在日本。

4.只使用南朝鲜军队在定州——宁远——咸兴一线以北地区作战。

5.第8集团军的进攻日期暂定为最早10月5日，最迟是10月30日。

参谋长联席会议觉得麦克阿瑟将第8集团军和第10军分开行动不太妥善，然而，由于麦克阿瑟的仁川登陆行动"神奇般"的成功，参谋长联席会议自愧：对麦克阿瑟仁川登陆计划"持怀疑态度，简直像一群胆小怕事的娇小姐"。[1]由此，觉得这次担心可能也是多余的，遂于29日批准了这一计划。

此时，美国新闻媒介正在传说沃克的第8集团军到达三八线后，将停下来，等待联合国批准北进的命令。这引起五角大楼的紧张，唯恐由于联合国的阻碍而影响9月27日北进命令的实施。29日，新任国防部长乔治·马歇尔（9月中旬接替詹姆斯·约翰逊）和布莱德雷紧急磋商后，由马歇尔给麦克阿瑟发去一份电报。这份电报要求麦克阿瑟先造成越过三八线北进的既成事实，给联合国施加压力。电报说：

> 目前有报告说，第8集团军曾宣布在韩国各师将在三八线停下来进行重新集结。关于这一点，我们希望你认识到，你在向三八线以北推进时无论在战术上还是战略上都不受限制。上面所提到的声明有可能会使联合国处境尴尬，因为在联合国里，人们显然不愿意出现必须越过三八线进行投票的局面。相反，人们希望看到你在军事上已证明有必要这样做。

在美军全线进抵三八线，准备越过三八线继续北进的时候，9月30日，周恩来总理在中国人民政治协商会议全国委员会庆祝中华人民共和国建国一周年的报告中，代表中国政府和人民向美国当局发出了警告："中国人民密切地关心着朝鲜被美国侵略后的形势。……中国人民热爱和平，但是为了保卫和平，从不也永不害怕反抗侵略战争，中国人民绝不能容忍外国的侵略，也不能听任帝国主义者对自己的邻人肆行侵略而置之不理。"[2]

10月1日，南朝鲜军沿东海岸地区越过三八线北进。同日，麦克阿瑟发出了要求北朝鲜投降的通牒。10月2日，下达了越过三八线作战的命令。

中国政府得知这一情况后，周恩来立即于3日凌晨紧急约见印度驻华大使潘尼迦，通过他和印度政府转达，再次向美国提出了警告："美国军队正企图越过三八线，扩大

---

① 见奥马尔·布莱德雷回忆录《将军百战归》，第721页，北京：军事译文出版社，1985年。

② 见《周恩来选集》下卷，第37页，北京：人民出版社，1984年。

战争。美国军队果真如此做的话，我们不能坐视不顾，我们要管。""我们主张朝鲜事件应该和平解决"，"朝鲜战事应该即刻停止，外国军队应该撤退"。①

然而美国当局认为，周恩来的警告只不过是对联合国的恫吓，中国不会插手解决朝鲜问题，不敢同组织有序的美国三军进行较量。因此，决心一意孤行。

为给美军越过三八线提供法律依据，由美国起草方案，并为避开苏联在安理会上行使否决权，美国操纵联合国大会，于 10 月 7 日通过了所谓"统一朝鲜"的决议。决议确定"采取一切适当的步骤以保证

1950 年 9 月 30 日，周恩来在政协全国委员会庆祝中华人民共和国成立一周年大会上作报告，指出：中国人民不能容忍外国的侵略，也不能听认帝国主义者对自己的邻人肆行侵略而置之不理

全朝鲜情况的稳定"，"采取一切组织政府的行为，包括在联合国主持下进行选举，以便在主权的朝鲜国家内建立一个统一、独立和民主的政府"，为达到上述两个目的，"联合国军"可以留驻在朝鲜任何地方。

在联合国大会 10 月 7 日通过决议的同一天，美军开始越过三八线北进，美第 1 军指挥的美骑兵第 1 师、步兵第 24 师，英第 27 旅和南朝鲜第 1 师从西部越过三八线。美第 10 军指挥的陆战第 1 师和步兵第 7 师，分别于 10 月 9 日和 10 日，从仁川港和釜山港登船起航，准备在元山再进行一次登陆作战。

朝鲜形势进一步恶化，中国大陆的安全受到严重威胁。

---

① 《周恩来军事文选》第四卷，第 66～68 页，北京：人民出版社，1997 年。

金日成请求斯大林、毛泽东给予特别的援助

中国领导人一直高度关注朝鲜战局形势的发展，希望朝鲜人民军能取得完全的胜利。早在朝鲜战争爆发后不久，7月初，人民军顺利发展时，毛泽东、周恩来就分析认为，美军有可能在仁川登陆，朝鲜人民军应在仁川、汉城地区构筑巩固的防御阵地，注意防守。当时中朝虽建立了外交关系，但尚未互派出大使，中国与朝鲜没有直接的通信联系，有关朝鲜的战况都是通过新闻电讯或苏联通报而获得的，因此，毛泽东、周恩来曾约见苏联驻中国大使罗申，请他通过苏联政府向朝鲜转告中国领导人的分析和建议。

朝鲜战局出现僵持局面后，8月和9月，毛泽东和周恩来还多次通过苏联政府和直接向朝鲜代表，指出过美军仁川登陆的可能性。毛泽东在接见朝鲜代表时曾分析认为：朝鲜战争形势的发展，可能会出现两种情况，一种是人民军全歼美军，把他们赶下海去；另一种是战争持久化。如果是后一种情况，美军将会加强釜山地区的防御，把人民军主力牵制在那里，同时在其他地方登陆。美军登陆的地点可能是仁川——汉城和镇南浦——平壤地区。毛泽东提醒朝鲜同志注意第二种可能。①

8月上旬至9月初，朝鲜判断美军在釜山前线兵力不足，不增加兵力，则不可能发动反攻，在其他地区登陆也困难。8月15日，朝鲜人民军最高司令官金日成发布命令，"全朝鲜人民军和海军要最后扫荡美国干涉者的军队和李承晚残余伪军，要使八月成为完全解放朝鲜的月份"。②8月中旬以后，人民军正在为实现这一目标而奋斗，在前线的力量已显不足，也确实无力顾及后方。

美军仁川登陆后，朝鲜战场形势逆转。9月18日，金日成约见中国驻朝鲜大使倪志亮，谈美军仁川登陆以来三天的战况，估计美军仁川登陆部队有一个师，人民军只有两个新组建的团，无作战经验，战斗力弱，增援部队又未及时赶到，登陆美军已迫近汉城，人民军已准备长期作战，并已着手动员10～15个新兵师。倪志亮将这一情况报告了中国领导人。出于对朝鲜作战形势的关心，周恩来站在朋友和同志的立场，就人民军作战指导问题向金日成提出了建议。经毛泽东审定后，这个建议于9月20日发给中国驻朝鲜大

---

① 参见军事科学院军事历史研究部主办的《军事历史》1997年第5期，第53页。
② 参见《人民日报》1950年8月19日第一版。

使倪志亮转告金日成。建议的内容如下：

> 我们认为你的长期作战思想是正确的。朝鲜军民的英勇是令人感佩的。估计敌人在仁川方面尚有增加可能，其目的在于向东延伸占领，切断朝鲜南北交通，并向三八线进逼。而人民军必须力争保住三八线以北，进行持久战方有可能。因此，请考虑在坚持自力更生长期奋斗的总方针下如何保存主力便于各个歼灭敌人的问题。在目前主力暴露于敌人阵前，相持不下，消耗必多，而敌人如果占领汉城则人民军后路有被切断的危险。因此，人民军主力似宜集结机动，寻敌弱点，分割歼灭敌人。在作战上，必须集中兵力，每一次作战以少数兵力及火力分路钳制多数敌人，而以多数兵力（三至五倍）及火力（二倍以上）的绝对优势，围歼被我分割的少数敌人（例如一个团）。作战最忌平分兵力，最忌只能击溃或阻止敌人而不能歼灭敌人有生力量。只要能歼灭敌人有生力量，哪怕每次只歼灭敌人一个团一个营也好，积少成多，就可逐步将敌人削弱下去，而利于长期作战。如果美军火力配备强，一时难于突入分割，则宜考虑先以李承晚伪军为对象，集中主力，每次歼灭其一二个团，每月歼灭其一二个师，半年后即可尽歼伪军，剪去美军爪牙，使美帝陷于孤立，然后各个歼灭之。在持久战的原则下，必须充分地估计到困难方面。一切人力、物力、财力的动员和使用，必须处处作长期打算，防止下级发生孤注一掷的情绪。敌人要求速决害怕持久，而人民军则速决既不可能，唯有以持久战争取胜。以上所陈，系站在朋友和同志的立场提出，供你们参考。[①]

接到周恩来的建议后，金日成非常感谢，并希望今后继续提出建议。

然而，美军仁川登陆后，在釜山前线的人民军主力腹背受敌，于9月下旬被迫实施战略撤退，并在撤退过程中遭到切断分割，相互之间失去联络，损失严重。这时，仅仅依靠人民军的力量，不但已经不能将美国侵略军赶出朝鲜，而且也难以组织有效的防御，将美军阻止在三八线以南。28日，美军占领汉城，并全线向三八线推进。

在这种情况下，在美军占领汉城的同一天，金日成主持召开朝鲜劳动党中央政治局紧急会议，分析战争形势。政治局一致认为，军事形势是严峻的，汉城陷落后人民军已无力阻止美军越过三八线，也无力在三八线以北进行有效的抵抗，美军将迅速占领整个

[①] 《周恩来军事文选》第四卷，第56～57页，北京：人民出版社，1997年。

朝鲜，北朝鲜将成为美国的殖民地和军事基地。为避免这种局面的出现，必须请求苏联和中国提供直接的军事援助。政治局会议一致通过了拟于 29 日以金日成和朴宪永 [①]名义致斯大林的求援信。信中回顾了朝鲜战争爆发以来形势的变化，分析了美军仁川登陆后人民军的困境和美军即将越过三八线的危险局势，请求斯大林给予"特别的援助"，"当敌军跨过三八线以北的时刻，……需要苏联方面的直接军事援助。""如果由于某些原因不能做到这一点，那么请帮助我们在中国和其他人民民主国家建立国际志愿部队，对我们的斗争给予军事援助。"

29 日，金日成、朴宪永约见了苏联驻朝鲜大使史蒂科夫，向史蒂科夫通报了劳动党政治局会议的情况，并就想给斯大林发出求援信，探询史蒂科夫的意见。史蒂科夫表示他没有什么意见，并推说信的内容写什么是劳动党政治局的事。此后，朴宪永将这一求援信交给史蒂科夫。30 日，史蒂科夫将其发往莫斯科。

10 月 1 日夜，金日成和朴宪永约见中国驻朝鲜大使倪志亮和政务参赞柴成文，直接向中国提出了出兵援助的请求，并特派朝鲜民主主义人民共和国内务相、人民军次帅朴一禹，持金日成、朴宪永 10 月 1 日写给毛泽东的求援信，前往北京。10 月 3 日，朴一禹将这封求援信当面呈递毛泽东。这封求援信与给斯大林的求援信，内容大体相同。金日成、朴宪永给毛泽东的求援信全文如下：

> 敬爱的毛泽东同志：
>
> 您对于为自己祖国的独立解放而斗争的朝鲜人民深切的关心，百方援助，我们谨代表朝鲜劳动党，衷心的感谢！
>
> 现在反对美帝国主义侵略者的我们朝鲜人民解放战争的今日战况，是在美国侵略军上陆仁川以前，我们的战况不能说不利于我们，敌人在连战连败的情况下，被我们挤于朝鲜南端狭小的地区里，我们有可能争取最后决战的胜利，美帝军事威信极度地降低了。于是美帝国主义为挽回其威信，为实现其将朝鲜殖民地化与军事基地化之目的，即调动了驻太平洋方面陆海空军的差不多全部兵力，遂于九月十六日以优势兵力，在仁川登陆后继续占领了京城。
>
> 目前战况是极端严重了，我们人民军虽然对于上陆的敌人，进行了极顽强的抵抗，但对于前线的人民军已经造成了很不利的情况。
>
> 战争以来，敌人利用约千架的各种航空机，每天不分昼夜地任意地轰炸我

[①] 朴宪永是朝鲜民主主义人民共和国副相兼外相。

们的前方与后方，在对敌空军毫无抵抗力的我们的面前，敌人则充分发挥其空军威力了。各战线上的敌人在其空军掩护下，活动大量机械化部队，我们受到的兵力与物资方面的损失是非常严重的，后方的交通运输通信及其他设施大量的被破坏，同时我们的机动力，则更加减弱了。

敌人登陆部队与南部战线的部队已经连接一起，切断了我们的南北部队，结果使我们在南部战线的人民军处于被敌切断分割的不利情况里，得不到武器弹药，失掉联系，甚至于有一部分部队，则已被敌人分散包围着。如果京城完全被敌占领，则我们估计敌人可能继续向三八线以北地区进攻。如果不能急速改善我们的各种不利条件，则敌人的企图是很可能会实现的。要保障我们的运输、供给以及部队之机动力，则必须具备必要的空军，但是我们又没有准备好的飞机师。

敬爱的毛泽东同志！我们一定要决心克服一切的困难，不让敌人把朝鲜殖民地化与军事基地化！我们一定要决心不惜流尽最后一滴血，为争取朝鲜人民的独立解放民主而斗争到底！

我们正在集中全力编训新的师团，集结在南部的十余万部队于作战上有利的地区，动员全体人民，准备长期作战。

在目前敌人趁着我们严重的危急，不予我们时间，如要继续进攻三八线以北地区，则只靠我们自己的力量，是难以克服此危急的。因此我们不得不请求您给予我们以特别的援助，即在敌人进攻三八线以北地区的情况下，极盼中国人民解放军直接出动援助我军作战！

我们向您提出以上意见，盼望即予指教！

敬祝

　　健康！

金日成

朴宪永

一九五〇年十月一日于平壤[①]

---

① 金日成、朴宪永给毛泽东的求援信原件复制件已在丹东抗美援朝纪念馆公开展出。

毛泽东主持政治局会议，决定以志愿军的名义出动一部分部队到朝鲜作战

　　此时，新中国成立刚刚一周年。一年来，在以毛泽东为主席的中共中央和中央人民政府的领导下，解放了的中国人民，以主人翁的姿态取得了良好的开端。10月1日，首都北京举行了建国一周年的重大庆祝活动。

　　就在这一天，毛泽东接到了由倪志亮大使转达的金日成、朴宪永关于直接出动人民解放军给朝鲜以特别援助的请求。这一天也接到了斯大林在接到朝鲜的求援信后，于当天发来的建议中国派部队援助朝鲜的电报。斯大林在电报中说："我正在离莫斯科很远的地方休假，与朝鲜的事情多少有些隔绝。但据今天由莫斯科传给我的消息，我看，朝鲜同志们的情况变得令人绝望。……在汉城地区，朝鲜同志没有任何可以抵抗的部队，可以认为，通往三八线的道路是没有设防的。我考虑，根据眼下的形势，你们如果认为能用部队给朝鲜人以帮助，那么至少应将五六个师迅速推进至三八线，以便朝鲜同志能在你们部队的掩护下，在三八线以北组织后备力量。中国师可以志愿者身份出现，当然，由中国指挥员统率。"

　　虽然中共中央对援助朝鲜问题早有考虑和准备，但中国领导人并不希望出现必须得出兵援朝的形势。因为新中国仍然面临着严重的国内形势和种种困难。

　　第一，台湾等一些沿海岛屿和大陆的西藏还没有解放，统一祖国的任务尚未最后完成，战争还没有最后结束，人民解放军仍有重大的作战任务。

　　第二，新解放区土匪为害仍很严重，在华东、中南、西南和西北地区尚有大批股匪没有剿灭，特别是福建、浙江、湖南、广东、广西等省，匪患还相当严重，散在各偏僻地区为害人民。帝国主义和国民党反动派潜留在大陆上的特务与各当地的反革命分子及各种反动组织相勾结，进行各种反革命破坏活动。新解放区基层政权尚不完全巩固。因此，整个社会秩序还不很安定。

　　第三，国民经济恢复刚刚开始，中共七届三中全会和第一届全国政协第二次全体会

议确定和部署的恢复国民经济的任务还没有全面展开。1950年工农业生产指标都还远未达到中国历史上最好的水平。市场物价趋于稳定，但还没有最后巩固，财政收支接近平衡，但仍有很大赤字。作为实现财政经济状况根本好转的基本条件——新解放区的土地改革刚刚开始。

此外，尚有三四百万失业工人和知识分子未得到妥善安置，教育科学文化事业也刚在恢复。

然而，美国侵略者已将侵略朝鲜的战火烧到中国大门口，朝鲜民主主义人民共和国危在旦夕，金日成和朴宪永代表朝鲜劳动党和朝鲜政府，向中国提出了出兵援助的请求。面对美国的侵略威胁，面对中国各方面严重困难，面对朝鲜的请求，中共中央和中国领导人不得不作出重大的战略抉择。

事到临头，中共中央采取了极为审慎的态度。

据有关材料讲，10月1日当夜，毛泽东即召集中央有关领导人开会，研究出兵援朝问题，初步议定以志愿军的名义援助朝鲜。①

次日凌晨2时，中央军委发出了由毛泽东起草的致高岗和邓华的电报："一、请高岗同志接电后即行动身来京开会；二、请邓华同志令边防军提前结束准备工作，随时待命出动，按原计划与新的敌人作战；三、请邓华将准备情况及是否可以立即出动即行电告。"②邓华于当日12时即回电，将准备情况作了报告，并提出了部队出动时需由军委明确或解决的具体问题。

2日下午，毛泽东主持召开中共中央书记处会议，讨论朝鲜局势和中国出兵问题。就在这一天毛泽东起草了给斯大林的电报，告诉他："我们决定用志愿军名义派一部分军队到朝鲜境内和美国及其走狗李承晚的军队作战，援助朝鲜同志。"电报分析了志愿军参战后可能出现的形势变化和志愿军作战的困难，并请求苏联给予武器装备援助。电报中附上了请苏联援助武器的清单。③但是这个电报没有发出。

同一天，毛泽东还通过苏联驻中国大使罗申转发了致斯大林的另一份电报，重点强调了中国志愿军出动后可能会出现的严重后果和中国的困难，以探测苏联对此的态度。毛泽东在电报中指出："第一，靠几个师很难解决朝鲜问题（我军装备极差，同美军作战无胜利把握），敌人会迫使我们退却。第二，最大的可能是，这将引起美国和中国的公开对抗，结果苏联也可能被拖进战争中来，这样一来，问题就变得极其严重了。中共

① 参见《彭德怀传》，第400页，北京：当代中国出版社，1993年。
② 《毛泽东军事文集》第六卷，第105页，北京：军事科学出版社、中央文献出版社，1993年。
③ 《毛泽东军事文集》第六卷，第106页，北京：军事科学出版社、中央文献出版社，1993年。

中国人民志愿军司令员兼政治委员彭德怀

中央的许多同志认为，对此必须谨慎行事。""如果我们出动几个师，随后又被敌人驱赶回来，并由此引起美国与中国的公开冲突，那么我们整个的和平建设计划将被全部打乱，国内许多的人将会对我们不满（战争给人民带来的创伤尚未医治，人民需要和平）。"毛泽东在电报中还告诉斯大林，中共中央准备召开会议进一步研究，并准备派周恩来和林彪到斯大林的疗养地，与斯大林讨论这件事。

3日中午，金日成召见中国驻朝鲜大使倪志亮，面谈了朝鲜的危急形势，并称恐非请中国援助不可。倪志亮于当天下午将此情况电告周恩来、聂荣臻和高岗。同日，毛泽东在北京接到朴一禹当面呈递的金日成、朴宪永请求中国出兵援助的信。

毛泽东并未等待斯大林对有关问题表明态度，4日，即在中南海主持召开中央政治局会议，讨论出兵援朝问题。政治局成员毛泽东、朱德、刘少奇、周恩来、任弼时、陈云、康生、高岗、彭真、董必武、林伯渠、彭德怀、张闻天、李富春等均出席了会议，罗荣桓、林彪、邓小平、饶漱石、薄一波、聂荣臻、邓子恢、杨尚昆、胡乔木等列席了会议。

目前尚未发现这次政治局会议的记录。但据周恩来、彭德怀、胡乔木等当时与会人员在后来的有关讲话和回忆，可以看出，在这次会议上，许多人对出兵朝鲜有顾虑，会议上有两种意见。一种意见是积极主张出兵，另一种意见是主张暂不出兵。

周恩来1951年1月23日在东北局干部会议上作报告时指出："当朝鲜正受到美帝国主义摧残的时候，美国侵略军越过了三八线迫近鸭绿江的时候，那时下这个决心，在我们革命的进展历史中是很不容易的。下这个决心，在当时的情况有许多顾虑，而从过渡时期来看这些顾虑是合乎实际的。"[1]胡乔木后来也说过：我在毛主席身边工作20多年，记得有两件事是毛泽东很难下决心的，其中一件事就是1950年派志愿军入朝作战。[2]

从彭德怀1950年10月16日在志愿军师以上干部会议上的讲话，可以得知，当时政治局一些同志的顾虑主要是国内困难太多：1.战争创伤还没有医治；2.土地改革工作尚未完成；3.国内的土匪、特务还没有彻底肃清；4.军队的装备和训练尚不充分；5.部分军民

① 《周恩来军事文选》第四卷，第137页，北京：人民出版社，1997年。
② 《胡乔木回忆毛泽东》，第92页，北京：人民出版社，1994年。

有厌战情绪。总之，一切准备不够，因此，有一种意见主张暂不出兵。[①]

这种意见是很正常的，不但当时国内困难很多，而且中美两国经济力量和军队武器装备对比，强弱悬殊。

美国已有175年资本主义发展的历史，并于第二次世界大战后跃居为资本主义最强国，工业发达、经济实力雄厚，在政治上雄心勃勃，推行全球霸权主义政策，企图由美国一统天下。就是当时比较强大的苏联也惧它三分，更何况积贫积弱、困难重重、刚刚成立一年的新中国。1950年美国的国民生产总值为2 848亿美元[②]，钢产量为8 772万吨。同期中国的工农业总产值为574亿元人民币，按人民币与美元2:1的比值计算，仅相当于287亿美元，相当于美国的1/10；钢产量为60.6万吨，仅相当于美国的1/144。

美国军队是世界上装备最现代化的军队，参加过两次世界大战，训练有素，具有现代战争经验，并且是两次世界大战的胜利之师。而中国人民解放军的武器装备极为落后，海、空军刚刚组建，尚未形成作战能力，陆军的装备水平基本是"小米加步枪"的状况略有改善，虽然有国内作战的丰富经验，但没有经受过现代战争锻炼，1950年大部分部队投入了恢复国民经济的工农业生产建设，缺乏严格的训练。这些均无法与美国相比。因此，出兵朝鲜，同美国较量，没有胜利的充分把握。

然而，战火已经烧到中国大门口，朝鲜危在旦夕，极盼中国出动军队援助。"唇亡则齿寒""户破则堂危"。中国本来就不多的工业基地50%在东北地区，如果美国在朝鲜得胜，即便不向中国发动进攻，站在鸭绿江对岸跃跃欲试，中国东北地区也不会得安宁，无法安心进行建设。因此，对于朝鲜的危机，中国不能袖手旁观，不能坐视不管。

> 周恩来后来说："对于这样一场战争，在我国人民内部思想也不是容易解决的。有些人说，我们自己刚刚解放，朝鲜虽是邻邦，我们应先顾自己。要下决心是不容易的。我们对付的是强大的美国，它打的又是联合国旗号。毛泽东认为如果在这个关键时刻不下决心，不仅朝鲜被占领，就是我们自己的建设也将成为不可能。"[③]"毛泽东曾经这样说，我们可以提出几十条、几百条甚至几千条顾虑，这些顾虑都是揣测可能发生的。另外一条就是我们应该在朝鲜争取反美胜利，应该给美帝国主义这个世界各帝国主义侵略阵营的头子一个打击，把它的气

[①] 见《彭德怀军事文选》，第320～321页，北京：中央文献出版社，1988年。
[②] 见《各国概况》，第870页，人民出版社，1972年。另军事科学出版社1990年12月版的《中国人民志愿军抗美援朝战史》第3页说1507亿美元。
[③] 1965年6月4日至8日周恩来总理访问坦桑尼亚时同尼雷尔总统的谈话记录。

焰打下去。""他认为，尽管遇到那样多条的顾虑，但那是可以克服的困难，或者应该忍受的困难，也是我们为着争取这个伟大的胜利应该付出的代价。"①

4日，接彭德怀开会的专机到达北京时，政治局会议已经开始。彭德怀当天未来得及发言，但他听到会上有两种意见。据他后来的回忆，毛泽东在4日的政治局会上说："你们说的都有理，但是别人处于国家危急时刻，我们站在旁边看，不论怎么说，心里也难过。"当晚，他想着会议的情况，想着毛泽东在会上说的话，认为："美国占领朝鲜与我隔江相望，威胁我东北；又控制我台湾，威胁我上海、华东。它要发动侵华战争，随时都可以找到借口。老虎是要吃人的，什么时候吃决定于它的肠胃，向它让步是不行的。它要来侵略，我就要反侵略。不同美帝国主义见过高低，我们要建设社会主义是困难的。"不论从国家建设的前途考虑，还是从援助朝鲜考虑，以及从社会主义阵营的影响考虑，都应出兵援朝。在5日的政治局会上彭德怀发言说："出兵援朝是必要的，打烂了，等于解放战争晚胜利几年。如果美军摆在鸭绿江岸和台湾，它要发动侵略战争，随时都可以找到借口。"因此，积极主张出兵支援朝鲜。②

彭德怀认为，"我们准备不够，敌人的准备也是不够的，特别是美帝国主义者准备不够。""我们如果不积极出兵支援朝鲜革命政府和人民，国内外的反动气焰就会高涨起来，亲美派就会更加活跃。如果让美帝侵占朝鲜，对我们就是一个直接威胁，他就会把兵力转向越南、缅甸，到处搞鬼，我国就将陷于被动，国防、边防都处于极不利的地位。对国外的影响也将不利于我们，有些国家就会更加倾向于美帝方面。"三五年以后再打，让我们松口气，当然好。但三五年以后还是要打，我们三五年辛辛苦苦建设起来的一点工业，到那时还要被打得稀烂。而且对三五年我们国防建设、工业建设也不可抱有过高的期望。那时美国可能把日本、西德都武装起来了，我们要制止侵略就更不容易。这样细算一下，目前就打也许更有利。所以迟打不如早打。我们目前并不怕打，但我们并不希望大打，也不等于向美国宣战，只是以人民志愿军的名义支援朝鲜革命战争。③

中央政治局会议也看到，美国虽强但也有弱点，中国虽弱但也有有利条件。8月26日，周恩来在检查东北边防军准备工作的国防会议上，和9月5日，毛泽东在中央人民政府委员会第九次会议上，都曾指出，美国在军事上是一长三短：一长是钢铁多。三短是战线太长，从欧洲的柏林到亚洲的朝鲜，首尾难以相顾；运输线太长，要横跨大西洋和太平洋；战斗力太弱，不如德国军队和日本军队。除此，美国的盟国西德和日本在第二次世界大战

① 《周恩来军事文选》第四卷，第137～138页，北京：人民出版社，1997年。
② 《彭德怀自述》，第257～258页，北京：人民出版社，1981年。
③ 《彭德怀军事文选》第320～322页，北京：中央文献出版社，1988年。

战败后尚未武装起来，英国和法国在第二次世界大战中已伤了元气；美国虽然握有原子弹，但苏联也有原子弹，并且原子弹不能轻易使用和不能决定胜负。中国困难虽多，但东北边防军已作了必要准备，并已调集了二线部队；中国军队占有数量上的优势，经受了20多年革命战争的锻炼，官兵团结，凝聚力强，特别能吃苦，特别能战斗，团以上指挥员多数是身经百战的老红军、老八路，人民解放军向来有以劣势装备战胜优势装备之敌的经验；中国是反抗侵略，进行的是正义之战，有中国人民和朝鲜人民的全力支援，并且中国共产党和中央人民政府在中国人民中有极高的威信，具有强大的号召力和组织力；中国已同苏联签订了《中苏友好同盟互助条约》，有苏联为后盾，可获得苏联的物资支援等等。

同时也看到，朝鲜问题对于中国来说，不单是朝鲜问题，连带的是台湾问题。美国与中国为敌，它的国防线放到台湾海峡。它侵略朝鲜，我们出兵去管，从国家安全和和平阵营的安全来说都是有理的，而美国是无理的。[1]

中央政治局会议全面分析权衡了利弊，全面分析研究了参战的困难和有利条件，意见终于达到一致，遂于5日作出了组成中国人民志愿军，"抗美援朝、保家卫国"的重大战略决策。在边防军组成时，军委就决定粟裕任边防军司令员兼政治委员，但粟裕身体有病，未到职，中央和军委考虑在边防军出动时，再由粟裕出任统帅。但粟裕身体未康复。因边防军部队都是第四野战军的部队，在改为志愿军时，中央和军委也曾考虑，由第四野战军司令员林彪出任统帅，但林彪身体也有病，不能挂帅出征。所以中央决定由彭德怀[2]担任志愿军司令员挂帅出征。同时决定，志愿军于15日出动，由彭德怀和高岗召集志愿军高级干部会议，研究布置。

6日，周恩来受毛泽东委托，召开了有朱德、陈云、高岗、彭德怀、林彪、聂荣臻、杨尚昆、罗瑞卿、薄一波、滕代远以及军委各总部、各军兵种领导人参加的军事会议，周恩来、朱德都在会上作了讲话，对志愿军入朝作战事宜作了研究和部署。

在中共中央政治局作出出兵决策后，毛泽东也接到了斯大林于莫斯科时间（比北京时间晚5个小时）10月5日发来的电报。斯大林显然对毛泽东10月2日通过罗申转给他的电报发生了误解，认为中国不准备出兵援朝而加以劝说；同时明确表示：如果美国发起大战，不但中国将被拖入战争，而且苏联也将被拖入战争，这需要害怕吗？我认为不需要，因为苏联同中国签有互助条约，我们两国在一起将比美国和英国更有力量。"如果战争不可避免，那就让他现在就打，而不要过几年以后"。7日，毛泽东复电斯大林，

① 参见《周恩来军事文选》第四卷，第75页，北京：人民出版社，1997年。
② 彭德怀当时任中央人民政府人民革命军事委员会副主席、中共西北局第一书记、西北军政委员会主席、西北军区司令员兼政治委员。

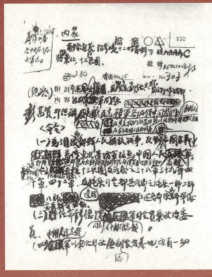

毛泽东签署组成中国人民志愿军的命令

告诉他中共中央已经作出了出兵决策，并且决定第一批出动9个师而不是6个师，还告诉他，立即派周恩来和林彪前去通报中共中央决策情况和与斯大林详细讨论有关问题。

根据中共中央政治局的决策，10月8日，毛泽东以中国人民革命军事委员会主席的名义签署了组成中国人民志愿军的命令。命令全文如下：

彭高贺、邓洪解①及中国人民志愿军各级领导同志们：

（一）为了援助朝鲜人民解放战争，反对美帝国主义及其走狗们的进攻，借以保卫朝鲜人民、中国人民及东方各国人民的利益，着将东北边防军改为中国人民志愿军，迅即向朝鲜境内出动，协同朝鲜同志向侵略者作战并争取光荣的胜利。

（二）中国人民志愿军辖十三兵团及所属之三十八军、三十九军、四十军、四十二军，及边防炮兵司令部与所属之炮兵一师、二师、八师。上述各部须立即准备完毕，待令出动。

（三）任命彭德怀同志为中国人民志愿军司令员兼政治委员。

（四）中国人民志愿军以东北行政区为总后方基地，所有一切后方工作供

① 彭、高、贺、邓、洪、解，为彭德怀、高岗、贺晋年、邓华、洪学智、解方。

46

应事宜，以及有关援助朝鲜同志的事务，统由东北军区司令员兼政治委员高岗同志调度指挥并负责保证之。

（五）我中国人民志愿军进入朝鲜境内，必须对朝鲜人民、朝鲜人民军、朝鲜民主政府、朝鲜劳动党（即共产党）、其他民主党派及朝鲜人民的领袖金日成同志表示友爱和尊重，严格地遵守军事纪律和政治纪律，这是保证完成军事任务的一个极重要的政治基础。

（六）必须深刻地估计到各种可能遇到和必然会遇到的困难情况，并准备用高度的热情，勇气，细心和吃苦耐劳的精神去克服这些困难。目前总的国际形势和国内形势于我们有利，于侵略者不利，只要同志们坚决勇敢，善于团结当地人民，善于和侵略者作战，最后胜利就是我们的。

中国人民革命军事委员会主席毛泽东

一九五〇年十月八日 [①]

同日，毛泽东致电中国驻朝鲜大使倪志亮转金日成，告知：

（一）根据目前形势我们决定派遣志愿军到朝鲜境内帮助你们反对侵略者；（二）彭德怀同志为中国人民志愿军的司令员兼政治委员；（三）中国人民志愿军的后方勤务工作及其他在满洲境内有关援助朝鲜的工作，由东北军区司令员兼政治委员高岗同志负责；（四）请你即派朴一禹同志到沈阳与彭德怀高岗二同志会商与中国人民志愿军进入朝鲜境内作战有关的诸项问题。（彭高二同志本日由北京去沈阳） [②]

同日，斯大林也将中国准备出兵援朝的情况通报了金日成。

金日成获得中国出兵援助的消息后非常高兴，一方面命令在三八线以北的人民军部队坚守阵地，为中国人民志愿军出动争取时间；另一方面希望中国人民志愿军出动越快越好。

这一天，周恩来离京和林彪秘密访问苏联，向斯大林等苏联领导人通报中共中央出兵决策情况。10日和11日，先后抵达莫斯科和克里米亚的斯大林的疗养地，与斯大林等苏联领导人会谈。周恩来是带着出兵和不出兵两种意见去的，告诉斯大林，中国出兵援朝需要苏联提供空军掩护。但斯大林对曾作过的许诺，不予兑现，可能是害怕苏联与美国在朝鲜正面冲突，将苏联直接牵进战争，而不愿为中国人民志愿军作战提供空中掩护，推说苏联空军没有准备好，两个月至两个半月不能出动掩护志愿军作战。两个半月以后也不准备派空军到朝鲜境内掩护志愿军作战，而只到鸭绿江以北中国境内驻防。斯大林并与周恩来联名就此给毛泽东发了一个电报，作了说明。

这一情况显然出乎毛泽东等中国领导人的预料。鉴于此，毛泽东令志愿军暂停执行出动的命令，令华东军区司令员陈毅，准备从山东出动北上东北的第9兵团，暂时原地待命，并将已到东北部署志愿军出动的高岗、彭德怀再次召到北京，于13日对出兵问题又进行了一次研究讨论。决定即使没有苏联空军掩护，也要出兵援朝。彭德怀后来回忆说："周总理、林彪赴苏联，苏联答应出枪、炮、弹，……但不出动飞机。毛主席这时就以此为由又问我，可不可以打，苏联是不是完全洗手？我说：'这是半洗手，也可以打。'最后是毛主席讲：'即令打不过也好，他（指美国——本书作者注）总是欠我们一笔账，我什么时候想打，就可以再打'。"①毛泽东将讨论结果于当日电告周恩来，指出：

（一）与高岗、彭德怀二同志及其他政治局同志商量结果，一致认为我军还是出动到朝鲜为有利。在第一时期可以专打伪军，我军对付伪军是有把握的，可以在元山、平壤线以北大块山区打开朝鲜的根据地，可以振奋朝鲜人民重组人民军。两个月后，苏联志愿空军就可以到达。六个月后可以收到苏联给我们的炮火及坦克装备，训练完毕即可攻击美军。在第一时期，只要能歼灭几个伪军的师团，朝鲜局势即可起一个对我们有利的变化。

（二）我们采取上述积极政策，对中国、对朝鲜、对东方、对世界都极为有利；而我们不出兵让敌人压至鸭绿江边，国内国际反动气焰增高，则对各方都不利，首先是对东北更不利，整个东北边防军将被吸住，南满电力将被控制。

（三）真日（即十一日——本书作者注）菲力波夫（斯大林的化名——本书作者注）和你联名电上说，苏可以完全满足我们的飞机、大炮、坦克等项装备，不知它是用租借办法，还是要用钱买，只要能用租借办法，保持二十万万美元预算用于经济、文化等项建设及一般军政费用，则我军可以放心进入朝鲜进行长期战争，并能保持国内大多数人的团结。

（四）只要苏联能于两个月或两个半月内除出动志愿空军帮助我们在朝鲜作战外，又能出动掩护空军到京、津、沈、沪、宁、青等地，则我们也不怕整个的空袭，只是在两个月或两个半月内如遇美军空袭则要忍受一些损失。

（五）总之，我们认为应当参战，必须参战，参战利益极大，不参战损害极大。②

---

① 1955年2月8日彭德怀同身边工作人员谈话，转引自《党的文献》1995年第6期，第87页。
② 《毛泽东文集》第六卷，第103～104页，北京：人民出版社，1999年。

同日，毛泽东也通过苏联驻中国大使罗申，将中共中央政治局讨论的上述精神通报给了斯大林，同时希望苏联空军能尽快出动，无论如何不迟于两个月，并提出中国政府目前无法对苏联提供的装备付现款，希望以贷款方式得到苏联援助的装备。要求周恩来就本次精神与斯大林再行讨论。14 日 3 时，毛泽东再电周恩来，指出：

> 彭及高岗同志均认为打伪军有把握，他们和我一样，都认为参战为必需和有利。①

"抗美援朝、保家卫国"的战略决策，是中共中央政治局根据当时的形势作出的，是美国当局迫使中国不得已而为之，是基于保卫中国的国家安全和支援朝鲜的共同需要作出的。这一决策，正确地把握了局部的当前的利益与根本的长远的利益的关系，是革命英雄胆略和科学态度相结合的产物，是爱国主义和国际主义相结合的产物。形式上，不是以中国人民解放军的官方名义，而是以民间的中国人民志愿军名义参战，不给美国对中国宣战以口实，更为策略，对中国更有利。

这一决策非常必要，非常及时，非常英明。从决策作出到 1951 年 1 月，周恩来在党内外多次会议、多种场合对此做过详细阐述和说明。② 一年以后，毛泽东在政协第一届全国委员会第三次会议上所致的开会词中指出："我们不要去侵犯任何国家，我们只是反对帝国主义者对于我国的侵略。大家都明白，如果不是美国军队占领我国的台湾、侵略朝鲜民主主义人民共和国和打到了我国的东北边疆，中国人民是不会和美国军队作战的。但是既然美国侵略者已经向我们进攻了，我们就不能不举起反侵略的旗帜，这是完全必要的和完全正义的，全国人民都已明白这种必要性和正义性。"③ 曾在 20 世纪 70 年代担任美国总统国家安全事务助理和国务卿的亨利·基辛格，在其 1994 年出版的《大外交》一书中说："毛泽东有理由认为，如果他不在朝鲜阻挡美国，他或许将会在中国领土上和美国交战；最起码，他没有得到理由去做出相反的结论。"④

---

① 《毛泽东军事文集》第六卷，第 117、第 121 页，北京：军事科学出版社、中央文献出版社，1993 年。
② 参见《周恩来军事文选》第四卷，北京：人民出版社，1997 年。
③ 《毛泽东军事文集》第六卷，第 307 页，北京：军事科学出版社、中央文献出版社，1993 年。
④ 亨利·基辛格《大外交》中译本，第 431 页，海口：海南出版社，1998 年。

志愿军的作战目标，是实现以三八线为界停战撤军

不言而喻，"抗美援朝、保家卫国"是中国人民志愿军参战的政治目标。但中国人民志愿军入朝以后，在军事上能打到何种程度，会出现什么结局？这是中共中央和中央军委不能不考虑的问题。对此毛泽东、周恩来等中国领导人，在作出组成中国人民志愿军抗美援朝、保家卫国的战略决策的同时，就作了几种估计。

还在中共中央政治局开会讨论出兵决策之前，毛泽东于10月2日起草给斯大林但没有发出的电报中就指出："我们认为既然决定出动中国军队到朝鲜和美国人作战，第一，就要能解决问题，即要准备在朝鲜境内歼灭和驱逐美国及其他国家的侵略军；第二，既然中国军队在朝鲜境内和美国军队打起来（虽然我们用的是志愿军名义），就要准备美国宣布和中国进入战争状态，就要准备美国至少可能使用其空军轰炸中国许多大城市及工业基地，使用其海军攻击沿海地带。""这两个问题中，首先的问题是中国的军队能否在朝鲜境内歼灭美国军队，有效地解决朝鲜问题。只要我军能在朝鲜境内歼灭美国军队，主要的是歼灭其第八军（美国的一个有战斗力的老军），则第二个问题（美国和中国宣战）的严重性虽然依然存在，但是，那时的形势就变为于革命阵线和中国都是有利的了。这就是说，朝鲜问题既以战胜美军的结果而在事实上结束了（在形式上可能还未结束，美国可能在一个相当长的时期内不承认朝鲜的胜利），那么，即使美国已和中国公开作战，这个战争也就可能规模不会很大，时间不会很长了。我们认为最不利的情况是中国军队在朝鲜境内不能大量歼灭美国军队，两军相持成为僵局，而美国又已和中国公开进入战争状态，使中国现在已经开始的经济建设计划归于破坏，并引起民族资产阶级及其他一部分人民对我们不满（他们很怕战争）。"①

同日，毛泽东通过苏联驻中国大使罗申转发给斯大林的另一个电报中，也指出："靠几个师很难解决朝鲜问题（我军装备极差，同美军作战无胜利把握），敌人会迫使我们

---

① 《毛泽东军事文集》第六卷，第106页，北京：军事科学出版社、中央文献出版社，1993年。

退却。……最大的可能是，这将引起美国和中国的公开对抗……如果我们出动几个师，随后又被敌人驱赶回来，并由此引起美国与中国的公开冲突，那么我们整个的和平建设计划将被全部打乱，国内许多的人将会对我们不满。"

志愿军入朝以后，10月23日，毛泽东在致彭德怀并告高岗的电报中还指出了另外一种可能。他指出：在没有制空权的情况下，"如果我能利用夜间行军作战做到很熟练的程度，敌人虽有大量飞机仍不能给我太大的杀伤和妨碍，则我军可以继续进行野战及打许多孤立据点，即是说，除平壤、元山、汉城、大邱、釜山等大城市及其附近地区我无飞机无法进攻外，其余地方的敌人都可能被我各个歼灭，即使美国再增几个师来，我也可能各个歼灭之。如此便有迫使美国和我进行外交谈判之可能"。①稍后，在志愿军第二次战役予美军以沉重打击后，12月3日，毛泽东、周恩来、刘少奇在北京与金日成谈朝鲜战局形势时，毛泽东进一步指出："敌人有可能要求停战，我们认为必须承认撤出朝鲜，而首先撤至三八线以南，才能谈判停战。"②

周恩来谈得更明确，10月24日，他在第一届全国政治协商会议第18次常委会上作报告时指出："美帝国主义用武力压迫别国人民，我们要使它压不下来，给它以挫折，让它知难而退，然后可以解决问题。我们是有节制的，假如敌人知难而退，就可以在联合国内或联合国外谈判解决问题，因为我们是要和平不要战争的。必须由朝鲜人民自己解决自己的问题，外国军队必须退出朝鲜。如果解决得好，美帝国主义受到挫折，也可以改变台湾海峡的形势和东方的形势。我们力争这种可能。""还有另一种可能，敌人愈打愈眼红，打入大陆，战争扩大。敌人孤注一掷的可能性是存在的，因为美帝有疯狂的一派，我们应该做这方面的准备。我们并不愿意战争扩大，它要扩大，也没有办法。……我们应力争前一种前途，力争和平。但也准备应付后一种可能，应付世界大战。"同时还指出："敌人可能来轰炸，或者用蒋介石的空军来轰炸，或登陆袭扰，我们应增强防卫力量。"③"毛主席常说，一切要从坏的方面打算，才不会吃亏，才不会陷于被动。如果美帝国主义真正进攻我们的大陆，那就不只是中国一个国家的战争问题，我们和苏联已签订了中苏友好同盟互助条约，一打起来，就是全面的打。……美国事实上还没有准备好。"④11月，周恩来在不同场合多次讲过这几种可能。

陈云和彭德怀在当时谈到这个问题时，也表明了类似上述的意见。

① 《毛泽东军事文集》第六卷，第140～141页，北京：军事科学出版社、中央文献出版社，1993年。
② 见1950年12月4日夜中共中央致彭德怀并高岗的电报。
③ 《周恩来军事文选》第四卷，第75～76页，北京：人民出版社，1997年。
④ 《周恩来军事文选》第四卷，第92页，北京：人民出版社，1997年。

总之，毛泽东、周恩来、刘少奇等领导人分析认为，志愿军参战后，战局形势变化有三种可能。

第一，在朝鲜境内歼灭和驱逐美国及其他国家的侵略军队。这是最理想的结果。但这种形势的出现，是建立在苏联为中国人民志愿军提供武器装备，并出动空军直接支援志愿军作战的基础上的。在7月中央军委组建东北边防军时，斯大林曾通知苏联驻中国大使转告周恩来，在美军越过三八线时，中国东北边防军以志愿军名义出动作战，苏联"将尽力为这些部队提供空中掩护"。①

第二，尽管中国军队是以非官方的志愿军名义参战的，但美国仍可能对中国公开宣战，或至少以其空军轰炸中国许多大城市及工业基地，以其海军攻击中国沿海地带，并且由于志愿军武器装备落后，不但不能大量歼灭美军，而且可能打成僵局，甚至被迫撤回，不但不能解决朝鲜问题，而且影响中国整个恢复和建设计划，引起国内许多人不满。这是最不利的结果。

第三，在苏联不能出动空军直接支援作战，志愿军在毫无制空权的情况下，依靠地面部队作战，实施灵活的作战指挥，充分发挥兵力的优势，充分发挥自己在作战上的战术特长，能够在朝鲜坚持作战，能够歼灭南朝鲜军和美军的小股部队，能够攻打除大、中城市以外的其他地区，那么，有可能迫使美国通过谈判解决问题，但条件是美军必须撤出朝鲜，首先是撤至三八线以南。

毛泽东、周恩来、刘少奇等中国领导人，对这三种可能的态度是，力争第一种可能，力避第二种可能，接受第三种可能。也就是说，志愿军在朝鲜作战的最低目标是第三种可能，最高目标是第一种可能。对可能出现第二种局面，也必须有所考虑和准备。究竟会出现哪种结局，只能经过一段战争实践才能确定。

① 见1950年7月5日菲力波夫致苏联驻中国大使的电报。

毛泽东、周恩来的全面筹划和部署

尽管中共中央政治局在讨论出兵决策时，许多政治局成员对出兵抗美援朝有顾虑，主张不出兵或缓出兵，但经过讨论达成一致，决策出兵抗美援朝后，抗美援朝就成了压倒一切的中心任务，摆在了全国各项工作的首位。党、政、军、民全力以赴，保证抗美援朝战争的胜利。中共中央的决心是，立足于可能出现最坏的局面作准备。为此，中共中央、中央人民政府、中央军委为争取战争的胜利作了全面部署和准备。

⟳ 调整军事战略

除组建东北边防军时即决定推迟解放台湾，将军事斗争准备的重点由解放台湾转为准备抗美援朝战争，将全国国防重点由上海、天津、广州三点为中心的三个区域转为东北地区外，中国人民志愿军组成后，中央军委还决定从全国各战略区为志愿军抽调后续部队。仅10月10日，中央军委工作会议即决定，从西南第二野战军抽调3个军9个师，组成一个兵团，准备于1951年1月开始出动；从中南第四野战军抽调2个军6个师，准备于1951年2月出动。与此同时，命令第9兵团集结山东，待命开往东北，稍后又命令第19兵团于11月24日前完成一切出发准备，待命开往东北。

军队建设的重点由加强海军、空军建设转为重点加强空军、炮兵（含高射炮兵）和装甲兵的建设。2月中旬中国政府同苏联政府签订的苏联向中国贷款3亿美元贸易协定，其中1.5亿美元，原计划用于购买海军装备，为保证抗美援朝战争的需要，而改为大部分用于购买空军飞机和陆军武器装备。

解除了全国野战军担负的生产建设任务，重点转为军事整训。12月初，又将原定于1951年1月开始的全军教育以提高文化为主要任务，改为加紧部队的军事训练，并将原定教育时间比例军事为30%、政治为10%、文化为60%，调整为军事为60%、政治为30%、文化为10%。[1]已开始了的大规模复员工作，到1950年底，也已停止。

---

[1] 见《毛泽东军事文集》第六卷，第229页，北京：军事科学出版社、中央文献出版社，1993年。

❁ 部署全国防空和沿海防御

为防备美国以其空军和海军攻击沿海城市和工业基地，10月31日，周恩来召集中央军委代总参谋长聂荣臻、中央财经委员会副主任兼财政部长薄一波、劳动部长李立三、公安部长罗瑞卿、中共中央办公厅主任杨尚昆、北京市市长彭真（时患眼病，以北京市委副书记刘仁代）开会，研究了全国的防空问题。确定：由周恩来、彭真、聂荣臻、薄一波、李立三5人组成全国防空筹委会，并由李立三为秘书长、杨尚昆为副秘书长，负责领导筹划全国防空问题，对军事防空和全国防空，分别责成有关部门拟出计划，报经军委和中央批准后实施。同时确定了必要时人员与物资疏散的方针与原则。[①]据此，辽南地区的部分工厂向北作了迁移，共迁移到松江省和黑龙江省（现均为黑龙江省）20个工厂。[②]

10月下旬，周恩来责成海军司令部，制定了海岸防御布雷计划，从上海开始，北到长山列岛、营口、安东海岸，选择要点布置水雷，预计共需水雷4 500枚。当时国内只有1 500枚，周恩来指示，首先布置安东鸭绿江口的水雷防御，其余所缺3 000枚水雷从苏联订购。[③]

与此同时，中央军委还将人民解放军空军唯一的一支作战部队——第4混成旅，部署于上海担负防空任务。此后陆续组建的歼击机航空兵师，除参加抗美援朝作战外，也分别部署于广州、青岛、天津、北京、唐山等城市担负防空任务。并商请苏联政府同意，苏联出动歼击机航空兵部队，协助中国担负了吉林、公主岭、安东、沈阳、辽阳、鞍山、唐山、青岛、广州等地的防空任务。还将国内仅有的高射炮兵部队部署于沈阳、鞍山、本溪、北京、天津、上海、南京、杭州、广州等沿海大中城市。

为防止美国和台湾蒋介石集团联合登陆进犯，在志愿军出动后，11月17日，毛泽东发电给中共中央中南局、中南军区党委会和华南分局，指示："为了对付敌人可能在广东登陆进犯，必须准备使用五个至七个军。""你们必须统筹两广，将两广作为一个对付帝国主义和蒋介石登陆进犯的统一的单位。"同时发电给华东军区，指示："华东一切工作要以美国和蒋介石登陆进犯为假想的基础去作布置。"稍后又指示："广东有事须由四野负责独立应付，保证战胜可能入侵之台湾匪军，巩固广东防务"。"福建有四个军已很够了……江浙两省沿海亦需准备对付敌人进袭，……华东全军应完全自力担负

① 见《周恩来军事文选》第四卷，第84～85页，北京：人民出版社，1997年。
② 见《当代中国黑龙江》，第76页，北京：中国社会科学出版社，1990年。
③ 见《周恩来军事文选》第四卷，第80页，北京：人民出版社，1997年。

歼灭蒋匪进攻部队，不要希望外援。"①为加强华东军区的工作，已兼任上海市市长的华东军区司令员陈毅返回南京主持军区工作，华东局和华东军政委员会也将一部分支前机关分驻南京。

制定军兵种部队建设计划和参战准备计划

早在8月26日，周恩来主持召开检查东北边防军准备工作的国防会议上，就指出："我们这次作战是对付美帝国主义者，而不是单单对付李承晚伪军。美军是依靠大炮、飞机等火力……我们的装备对付国内敌人是够了，但对付美帝国主义是不够的。"为了防止美帝国主义将世界大战一步步地推动起来，"我们的军事建设应该有一个较长远的计划。如果今天订不出长远计划，也必须先订出一个短期的至少三年的建军计划，作为准备阶段的计划。"

这次会议确定，海军、空军、炮兵、装甲兵等军兵种分别作出一个三年建设计划，年底前完成，1951年开始实施。

会议还确定：空军到1951年1月底，再增编3个轰炸团和1个海军飞机团，1951年下半年再增大编制。空军至迟到1951年1月底开始出动参战。

装甲兵在1950年编成3个旅共9个坦克团，坦克360辆，9月底前编成，年底前完成训练，准备1951年出动参战。

榴弹炮、野炮、火箭炮、战防炮等以配足10个军的队属炮兵作出计划，这些部队组编后，1950年年底前完成训练，1951年开始参战。高射炮编成18个团，中小口径高炮428门，3个月内分两批完成训练。②

上述这些计划大部得以实现，除海军建设比较复杂，一时难以形成作战能力，未参加抗美援朝战争外，其他军兵种于1950年和1951年先后出动参战，对取得抗美援朝战争胜利起了重要作用。

请求苏联援助武器装备

上述军兵种建设所需装备、器材，绝大部分需从苏联订购，同时志愿军步兵部队的

① 见《毛泽东军事文集》第六卷，第202、第204、第255、第262页，北京：军事科学出版社、中央文献出版社，1993年；《建国以来毛泽东文稿》第一册，第666页，北京：中央文献出版社，1987年。
② 见《周恩来军事文选》第四卷，第45～48页，北京：人民出版社，1997年。

装备也相当落后，并且在朝鲜作战需要空军支援和掩护，而人民解放军空军尚无这种能力。

在中共中央政治局作出出兵决策后，10月上旬，周恩来和前往苏联养病的林彪受中共中央委托，秘密飞赴苏联，除向苏联领导人斯大林等通报中共中央出兵决策情况外，请求苏联给予武器装备援助，并出动空军直接支援中国人民志愿军作战，带去了请求苏联援助的武器清单。

据当年跟随周恩来出访的翻译师哲和机要秘书康一民回忆，周恩来与苏联领导人会谈的结果是，苏联同意为中国人民志愿军提供飞机、大炮、坦克等武器装备。（当时未谈及这批装备的价格，斯大林也未明确将来一定偿还。但到60年代初，中苏关系恶化时，苏联领导人尼基塔·赫鲁晓夫索要这批装备的款项，中国人民在连遭3年自然灾害的情况下，咬紧牙关，勒紧裤腰带，全部予以偿还。）斯大林没有同意派苏联空军支援中国人民志愿军作战，但同意派空军到中国境内协助防空。1950年11月，苏联空军出动到鸭绿江上空作战。后来，周恩来、聂荣臻同苏联驻中国军事总顾问及空军顾问协商，并经苏联政府同意，1951年第二季度开始，苏联空军秘密出动到朝鲜清川江以北地区上空，掩护铁路运输，保持4～7个团作战，直到朝鲜战争结束，先后出动共12个师。

此外，经毛泽东与斯大林电报协商，斯大林同意后，中国人民解放军海军司令员萧劲光、参谋长罗舜初在苏联驻中国海军顾问库次明陪同下，于10月底和11月，在莫斯科与苏联海军领导人商谈中国海军3年建设计划，还商谈了订购中国1950年至1951年海岸防御急需的远航鱼雷快艇、装甲艇、小型潜水艇、小型扫雷艇、水鱼雷飞机、海岸炮、水雷、深水炸弹等各种装备器材。

为便于统一志愿军的弹药供应，11月7日，以毛泽东名义致电斯大林，请求苏联于1951年1～2月，为中国计划在朝鲜作战的12个军共36个师提供步兵武器装备，并发去了需提供的武器装备清单，计苏式步枪14万支，子弹5 800万发；苏式自动步枪26 000支，子弹8 000万发；苏式轻机枪7 000挺，子弹3 700万发；苏式重机枪2 000挺，子弹2 000万发；飞行员用手枪1 000支，子弹10万发；TNT炸药1 000吨。获得了苏联政府的同意，后来如期供货。

❀ 东北行政区转入战时体制，作为抗美援朝战争总后方基地

1950年10月8日，在毛泽东签署的关于组成中国人民志愿军的命令中，即规定："中国人民志愿军以东北行政区为总后方基地，所有一切后方工作供应事宜，以及有关援助

朝鲜同志的事务，统由东北军区司令员兼政治委员高岗同志调度指挥并负责保证之。"同日，毛泽东将这一情况通报给了金日成。9日，毛泽东又在给中国驻朝鲜大使倪志亮的电报中指示："中央已委托高岗同志负责处理一切有关援朝同志的问题，嗣后关于此类事务均向高岗同志直接接洽，由高岗同志答复。" ①

东北行政区当时辖辽东、辽西、热河、吉林、松江、黑龙江6省和沈阳、旅大（现大连）、抚顺、鞍山、本溪5市，总面积约为120万平方公里，人口近4 000万。

东北行政区在地理上与朝鲜紧密相连，仅一江之隔，南为鸭绿江，北为图们江，与朝鲜接壤的国境线1 400公里。历史上，东北地区人民与朝鲜人民具有互相帮助、互相支援的传统友谊，中国几个人口比较多的少数民族之一朝鲜族，绝大部分居住在东北地区。1931年"九一八"事变后，日本帝国主义侵略东北，朝鲜以金日成、金策为代表的革命者，率队参加东北抗日联军，与中国军民共同抗击日本侵略。

在全国解放战争时期，东北地区解放最早（1948年底东北全境解放），最先建立了东北人民政府和各级人民政权，最先剿灭了匪患和完成了土地改革，为支援和保证全国解放战争的胜利作出的贡献最大。

1949年东北地区即全部开始了经济重建工作，1950年已经开始进行有计划的经济建设，1950年5月，中央财经委员会编制的1950年国民经济计划概要中，国家对经济建设投资总额共相当于154.6亿斤米，其中东北地区投资即为79.9亿斤米，占国家经济建设总投资额的51.7%。

此外，苏联援助中国人民抗美援朝的装备和物资主要是从东北入境，中国人民支援抗美援朝战争的人力、物资等也都是从东北出境。

因此，无论就东北的地理位置，还是东北的经济条件或是东北的社会环境，都决定了只能由东北地区作为抗美援朝战争的总后方基地。

东北边防军组建后，东北人民政府、东北军区和东北各族广大人民，尽其所能为边防军各种准备提供了保障。东北边防军改为中国人民志愿军后，东北军区协助彭德怀司令员作了志愿军出国作战的直接准备，由东北军区派出后勤保障，并组织设立了向朝鲜境内出动的兵站供应线，提前运送了志愿军出国作战所需粮草、弹药、油料等物资。东北局和东北人民政府抽调政府副主席李富春、东北局秘书长张明远等东北局6名委员和东北人民政府4名部长，以及一批干部，会同东北军区后勤部，全力做好后方保障工作。

中共中央、中央人民政府、中央军委和各总部，对总后方基地的工作给予全力支持。

---

① 见《毛泽东军事文集》第六卷，第109、第111页，北京：军事科学出版社、中央文献出版社，1993年；《建国以来毛泽东文稿》第一册，第546页，北京：中央文献出版社，1987年。

11月5日，周恩来专门致信高岗、李富春，指出："对于东北全部支援部队工作，我们已想见其繁重。只要东北提出要求，我们愿全力以赴，帮助你们解决困难。凡为东北已决定者，我们定做你们后盾，支持你们贯彻下去。有些事情职权属于中央，但你们仍可便宜行事，只要通知一声，当由中央追认。凡能统一于东北者，我们无不赞成统一于东北。"[①]

从1950年10月开始，东北行政区即转为战时体制，党、政、军、民各行各业，全力以赴，展开了总后方基地的各种保障工作，动员青年参军参战，组织大车队、手推车队、担架队、铁路工人、医务工作者、汽车司机等随志愿军开赴朝鲜，担负战地勤务，并为志愿军作战筹集各种物资。

据不完全统计，抗美援朝战争期间，东北地区共动员39.9万余人参军，其中参加志愿军的约30万人；动员394万余人参加战勤工作，其中直接赴朝服务的民工74万余人、各种技术人员4万余人；仅辽东、辽西、黑龙江、松江4省即组织担架1.66万余副；辽东、辽西、吉林3省即出动战勤大车24.8万辆。[②]

1951年元旦前后，东北人民为前方捐献慰问品、慰问金等共折合东北币2 380多亿元（相当于人民币旧币250多亿元）。此外，还捐集东北币500亿元（相当于人民币旧币52.6亿元）和2万套衣服，救济朝鲜难民。[③]还接收安置大批朝鲜难民，安置朝鲜军事院校和朝鲜人民军新组建的10余万部队在东北整训。

以东北行政区为抗美援朝战争的总后方基地，有力地保证了志愿军在朝鲜的作战。彭德怀在抗美援朝战争期间曾说过，志愿军在前方打胜仗，应该感谢两个人，一个是高岗，一个是洪学智（时任志愿军副司令员兼志愿军后方勤务司令部司令员）。[④]表明了总后方基地和后勤保障工作对志愿军作战的巨大作用。

调整财政方针：一切服从战争

1950年6月初，中国共产党七届三中全会时，鉴于全国解放战争基本结束，确定用3年左右的时间恢复国民经济，争取国家财政经济状况根本好转，为有计划地经济建设

---

① 《周恩来军事文选》第四卷，第87页，北京：人民出版社，1997年。
② 参见《当代中国辽宁》上卷，第56～58页，北京：当代中国出版社，1994年；《当代中国吉林》上卷，第89页，北京：当代中国出版社，1991年；《当代中国黑龙江》，第76页，北京：中国社会科学出版社，1990年；《中国军事百科全书中国人民志愿军战史分册》，第202页，北京：军事科学出版社，1993年。
③ 参见1951年10月23日《人民日报》第一版。
④ 参见洪学智《抗美援朝战争回忆》，第211页，北京：解放军文艺出版社，1990年。

创造条件。为贯彻这一精神，中央人民政府制定 1951 年国家财政预算时，考虑将财经工作的基点放在恢复国民经济上，即将 1950 年财政预算军费支出占总支出的 40% 多，降至 1951 年的 30%，而以财政预算总支出的 70% 投入经济建设和文化教育事业。①

为适应形势的变化，保证抗美援朝战争的需要，中央人民政府，对原来考虑的 1951 年财政计划作了调整。周恩来在 1950 年 11 月曾指出："一九五一年的财政概算，我们原先是想把重点放在投资建设方面。对于这种建设国家的希望，是人人共有的，但是敌人不允许我们这样做。他先搞台湾，后打朝鲜，而且还想进攻我们大陆。这就使我们的财政概算，不能不改动，不能不适应战争的需要来筹划。……不能不暂时搁下和平建设计划。……现在火已烧到门前，'救火第一'。"②

抗美援朝战争开始后，中央估计战争对国内时局影响有三种可能："（一）邻境战争，国内平安；（二）邻境战争，国内被炸；（三）邻境战争，敌人在我海口登陆，全国转入战争。"中央人民政府则以时局变化的第二种可能为基点，把 1951 年财政工作方针，放在抗美援朝战争的基础上。

政务院副总理兼财政经济委员会主任陈云，在 1950 年 11 月召开的全国第二次财政会议上指出：以时局变化的第二种可能为基点采取对策，"如果时局只变到第一种情况，则我可应付裕如；如果时局变到第三种情况，则财经对策需要另行讨论。但目前把基点放在第二种局势上，对将来另制第三种局势的对策，也不矛盾"。这次会议确定，在财政工作部署上，"战争第一，一切服从战争，一切为了战争的胜利"。其他排在第二、第三位。③

1951 年 4 月，陈云进一步说明为什么这样确定。他说："道理很明白，假如我们不把国防放在第一位，不把美帝国主义的侵略气焰打下去，一切经济建设都靠不住。""没有战争的胜利，其他就无从说起。"④

1950 年 12 月 21 日，中共中央批准的 1951 年财政概算，总支出为 69.5 亿元，其中国防费为 33.4 亿元，占 48.05%，经济建设费为 11.8 亿元，只占 16.9%。1951 年国家财政实际总支出为 122.49 亿元，其中国防费支出为 52.64 亿元，占 43%，经济建设费为 35.11 亿元，只占 28.7%。1952 年和 1953 年，军费支出占国家财政总支出比重虽有减少，降为 32.9%～34.2%，但绝对数都有增加，仍是服从战争需要。⑤

① 参见《周恩来军事文选》第四卷，第 73 页，北京：人民出版社，1997 年。
② 《周恩来军事文选》第四卷，第 94～95 页，北京：人民出版社，1997 年。
③ 见《陈云文选》（1949—1956 年），第 111～112 页，北京：人民出版社，1984 年。
④ 《陈云文选》（1949—1956 年），第 126 页、第 112 页，北京：人民出版社，1984 年。
⑤ 见《当代中国丛书当代中国财政》（下），第 542～543 页附表，北京：中国社会科学出版社，1988 年。

这使抗美援朝战争取得胜利，有了财政方面的保证。

◌ 加速剿匪、土地改革和镇压反革命的步伐

抗美援朝战争开始时，在华东、中南、西南、西北解放较晚的地区，土匪尚未剿灭，匪患还相当严重，土地改革刚刚开始。这些地区约占全国总面积和总人口的各2/3。全国镇压反革命工作虽然取得了重大成绩，但朝鲜战争爆发后，反革命活动更加嚣张。

中共中央、中央人民政府在把抗美援朝战争作为全国的中心任务的同时，也把剿匪、土地改革和镇压反革命工作作为与抗美援朝战争相关联的中心工作之一，以便支援战争，也为恢复国内建设提供稳固的社会基础。因此，加速了剿匪、土地改革和镇压反革命的步伐。在新解放区土地改革开始后，这三项工作都是结合在一起进行的。抗美援朝、土地改革、镇压反革命，被并称为当时的三大运动。

中共中央作出抗美援朝的决策后，为能早日集中部队防备美国和蒋介石集团联合登陆进犯，以及能够早日调出部队置于机动位置，以便随时准备入朝参战或向南支援海防，从11月中旬起，中央军委和毛泽东主席就督令新解放区，特别是华东和中南地区，加速剿匪，限期剿灭股匪。从11月到1951年1月，3个月中，毛泽东给华东、中南、西南地区发出的有关加速剿匪的电报指示达数十份，尤为关注浙江、福建、广东、广西、湖南、江西等省的剿匪情况，督令上述各省加大剿匪力度，限6个月内即到1951年5月底前，务期彻底剿灭匪患。

11月中旬，毛泽东连续数电中南局和华南分局，指出："为了对付敌人可能在广东登陆进犯，必须准备使用五个军至七个军。……为此必须用全力剿灭土匪。""为对付台湾匪帮可能向广东进犯，有增强广东兵力之必要。为此必须提前肃清广西匪患，以便从广西抽出一个军增强广东。"毛泽东对广西剿匪不力进行了严厉批评，指出："广西剿匪工作为全国各省剿匪工作中成绩最差者，其原因必是领导方法上有严重缺点"，"广西解放在西南之前，而剿匪成绩则落在西南之后，为什么这样，请你们加以检讨并以结果告诉我们。"同时指示华南分局第一书记、广东军区司令员兼政治委员叶剑英，迅即前往广西，帮助指导工作，"并在那里留住几个月，抓住工作重点限期肃清土匪，发动土改，……确有成绩然后回来"。在得知中南军区派政治部主任陶铸前往广西帮助指导工作后，又指示叶剑英"在广西住一个月左右即须东返，因此陶铸应在广西久留一会，直至剿匪问题基本解决然后回来。"限期广西在6个月之内肃清主要匪患。指出："广

东必须在广大地区立即开始进行土改，拖延则是失策。""广东必须迅速和广泛地展开土地改革工作"，"只要广东的土改完成，广西的土匪剿灭，即使蒋介石登陆进犯也是容易对付的。"稍后，又指示，"对桂粤湘三省剿匪仍望加紧督促，务于五月三十一日以前彻底完成剿匪任务"。①

与此同时，毛泽东致电华东局，指出："闽浙两省剿匪工作极为重要，特别是福建匪患必须使用四五个主力师用全力穷追猛打、限期肃清，该省剿匪成绩较他省为差，必须检讨原因。我提议从现在起，和广泛展开土地改革工作相配合（福建必须迅速实行土改），限六个月内剿灭一切成股土匪，责成叶飞、鼎丞②全力以赴作出成绩。只要福建的土匪剿灭，土改完成，即令蒋介石登陆进犯，也是容易对付的。"③

在此前后，毛泽东还多次致电华东局、中南局、西南局和三大军区，通报各区剿匪进展情况，特别表扬了西南地区剿匪作出的成绩，对广西剿匪有了进展也予以鼓励。要求华东、中南、西南三个军区，除向中央报告剿匪情况外，相互之间也互相通报，互相促进。毛泽东还特别强调："在时局紧张的情况下，必须限期剿灭股匪，加速进行土改，发展地方武装和坚决镇压反革命活动，我党我军方能取得主动，否则有陷入被动的危险。"④

这样华东、中南地区也和西南地区一样，剿匪步伐明显加快，至1951年5月底，该两地区土匪基本被剿灭，担负剿匪作战任务的部队也先后转入担负国防或集结机动位置，进行军事整训。

占全国土地面积和人口总数各2/3的新解放区的土地改革，原计划利用农闲季节开展，1950年只在华东、中南、西南、西北共300余个县，约1亿农业人口的地区首先展开，还有1.6亿农业人口地区的土地改革，于1951年冬在大部分地区展开，小部分于1952年冬展开，少数民族地区和尚未解放的西藏留待以后再说。

抗美援朝战争开始后，对这一计划也进行了调整，主要是加快了华东和中南地区的土地改革，特别是福建和广东、广西三省。这三省均是解放较晚、土匪甚多而尚未肃清的省份。毛泽东在指示这些省份加强剿匪力度的同时，指示必须迅速地广泛地展开土地改革工作。

根据中央和毛泽东的指示，各新解放区在1950年扩大了土改的范围，在许多条件基

① 以上均见《建国以来毛泽东文稿》第一册，第659、第665～668、第743页，北京：中央文献出版社，1987年。
② 叶飞，时任福建军区司令员；鼎丞，即张鼎丞，时任中共福建省委书记、福建省人民政府主席、福建军区政治委员。
③ 《毛泽东军事文集》第六卷，第204页，北京：军事科学出版社、中央文献出版社，1993年。
④ 《建国以来毛泽东文稿》第一册，第684页，北京：中央文献出版社，1987年；《毛泽东军事文集》第六卷，第209页，北京：军事科学出版社、中央文献出版社，1993年。

本成熟地区提前进行了土改。至 1951 年秋，已在有 1.5 亿以上农业人口的新解放区完成了土地改革，超过原计划的 50%，仅中南地区即在 8 000 万农业人口的地区完成了土地改革，超过原计划的 73.2%。这不但有力地支援了抗美援朝战争，而且极大地解放了农业生产力，为进行大规模的经济建设作了重要准备。①

与此同时，加大了镇压反革命工作的力度。1950 年 10 月 10 日，中共中央作出了《关于镇压反革命活动的指示》。要求，要克服由于胜利而发生的骄傲轻敌思想和在镇压反革命中出现的"宽大无边"的严重右倾倾向，各级党委要领导与督促主管部门，按照"镇压与宽大相结合"的政策，坚决打击和镇压反革命活动，同时也防止乱打滥杀和逼供信的"左"的行为。各中央局、分局、省委、大市委、区党委，必须制定自己区域镇压反革命活动的工作计划，并照此执行，均须每四个月由党委书记负责，向中央及中央局作关于镇压反革命问题的专题报告一次。②

为贯彻这一指示，10 月 16 日至 21 日，公安部召开了全国公安会议，作了部署。此后，一场大张旗鼓的镇压反革命运动即在全国展开。毛泽东高度关注此项工作，从 11 月至 1951 年 6 月，起草有关指示、批转有关报告等达 130 余件。

至 1951 年 10 月，反革命势力基本肃清，镇压反革命运动结束。这一运动的开展，使国家社会秩序获得了前所未有的安定，有力地保证了抗美援朝战争和国内土地改革运动的开展。

◔ 开展全国性的抗美援朝运动

1950 年 6 月下旬，美国公然侵略朝鲜与台湾后，全国各地人民即以各种不同方式展开了反对美国侵略台湾与朝鲜的运动。为统一领导这一运动，于 7 月 10 日成立了中国人民反对美国侵略台湾朝鲜运动委员会，在该会组织下，7 月中下旬还在全国开展了"反对美国侵略台湾朝鲜运动周"活动。中国人民抗美援朝开始后，将这一运动进一步发展为全国性的抗美援朝运动。

10 月 26 日，中共中央向各中央局、各分局、各军区、各省市委发出了《关于在全国进行时事宣传的指示》。指出："美军扩大侵朝并直接侵略台湾，严重威胁我国安全，

---

① 参见 1951 年 10 月 23 日周恩来在第一届全国政治协商会议第三次全体委员会议上的《政治报告》；1951 年 12 月 10 日《中共中央中南局关于中南地区一九五一年土地改革工作进展情况的分析和一九五二年土地改革工作方针的报告》。
② 《建国以来重要文献选编》第一册，第 420～423 页，北京：中央文献出版社，1992 年。

我国不能置之不理。为了使全体人民正确地认识当前形势，确立胜利信心，消灭恐美心理，各地应即开展关于目前时事的宣传运动。"规定宣传的基本内容为："（一）我国对美军扩大侵朝，不能置之不理；（二）我国人民对美帝国主义应有一致的认识和立场，坚决消灭亲美的反动思想和恐美的错误心理，普遍养成对美帝国主义的仇视、鄙视、蔑视的态度。"要求通过宣传，正确认识抗美援朝与保卫国家安全的关系，认清美国是中朝两国人民的共同敌人及纸老虎的虚弱本质，以求在思想上彻底解决问题，"使人人对援朝表示积极有信心不怕困难，对美帝国主义表示不共戴天，使亲美恐美情绪与抗日运动中的亲日恐日情绪同样不能容身"。《指示》对宣传的具体方式和报刊宣传以及文艺界、出版界的配合，也作了要求。

为对全国普遍深入地进行抗美援朝爱国教育，激发全国人民的爱国热情，以各种方式和行动支援抗美援朝战争，在中共中央发出这一指示的同一天，中国保卫世界和平大会在京委员，与中国人民反对美国侵略台湾朝鲜运动委员会的各人民团体代表及各民主党派代表，在北京举行联席会议。会议通过将"中国保卫世界和平大会"与"中国人民反对美国侵略台湾朝鲜运动委员会"合并，改组为"中国人民保卫世界和平反对美国侵略委员会"，以统一领导全国的抗美援朝运动。该会由各民主党派、各人民团体和各界代表人士 158 人组成，其中常务委员 31 人，著名的社会活动家郭沫若为主席，彭真、陈叔通为副主席，后又增加廖承志为副主席。1951 年 3 月中旬起，该会简称为中国人民抗美援朝总会。

此后，相继成立了东北、华北、华东、中南、西南、西北和内蒙古自治区抗美援朝总分会，并成立了各省、市分会，具体领导各大行政区和各省市的抗美援朝运动。

在中国人民抗美援朝总会和各地总分会、分会的领导下，按照中共中央 10 月 26 日的指示，迅即在全国展开了以"仇视、鄙视、蔑视"（简称"三视"）为中心内容的抗美援朝爱国宣传教育活动。11 月 4 日，中国共产党和各民主党派发表了联合宣言，阐明了"抗美援朝、保家卫国"的正义性、必要性，表示"中国各民主党派誓以全力拥护全国人民的正义要求，拥护中国人民在志愿基础上为着抗美援朝保家卫国的神圣任务而奋斗"。此后，"三视"教育即与拥护这一宣言的教育紧密结合进行。新闻界、文艺界、出版界也以各种方式积极予以配合。毛泽东对这一活动给予高度重视，并多次作出批示和指示。

通过"三视"教育，有力地清除了百余年来帝国主义特别是美帝国主义侵略造成的部分中国人中的亲美、崇美、恐美心理，有力地激发了中国人民抗美援朝的爱国热情，增强了民族自尊心和自信心，坚定了中朝人民必胜，美国侵略者必败的信念，使中国人民团结一致，同仇敌忾，为支援抗美援朝战争奉献自己的力量。

11月下旬以后，抗美援朝总会适时将这一活动引向深入、持久，把群众的爱国热情正确地引导到实际工作中去，开展订立爱国公约，动员参军、参战、支前，开展增产节约、优待烈军属、捐献飞机大炮运动，组织慰问团到前线慰问，等等。

周恩来指出："这次动员的深入、爱国主义的发扬，超过了过去任何反帝国主义运动，这是一次空前的、大规模的、全国性的、领导与群众结合的运动，它的力量将是不可击破的。中华民族的觉醒，这一次更加高扬起来了，更加深入化了。"[1]

广泛深入地开展全国性的抗美援朝运动，实际上是中国共产党人民战争思想在抗美援朝战争期间的灵活运用，是中国人民获得国家政权以后，创造的人民战争新形式。这是动员人民群众帮助国家克服困难的有效办法。这一运动的开展，既有力地支援了抗美援朝战争，也有力地促进了国民经济恢复。

中共中央、中央人民政府和中央军委所作的这些部署和准备，有力地保证了抗美援朝战争的胜利，同时也有力地巩固了国内的防务和保证了国家各项建设的恢复。

---

[1] 《周恩来军事文选》第四卷，第230页，北京：人民出版社，1997年。

根本扭转朝鲜战局的决定

能不能打问题的提出和毛泽东的分析

中国人民志愿军是由中国人民解放军的部队改编的，经过中国革命战争的长期锻炼和考验，具有以劣势装备战胜优势装备强敌的传统，具有同国民党军队和侵华日军作战的丰富经验，是中国革命战争的胜利之师。但到朝鲜同美军作战，却不同于以往在国内作战。

首先，作战对手不同。志愿军的主要对手是美军。美军的武器装备，不是国内的国民党军所能相比的，也不是当年的侵华日军所能相比的，而是世界上所有军队中现代化水平最高的军队，并且训练有素，是第二次世界大战的胜利之师，具有较丰富的现代作战经验。这在人民解放军的历史上，第一次遇到这样的对手。

敌我双方武器装备优劣悬殊，是这场战争的一个突出特点。双方武器装备的差距，就像"叫花子与龙王比宝"，可以用"敌有我无，敌多我少，敌好我差"十二个字来概括。这种差距，在志愿军初入朝时尤为突出。

敌有我无：此时，美国投入到朝鲜战场上的空军和海军的飞机，约1 200架，包括战斗截击机（歼击机）、战略轰炸机、轻轰炸机、战斗轰炸机和运输、救护、指挥等飞机，此外，地面部队每个师还编有22架炮兵校正机；投入到战场上的海军各种舰艇300余艘，其中包括航空母舰、巡洋舰、战列舰、驱逐舰、登陆舰、扫雷艇等。美军地面部队全部机械化或摩托化，共有坦克1 000余辆（每个步兵师和陆战师各编有140余辆）、装甲车330余辆（每个师各编有35辆），每师还编有各种车辆3 800余辆。志愿军既没有空军参战，也没有海军参战，地面部队也没有坦克和装甲车编制，每个军只临时配有100辆左右负责物资运输的汽车。

敌多我少：除上述武器装备敌有我无外，敌我双方都有的主要武器，志愿军也远比美军少。美国地面部队每个师除装备坦克外，还有各种火炮959门，包括榴弹炮72门、各种直射炮（山炮、野炮、无坐力炮）120门、各种迫击炮160门、高射炮64门、火箭筒543具，其中70毫米以上口径火炮330余门。美军在朝鲜有7个师和第8集团军总部，总计有各种火炮6 049门，其中榴弹炮568门、高射炮784门（不包括南朝鲜军和其他"联合国军"的）。志愿军一个军才编有各种火炮522门，包括直射炮108门、各种迫击炮333门、火箭筒81具，而且没有坦克，也没有榴弹炮和高射炮，其中70毫米以上口径火炮仅190余门。志愿军一个军的火炮还不如美军一个师装备的多，仅相当于美军一个师火炮装备的54%。志愿军第一批入朝6个军（其中第50军和第66军火炮编制更少），加上志愿军炮兵的火炮在内，共有各种火炮不足3 000门（其中榴弹炮320门、高炮36门），仅相当于美军火炮总数的45%左右。志愿军没有空军、没有坦克，而且防空和反坦克武器也少得可怜。另外，美军一个师装备各型无线通信机1 400部，有线电话机1 100部。志愿军一个军装备无线通信机只有69部，有线电话机375部，仅相当于美军一个师同类装备的5%和34%。

敌好我差：志愿军不但没有空军和海军参战，没有坦克和装甲车编制，而且火炮和枪支在性能和质量上也都不能与美军相比。美军火炮新、口径大、射程远、弹药足，最大射程可达20多公里，均有汽车牵引或吉普车载运，威力大、机动性能好。志愿军装备的火炮几乎全部是抗日战争和解放战争时期缴获的日军和国民党军的装备，火炮陈旧、型号杂、口径小、射程近（最远10公里）、弹药不足，多由骡马驮载或由人员携行，威力小，机动性能差。美军步兵的枪支都是自动半自动的；志愿军步兵装备的枪支，美制、俄制、德制、日制和旧中国制造的都有，自动枪极少。

敌我双方武器装备优劣悬殊，使双方在战场上形成了鲜明的反差。

在作战空间上，美军握有整个战场的制空权和制海权，实行陆、海、空军联合的全方位的立体作战；志愿军没有制空权和制海权，只是单一地面部队（步兵在少量炮兵支援下）的平面作战，所谓以平面对立体，以一军（陆军）对三军（陆海空三军）。美军可以攻击志愿军的后方和海岸；志愿军则没有能力攻击美军后方和海岸。

在作战时间上，美军能进行全天候作战，受限较少；志愿军则主要利用夜间和气象条件不利于美军飞机出动的昼间组织部队行动。

在作战组织上，美军机动力、火力突击力、后勤补给力均强，并且通信畅通，指挥灵敏。志愿军则防空压力大，运输补给困难，部队机动困难，火力弱，作战指挥不畅通。

其次，战场不同。朝鲜战场不同于国内，地幅小，三面环海，南北狭长，志愿军作战回旋余地小，也不便于展开更多的部队，已经习惯了国内广阔战场上大踏步进退的运动战，在朝鲜战场上则难以施展。而朝鲜的地理条件，则有利于美军依靠其海空军优势，实施侧后登陆进攻。朝鲜经过日本帝国主义几十年的殖民统治，经济上本来就很贫穷。战争爆发后，又经过美军的疯狂轰炸破坏和掠夺，几乎已是一贫如洗。志愿军几十万大军在这里作战，难以就地解决作战物资的补给。况且，志愿军初到朝鲜，人生地不熟，语言不通，没有熟悉的根据地，没有熟悉的群众。这些都给志愿军作战增加了困难。

此外，朝鲜人民军主力大部仍被隔断在敌后，在三八线以北金日成直接掌握的部队只有3个师。

这就是志愿军的作战条件。

中央出兵决策已定，国内为保证战争胜利的各种准备已着手进行，但志愿军在这种作战条件下，能不能打，怎么个打法，是一个非常现实的问题。

在毛泽东签署组成中国人民志愿军命令的第二天，10月9日，刚刚受命统帅志愿军的彭德怀司令员，就同高岗在沈阳召集边防军（志愿军）军以上干部开会，传达中央的出兵决策，部署志愿军出动事宜。预计10月15日出动。在这次会议上，各军指挥员根据出动准备不充分和敌我双方武器装备对比悬殊的情况，对出动作战顾虑很大，特别对美军空军和坦克顾虑更大。志愿军全部只有一个高射炮团，36门炮，不能掩护数百门重炮放列，安东、辑安两铁路桥无高炮掩护，将被美军炸毁，部队过江和物资运输，都将发生困难。严重缺乏反坦克武器，难以对付美军的集群坦克。对付美军坦克，尚可拼命，但对付美军飞机则无办法。请求军委再调一至两个高炮团，并询问，部队出动时，军委能派多少战斗机和轰炸机配合作战，何时能派出？彭德怀于9日和10日，将各军的顾虑，先后两次电告毛泽东。此时，中国人民解放军的空军尚无作战能力，周恩来赴苏联，同斯大林谈判苏联空军出动掩护事宜尚无结果。毛泽东于11日复电，告诉彭德怀并高岗和邓华，已令华东抽调一个高炮团14日从上海动身赴沈阳转前线，唯空军暂时无法出动。①

12日，毛泽东接到周恩来和斯大林联名发来的电报，告知苏联空军也不能出动掩护志愿军作战。这大概是毛泽东等中共中央领导人所未料到的，因斯大林曾作过许诺。毛泽东问彭德怀，没有空军掩护能不能打。彭德怀虽然觉得困难很大，但认为也可以打。彭德怀和高岗均认为打南朝鲜军有把握。

13日，中共中央政治局同志一致认为，即便苏联不出动空军掩护，我们也必须参战。部队出动时间向后推迟到19日。

16日，彭德怀在安东召开志愿军师以上干部会议，进行出国作战的动员。因已确知苏联空军不能出动掩护，部队对出国作战能不能打，仍顾虑很大。认为志愿军高炮太少，又无空军配合，而美军可集中大量飞机、大炮、坦克，毫无顾忌地进行大规模的轰击，且朝鲜多为山地水田，冬天来临，天寒地冻，难筑工事，如敌进攻，很难坚持。目前运输、

---

① 参见《毛泽东军事文集》第六卷，第114～115页，北京：军事科学出版社、中央文献出版社，1993年。

供应、防寒工作尚差。万一出动后顶不住敌人，则对今后作战更不利。会后，17日，邓华、洪学智、解方、杜平等第13兵团领导人将部队的担忧电告彭德怀和高岗，建议，如在两三个月内新装备有保证，特别是空军能出动，则可按计划出动，否则可考虑建议推迟出动时间。然而此时，中央得到消息，美军北进速度加快，准备进攻平壤。朝鲜的形势已不允许志愿军再推迟出动时间，遂于19日按计划出动。

既已出动，就要决心克服困难。志愿军开始出动的第二天，邓华等第13兵团领导，向所属各军师团党委发电并报军委总政治部，指出：中央出兵的决心和意图是完全英明和正确的，志愿军全体同志，首先是共产党员和党员干部，更应坚决执行。必须克服一切困难，忍受一切痛苦，做到胜不骄傲，败无怨言，团结全军，在彭总的领导下，完成这一艰巨、困难而光荣的任务。

部队的担忧和所提出的问题是有根据的，确实是实实在在的问题，但形势所迫，志愿军只能依靠当时的装备去同美军作战。对此，毛泽东也不是没有考虑。可以说，从出兵决策开始，直至志愿军入朝后取得第三次战役的胜利之前，毛泽东、周恩来、聂荣臻等中央军委领导人，花费主要精力所关注和研究解决的都是这个问题。

为慎重稳妥起见，早在志愿军出动前，10月13日和14日，毛泽东与彭德怀研究后，就为志愿军确定了初期作战方针。

当时，美军越过三八线后，尚未迅速北进，毛泽东估计人民军在三八线以北尚能防御一个时期，美军进攻到平壤尚需时间，而由平壤向德川进攻，又需时间，如果平壤美军不向德川进攻，已到元山的南朝鲜军（10月10日占领元山）也不敢单独进攻，这就使志愿军开进和布防有了时间。

据此，毛泽东确定，志愿军入朝后，在平壤元山铁路线以北，德川、宁远公路线以南地区，构筑两道到三道防御阵线，保持平壤、元山以北地区至少是山岳地区，不被敌人占领。第一个时期只打防御战，如果平壤美军和元山南朝鲜军两路来攻，则以必要兵力钳制平壤美军，而集中兵力歼灭元山方向来的南朝鲜军，也可打某些孤立的美军。如果敌人在6个月内固守平壤、元山不出，志愿军也不去打平壤、元山，而继续加强工事，弄清各方面情况，等候从苏联订购的武器装备到达，并装备起来，完成训练，待空中和地面均对敌军具有压倒优势条件后，再配合朝鲜人民军去攻击平壤、元山等处，实行战略反攻。在工事修好后，敌仍固守平壤、元山不出，则可将志愿军入朝部队的一半开回东北，练兵就粮，待打大仗时再去。即6个月以后再谈反攻问题。[1]

① 参见《毛泽东军事文集》第六卷，第107、第121、第122～123页，北京：军事科学出版社、中央文献出版社，1993年。

志愿军入朝后，毛泽东针对志愿军部队因武器装备落后差距悬殊，又无空军掩护，担心能不能打的问题，特别是担心美军陆海空军和坦克联合进攻，东西海岸诸城市以及新义州也将难以保住，于彭德怀已着手部署第一个战役后，10月23日，致电彭德怀并告高岗，对能不能打的问题作了分析，并作出指示，指出：

我们应当从稳当的基点出发，不做办不到的事。朝鲜战局，就军事方面来说决定于下列几点。第一是目前正在部署的战役是否能利用敌人完全没有料到的突然性全歼两个三个甚至四个伪军师①（伪三师②将随伪六师后跟进，伪一师亦可能增援）。此战如果是一个大胜仗，则敌人将作重新部署，新义州、宣川、定州等处至少在一个时期内不会来占，伪首③伪三两师将从咸兴一带退回元山地区，而长津可保，新安州、顺川两点是否保守也可能成问题，成川至阳德一段铁路无兵保守向我敞开一个大缺口，在现有兵力的条件下，敌人将立即处于被动地位。如果这次突然性的作战胜利不大，伪六、七、八师主力未被迅速歼灭，或被逃脱，或竟固守待援，伪一、伪首及美军一部增援到达，使我不得不于阵前撤退，则形势将改到于敌有利，熙川、长津两处的保守也将发生困难。第二是敌人飞机杀伤我之人员妨碍我之活动究竟有多大。如果我能利用夜间行军作战做到很熟练的程度，敌人虽有大量飞机仍不能给我太大的杀伤和妨碍，则我军可以继续进行野战及打许多孤立据点，即是说，除平壤、元山、汉城、大邱、釜山等大城市及其附近地区我无飞机无法进攻外，其余地方的敌人都可能被我各个歼灭，即使美国再增几个师来，我也可各个歼灭之。如此便有迫使美国和我进行外交谈判之可能，或者待我飞机大炮的条件具备之后把这些大城市逐一打开。如果敌人飞机对我的伤亡和妨碍大得使我无法进行有力的作战，则在我飞机条件尚未具备的半年至一年内，我军将处于很困难的地位。第三如果美国再调五个至十个师来朝鲜，而在这以前我军又未能在运动战中及打孤立据点的作战中歼灭几个美国师及几个伪军师，则形势也将于我不利，如果相反，则于我有利。以上这几点，均可于此次战役及尔后几个月内获得经验和证明。我们认为我们应当力争此次战役的完满胜利，力争在敌机炸扰下仍能保持旺盛的士气进行有力的作战，力争在敌人从美国

---

① 伪军系指南朝鲜军，当时也称其李伪军。此处指南朝鲜第6、第7、第8、第1师。此时，该4个师在平壤以东或以北地区，沿平壤至满浦铁路及以西北进。
② 此处伪三师有误，应为伪七师。
③ 指南朝鲜首都师。

或他处增调兵力到朝鲜以前多歼灭几部分敌人的兵力，使其增补赶不上损失。总之，我们应在稳当可靠的基础上争取一切可能的胜利。[①]

这样，志愿军作战，就有了一个明确而灵活的战略指导方针，即从稳当的基点出发，根据现有作战条件，既不做办不到的事，又必须力争一切可能的胜利。对于能不能打，要在几个月之内获得经验和证明。

---

① 见《毛泽东军事文集》第六卷，第 140～141 页，北京：军事科学出版社、中央文献出版社，1993 年。

杜鲁门、麦克阿瑟认为中国"不足为患"

在毛泽东签署组成中国人民志愿军命令的第二天，被任命为中国人民志愿军司令员的彭德怀就走马上任了。

彭德怀，时年 52 岁，身任西北军政委员会主席、西北军区司令员。此时，他脑子里装的是如何贯彻中共七届三中全会精神，搞好祖国大西北的经济恢复问题。在讨论出兵抗美援朝问题的中央政治局会议上，他坚定地支持了出兵的意见。虽然早在 8 月 27 日，毛泽东曾致电告诉他："为了应付时局，现须集中十二个军以便机动（已集中了四个军），但此事可于九月底再作决定，那时请你来京面商。"但是出任志愿军统帅，对他来说实感意外，没有任何精神准备。他原以为会由林彪挂帅出征，然而，光荣而艰巨的任务却落在了自己的肩上。这位敢于"横刀立马"的彭大将军，服从党的需要从来不讲条件。既然中央已定，他彭德怀没有二话，坚决服从中央的决定，肩负起了志愿军统帅的重任，来不及交代工作和向亲人告别，就立即投入了志愿军出征的紧张准备工作。

10 月 8 日，他同高岗风风火火地飞赴沈阳。从 10 月 8 日到 18 日，他多次往返于北京、沈阳、安东之间，为志愿军的出动而奔忙。

9 日，他和高岗在沈阳主持召开的志愿军军以上干部会议上，当即决定，"首以两个军于酉删 ① 开始出动，集结北朝鲜熙川、德川线，以便东西机动"。并电告毛泽东。当晚他与金日成派来的代表朴一禹会见，了解朝鲜战局形势，洽谈志愿军入朝事宜。听了朴一禹的介绍后，他感到朝鲜形势紧张，万一鸭绿江桥被炸，则后续部队被阻于江北，不易及时调用。因此决定改变 9 日所报先出动两个军的计划，而是 4 个军 3 个炮师全部出动。10 日，再电毛泽东，请求"原拟先出动两个军两个炮师，恐鸭绿江桥被炸时不易集中优势兵力，失去战机，故决定全部集结江南，改变原定计划"。11 日，毛泽东复电："十月九日十日各电均悉。……同意四个军及三个炮兵师全部出动集结于你所预定的位置，待机歼敌。" ②尔后，彭德怀赴安东，具体研究部署志愿军向朝鲜境内出动事宜，并准备早日入朝同金日成接洽。

---

① 酉删即 10 月 15 日。

② 见《毛泽东军事文集》第六卷，第 114～115 页，北京：军事科学出版社、中央文献出版社，1993 年。

彭德怀与金日成商讨作战问题

1950 年 10 月 15 日，杜鲁门和麦克阿瑟在威克岛

13日，中央政治局再次研究出兵问题后，15日，彭德怀自北京返回安东。16日，在安东召开师以上干部会议，进一步作了战前动员，阐述了中共中央决策出兵的必要性和正确性，并说明中央的决策是"经过反复讨论和慎重考虑"的。我们只是以中国人民志愿军的名义，支援朝鲜人民革命战争，并不等于向美国宣战。彭德怀分析了敌我双方的有利和不利条件后，提出了志愿军入朝后的作战原则，指出："根据敌情和地形的条件，过去我们在国内所采用的运动战，大踏步地前进和大踏步地后退，不一定适合于朝鲜战场。因为朝鲜地面狭小，敌人暂时还占某些优势，所以要采取阵地战与运动战相配合。敌人进攻，我们要把他顶住，不使他前进；发现敌人的弱点，即迅速出击，深入敌后，坚决消灭之。保守土地是我们的任务，但更重要的是消灭敌人的有生力量。只要有机会，哪怕一个营、一个团也要坚决彻底予以歼灭。"彭德怀还特别强调了入朝后的纪律和注意的政策问题。①

18日，周恩来从苏联返京，彭德怀和高岗再次应召进京，听取周恩来与苏联领导人会谈情况汇报，和再次研究了志愿军出动后的有关问题。

10月19日，毛泽东致电中共中央中南局并告华东局、西南局和西北局，指出："为了保卫中国支援朝鲜，志愿军决于本日出动，先在朝鲜北部尚未丧失的一部分地方站稳脚，寻机打些运动战，支持朝鲜人民继续奋斗。在目前几个月内，只做不说，不将此事在报纸上做任何公开宣传，仅使党内高级领导干部知道此事，以便在工作布置上有所准备，此点请各中央局加以注意。"②

当日12时，第13兵团司令员邓华、副司令员洪学智、参谋长解方，下达了向朝鲜境内开进的指示，根据毛泽东确定的第一时期在平壤、元山铁路线以北，德川、宁远公路线以南组织防御战的方针，"兵团决心控制龟城、泰川、球场、德川、宁远、五老里一线为基本防御阵地"，本晚开始渡江，进入朝鲜作战。

当晚，上任仅仅12天的志愿军统帅彭德怀，率领中国人民志愿军，肩负着祖国人民的重托，秘密开赴朝鲜战场，开始了中国人民伟大的抗美援朝战争。

为使志愿军入朝的行动不被敌军发觉，秘密行动，隐蔽企图，达到战略、战役上的突然性，志愿军部队全部改穿朝鲜人民军式军服，毛泽东和彭德怀要求部队，黄昏开始行动，拂晓前全部隐蔽伪装完毕，保持无线电静默，严格封锁消息。毛泽东还指示，志愿军入朝后，"各部派遣远出之侦察队均要伪装朝鲜人民军，而不要称为中国人民志愿军，

---

① 见《彭德怀军事文选》，第324页，北京：中央文献出版社，1988年。
② 见《毛泽东军事文集》第六卷，第126页，北京：军事科学出版社、中央文献出版社，1993年。

借以迷惑敌人"。①

此时，朝鲜战场情况已经发生了变化。

虽然美军越过三八线前，美国当局对周恩来代表中国政府提出的警告，认为"只是对联合国的恫吓"。此外，这一警告是由印度驻华大使潘尼迦传出的，美国当局认为潘尼迦"在过去是经常同情中国共产党的家伙，因此他的话不能当作一个公正观察家的话来看待。充其量不过是一个共产党的传声筒罢了"。②美国国务院和军方均认为，俄国人或中共若干涉朝鲜，是要冒世界大战的风险的；俄国人尚未做好为了朝鲜而冒险发动世界大战的准备；中国在军事上不具备单独进行干涉的能力。因此，苏联或中共不会对朝鲜进行干涉。③于是，美军于10月7日越过三八线，10月9日，麦克阿瑟发出了要求北朝鲜投降的第二个通牒。

尽管如此，参谋长联席会议还是起草了一个给麦克阿瑟的指示，经总统批准后，于10月9日，以国防部长马歇尔的名义发出。这个指示说："今后中国共产党要是不事先声明就在朝鲜任何地方公开或隐蔽地使用大量的部队，你应该根据自己的判断，只要在你控制下的部队有可能获得胜利，你就继续行动。在任何情况下，如果要对中国境内的目标进行任何军事行动，都必须事先得到华盛顿的批准。"

杜鲁门对苏联和中国参战的可能性，仍觉心中无底，对美军在朝鲜的行动不放心，希望从麦克阿瑟那里得到第一手材料，加之，杜鲁门担任总统以来，尚不曾与这位美国将军谋面。因此决定与麦克阿瑟会晤。杜鲁门偕参谋长联席会议主席布莱德雷、陆军部长弗朗克·佩斯、无任所大使菲利普·杰塞普、总统特别顾问艾夫里尔·哈里曼、助理国务卿迪安·腊斯克、太平洋舰队司令阿瑟·雷德福等，于10月15日，飞赴太平洋的威克岛，与麦克阿瑟就朝鲜形势等进行了会谈。

在谈到朝鲜的形势时，杜鲁门问，中国和苏联干涉的可能性如何？麦克阿瑟信心十足地回答，中国人干涉的"可能性很小。如果他们在最初一两个月进行干涉，那将具有决定性意义。我们不再担心他们的干涉了。我们不再畏畏缩缩。中国在满洲的兵力有30万人。其中部署在鸭绿江边的不会超过10万至12.5万人，只有5万至6万人可以越过鸭绿江。他们没有空军，我们的空军在朝鲜有基地，如果中国人试图南下到平壤，那对他们来说将是一场大规模屠杀"。他认为，在整个南北朝鲜，正式抵抗将在感恩节前④全部

① 见《毛泽东军事文集》第六卷，第144页，北京：军事科学出版社、中央文献出版社，1993年。
② 见《杜鲁门回忆录》第二卷，第432页，北京：生活·读书·新知三联书店，1974年。
③ 参见奥马尔·布莱德雷回忆录《将军百战归》，第740页，北京：军事译文出版社，1985年。
④ 感恩节是美国人的节日，每年11月的第四个星期四。1950年为11月23日。

结束。他希望能在圣诞节将第8集团军撤回日本，留下由美国第2、第3师和联合国其他部队组成的第10军，完成占领任务。麦克阿瑟说，俄国人情况有些不同。他们在西伯利亚有一支空军，而且素质很好，他们能派出1000架飞机投入作战，他们的海军舰队还有2000至3000架飞机。但他们无法同美国的飞机抗衡。俄国没有可以派入朝鲜的地面部队。除此之外，唯一可能的是，俄国空军支援中国地面部队，但他们之间根本协调不起来，俄国人扔在中国人头上的炸弹将会同落在美国人头上的一样多。他们的协同也是行不通的。因此，这也不足为患。①

对于麦克阿瑟的分析，杜鲁门和他的随行人员，都没有提出疑义。相反，却"都对朝鲜战争很快就要结束而感到如释重负"。②17日，杜鲁门在旧金山就与麦克阿瑟会晤事发表的演说中也说："麦克阿瑟告诉过我朝鲜的战斗情况。……我坚信这些部队不久将恢复全朝鲜的和平。"③

由于麦克阿瑟对朝鲜局势乐观的分析和杜鲁门的认同，加之10月中旬以后，朝鲜人民军有组织的抵抗已减弱，于是，美军加快了向北进攻的速度。

10月17日，麦克阿瑟改变了原定美第8集团军和美第10军在平壤、元山一线会合的计划，命令各部分路继续北进。同日，在东线北进的南朝鲜第1军团指挥的第1师和首都师占领咸兴。19日，在中线进攻的南朝鲜第2军团指挥的第6、第7、第8师，占领阳德、成川地区。在西线进攻的美第1军指挥的美骑兵第1师、步兵第24师、英第27旅和南朝鲜第1师进占平壤。20日，美空降第187团为配合美第1军攻占平壤，首次在朝鲜空降，企图在肃川和顺川地区，截断平壤人民军北撤退路，麦克阿瑟并亲自临空视察。准备这一天在元山实施第二次朝鲜登陆的美第10军，船运至元山海域（但元山早在10天之前已被南朝鲜军先期占领，加之人民军在元山水域布置了水雷，该军指挥的美陆战第1师和步兵第7师，后来于25日和29日，分别在元山和利原无作战登陆。美第10军登陆后，麦克阿瑟将南朝鲜第1军团归其指挥）。美军占领平壤以后，麦克阿瑟和战场上的美军高级将领，认为在朝鲜已经没有什么力量再可以和他们较量一下了，于是北进更加疯狂。

东线的南朝鲜军已进占了志愿军预定组织防御的五老里地区，中线、西线的南朝鲜军和美军，距志愿军预定防御地区仅90～130公里。而志愿军至20日，仅过江5个师，距预定防御地区尚有120～270公里。战场情况的急速变化，使志愿军无论如何也不能按

---

① 参见奥马尔·布莱德雷回忆录《将军百战归》，第746～747页，北京：军事译文出版社，1985年；《杜鲁门回忆录》第二卷，第437页，北京，生活·读书·新知三联书店，1974年。
② 参见奥马尔·布莱德雷回忆录《将军百战归》，第749页，北京：军事译文出版社，1985年；《麦克阿瑟回忆录》，第265页，上海：上海译文出版社，1984年。
③ 见《杜鲁门回忆录》第二卷，第439页，北京：生活·读书·新知三联书店，1974年。

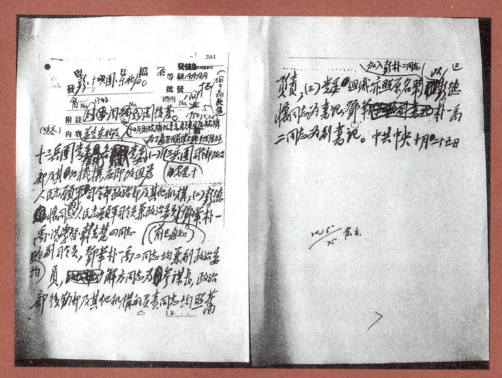

毛泽东起草的中共中央关于组成中国人民志愿军司令部、政治部的通知

原定第一期作战设想，在平壤、元山铁路线以北，德川、宁远公路线以南组织防御战了。

　　然而，此时无论美国的情报部门，还是东京麦克阿瑟的"联合国军"总部，以及战场上的美军和南朝鲜军，对中国人民志愿军的出动没有任何察觉。"联合国军"部队以师或团为单位毫无顾忌地向北冒进，并且东西两线进攻部队之间，纵卧着一条狼林山脉，将其部队东西相隔，两线相距80公里，难以相互照应，这对志愿军在运动中歼灭敌人是极好的机会。

　　对于这种情况，志愿军也预先有估计。第13兵团在19日12时的开进指示中就指出："此次入朝作战，军委要求我兵团必须从前面顶住敌人，保持阵地，稳定形势，争取时间，加紧装备，准备反攻。因此，我们的战役指导方针是：以积极防御，阵地战与运动战相结合，以反击、伏击，来歼灭与消耗敌人有生力量。但根据目前敌人进展情况看来，敌未发觉我军行动前，可能继续冒进。在我开进过程中，可能产生三种情况，一是敌先我到达预定地区，一是我刚到敌人即来，一是行进中遭遇。这些情况，都有利于我造成从运动中歼灭敌人的有利机会。因此，各部在开进中，应以战斗姿态前进，随时准备包围歼敌。"

　　20日12时，彭德怀与第13兵团首长联名致电各部，指出："目前美伪军北犯，遭到人民军抵抗甚弱，仍无顾忌地北进中，在下雪以前，进至中朝边境息。在未发觉我军行动前，将仍会向北冒进。因此使我军在初期作战中以运动战方式歼灭敌人的机会，是充分可能的。我们应深刻体会与执行毛主席指示，极力争取与造成运动战歼敌之良机，以求得开始打好仗，将敌气焰打下去，使敌不敢轻易冒进，以达迟滞敌人争取时间的目的。"

鉴于战场上的形势，21日2时半和3时半，毛泽东分别给彭德怀和邓华发电（当时，彭、邓不在一起，彭19日晚先过江与金日成接洽，邓率第13兵团部按预定计划准备于23日过江），指出："截至此刻为止，美伪均未料到我志愿军会参战，故敢于分散为东西两路，放胆前进。""此次是歼灭伪军几个师争取出国第一个胜仗，开始转变朝鲜战局的极好机会，如何部署，望彭邓精心计划实施之。""现在是争取战机问题，是在几天之内完成战役部署以便几天之后开始作战的问题，而不是先有一个时期部署防御然后再谈攻击的问题。"并询问邓华是否已过江，指出："我意十三兵团应即去彭德怀同志所在之地点和彭住在一起并改组为中国人民志愿军司令部，以便部署作战。" ①

从而，果断地放弃了原来的防御作战计划，立即帮助人民军发起反攻。

此时，志愿军的组织指挥机构尚未组成，除中央任命彭德怀为志愿军司令员，金日成已决定派朴一禹作为联络外，彭德怀也还没有指挥助手。为便于统一部署和指挥志愿军作战，10月25日，毛泽东起草中共中央的决定，致电第13兵团党委并转各级党委并告东北局："一、为了适应目前伟大战斗任务的需要，十三兵团司令部政治部及其他机构应即改组为人民志愿军司令部政治部及其他机构；二、彭德怀同志为人民志愿军司令员兼政治委员（前已通知），邓华、朴一禹、洪学智、韩先楚四同志均为志愿军副司令员，邓华、朴一禹二同志均兼副政治委员，解方为参谋长，政治部、后勤部及其他机构的负责同志均照旧负责；三、党委组织亦照原名单加入彭朴二同志，以彭德怀同志为书记，邓华朴一禹二同志为副书记。" ②

10月24日，麦克阿瑟发布了新的命令，取消了美国参谋长联席会议9月27日给他的命令中，关于不得使用非朝鲜的地面部队进入中朝边境的决定，命令美第8集团军和美第10军全速和全力向中朝边境推进。此时，"联合国军"在第一线的地面部队，共有10个师零1个旅又1个团，其中美军4个师零1个团、英军1个旅、南朝鲜军6个师。

25日，志愿军在开进中于清川江以北云山、温井地区与敌军遭遇，打响了抗美援朝战争第一枪，拉开了中国人民抗美援朝战争的帷幕。一年以后，这个日子被定为抗美援朝纪念日。

此时，志愿军尚未完成开进，遂边开进、边展开、边战斗。为加强西线作战力量，

---

① 见《毛泽东军事文集》第六卷，第128～130页，北京：军事科学出版社、中央文献出版社，1993年。
② 见《毛泽东军事文集》第六卷，第152页，北京：军事科学出版社、中央文献出版社，1993年。

根据彭德怀的请求，中央军委又令第 50、第 66 两个军加入志愿军序列入朝。至 10 月 30 日，全部完成战役展开。在西线，以第 38 军和第 42 军的第 125 师沿清川江两岸向敌侧后实施迂回，以第 40、第 39、第 66、第 50 军实施正面攻击，至 11 月 5 日，第一次战役胜利结束。歼灭南朝鲜第 6 师大部，重创美军"王牌"骑兵第 1 师（歼其 1 个团大部）。美第 8 集团军在西线进攻的部队，遭到突然打击后，全部撤至清川江一线及以南地区。与此同时，志愿军在东线以第 42 军（欠 1 个师）苦战 13 昼夜，顽强阻击了美军和南朝鲜军 3 个师的北进，有力地配合了西线主力的作战。东西两线共歼敌 1.5 万余人，初步稳定了朝鲜战局。

经过第一次战役的作战，特别是歼灭美骑兵第 1 师 1 个团大部，志愿军大大增强了信心。从作战中看到，美军虽然火力强，但作战精神差，离开飞机大炮，就攻不能攻，守不能守，尤其怕近战、怕夜战、怕抄后路，南朝鲜军一击即溃。只要我军很好地运用近战、夜战和迂回包围战术，先打掉敌军指挥机关和炮兵阵地，我们就能胜利，并可通过搜剿扩大战果。

毛泽东决定根本改变朝鲜战局

在美军占领平壤以后，无论东京的麦克阿瑟，还是华盛顿的美国军政当局，均认为美国在朝鲜的军事胜利已成定局，朝鲜战争即将结束，剩下的只是胜利后对朝鲜的全面占领问题，美国朝野上下都沉浸在朝鲜战争即将胜利的"喜悦"之中。因此"美国人的耳朵只能听胜利之声"。①

因此，当"联合国军"遭到中国人民志愿军第一次战役突然迅速的打击时，他们均不愿意承认中国人民志愿军参战这一事实。认为出现在朝鲜的中国人，很可能是一些零星的志愿人员，而不是有建制的中国部队。中国不会让大批军队渡过鸭绿江去冒遭受麦克阿瑟军队沉重打击的风险。②"联合国军"总部的情报官认为，"从战术的观点来看，由于节节胜利的美军师全面投入战斗，因此进行干预的黄金时机看来早已过去；如果计划采取这一行动，很难设想，会把它推迟到北朝鲜军队的残部气数已尽的时候"。③

11月初，中国人民志愿军参战这一事实，被他们确认后，又使他们陷入谜团和极度困惑之中，他们既搞不清中国人民志愿军参战的兵力和意图，又不知美国该怎么办。

美国参谋长联席会议主席布莱德雷说："中国在北朝鲜使用正规军作战的消息在华盛顿比在东京引起了更大的忧虑"，"我们既搞不清赤色中国向北朝鲜实际投入了多少部队，也不知道他们可能的军事目标是什么。"④美国国务卿艾奇逊也说："所有有关总统的顾问，不论文的还是武的，都知道出了毛病。但是什么毛病，怎样找出来，怎样处理，大家都没有主意。会议的频繁是没有先例的，可见大家感到十分困惑，感到有共同讨论的需要。""我们的困惑集中在两个主要问题上：中国军事力量在北朝鲜的实际情况究竟是怎样的，以及他们的企图是什么？……麦克阿瑟将军面对使人眼花缭乱和神出鬼没

---

① 参见詹姆斯·F.施纳贝尔《朝鲜战争中的美国陆军——战争爆发前后》，第250页，北京：解放军国防大学出版社，1990年。
② 参见1950年11月2日《参考消息》；詹姆斯·F.施纳贝尔《朝鲜战争中的美国陆军——战争爆发前后》，第250页，北京：解放军国防大学出版社，1990年；约瑟夫·格登《朝鲜战争——未透露的内情》，第342页，北京：解放军出版社，1990年。
③ 见约瑟夫·格登《朝鲜战争——未透露的内情》，第340页，北京：解放军出版社，1990年。
④ 布莱德雷回忆录《将军百战归》，第754页，北京：军事译文出版社，1985年。

的军事行动怎样办。"①中国人的行动"在战略上意味着什么？这是单方面采取的行动，还是莫斯科命令中国人去干涉的？克里姆林宫会动用空海军力量，甚至使用潜艇去支援赤色中国人吗？苏联人会亲自出马公开在北朝鲜进行干涉？他们会攻占柏林，并随之征服整个欧洲吗？这实际上是第三次世界大战的序幕吗？"②对这些问题他们都不能作出肯定的回答。

参谋长联席会议要求麦克阿瑟，对中国军队参战后有关朝鲜局势作出明确估计。麦克阿瑟认为，最大的可能是：隐蔽地给予朝鲜军事援助，但是为了外交上的理由，尽可能地掩盖起事实的真相；或者允许并唆使或多或少也算是志愿的人员源源不断地越过国境，加强并援助北朝鲜的残余部队使他们能够为了在朝鲜保留一个名义上的立足点而继续斗争；或者是因为他们相信除了南朝鲜部队外，联合国部队是不会在朝鲜的极北地区使用的。他们一旦了解到这样的兵力是不足以达到目的时，就很可能学到一点乖，趁早从破船上捞回点东西。此外还有一种可能，即中国共产党政府打算以其全部强大的军事力量进行干涉，在它认为适当的时机公开宣布这一行动。虽然这种可能性已经很明显，但这是"一种具有最严重国际意义的重大决定"，目前"还没有足够的证据，使人们能很快地同意这种看法"。他建议"在条件可能还不够成熟的时候，不轻率地作出结论。我相信最后的估计还有待于更全面地积累军事情报"。③麦克阿瑟令人如此放心的估计，以至于参谋长联席会议也松了一口气。

然而，仅过一天，11月5日，麦克阿瑟就命令远东空军动用全部力量，以两周时间打击在朝鲜境内的中国人民志愿军和朝鲜人民军部队，特别是出动全部90架B-29战略轰炸机，轰炸鸭绿江上的所有国际桥梁，以阻止中国军队继续进入朝鲜。这又使华盛顿当局感到大为震惊。

白宫和五角大楼认为，麦克阿瑟采取这一行动与他11月4日对战局形势的乐观分析相抵触，同时，采取这样的行动，未必能达到麦克阿瑟想象的效果，更为严重的是这可能引起苏联人的卷入，况且美国与英国有约在先，不经英国同意，美国不得对鸭绿江沿岸的中国地区采取行动。

因此，麦克阿瑟的计划未能立即得到批准。这使麦克阿瑟恼羞成怒。11月6日，他在给华盛顿当局的电报中，对战局形势的估计来了个180度的大转弯。他说："大队的

---

① 《艾奇逊回忆录》下册，第320页，上海：上海译文出版社，1978年。
② 布莱德雷回忆录《将军百战归》，第755页，北京：军事译文出版社，1985年。
③ 转引自哈里·杜鲁门《杜鲁门回忆录》第2卷，第445～446页，北京：生活·读书·新知三联书店，1974年。

人马和物资正自满洲通过鸭绿江上所有的桥梁。这种行动不仅使在我指挥下的部队陷于困境，而且有使我军全军被歼的危险。……唯一阻止敌军增援的办法就是发挥我们空军的最大威力，摧毁所有的桥梁和在北部地区所有支持敌人前进的设施。每小时的迟延都将付出大量的美国人民及其他联合国人民的鲜血。"

由于这个电报，美国国防部、参谋长联席会议、国务院的主要官员，在参谋长联席会议作战室召开了一次特别会议。经请示杜鲁门，麦克阿瑟的计划被批准。于是，麦克阿瑟又转而信心十足，认为这次轰炸不但可以阻止中国部队从满洲越过鸭绿江增援，而且还将消灭已在朝鲜的中国部队，他将在 11 月 15 日发动攻势，彻底消灭中国军队，把旗帜插到鸭绿江边。①

但是，华盛顿当局既没有对中国人民志愿军出现在朝鲜战场上理出头绪，也不敢再相信麦克阿瑟的乐观态度。11 月 9 日，美国国家安全委员会就中国军队出现在朝鲜战场一事进行了全面的讨论和研究。

参谋长联席会议为这次会议提供了报告，对中国人民志愿军参战，提出了与麦克阿瑟相类似的分析，所不同的是这个报告没有说明哪种可能性更大。参谋长联席会议还为美国在朝鲜应该怎么办提出几条供选择的方案，并建议，应紧急进行一切努力，通过政治方式，最好通过联合国解决中国"干涉"带来的问题，向中国保证不侵犯他们在鸭绿江沿岸的利益，通过盟国或联合国朝鲜问题临时委员会同中国政府直接谈判，以及采取其他可行方式；"在进一步搞清中共的军事目标和政治卷入的程度之前，应对赋予联合国军总司令的任务加以审查，但不作变动。"

此时，尽管美国当局对中国在朝鲜有多少兵力和企图是什么仍不清楚，但是军事灾难的不祥之兆，根本改变不了美国上下急于在朝鲜取得军事胜利的情绪。美国国家安全委员会的这次会议，对朝鲜形势没有作出任何新的判断，也没有作出任何新的决定，只是批准了参谋长联席会议的建议，在军事上，允许麦克阿瑟继续执行占领全朝鲜的计划，发动一次进攻，或进行威力侦察，矛头直指鸭绿江；与此同时，在政治外交上积极活动，试探在鸭绿江两岸各 10 英里的地带建立一个缓冲区，要求中国军队撤出朝鲜。

当中国人民志愿军结束第一次战役，与"联合国军"脱离接触后，麦克阿瑟和华盛顿当局更加坚信，中国只是出动小部队象征性地参战，"当他们遭受惨重打击后，也许已经放弃了继续作战的企图。"当时任美国陆军作战和计划助理参谋长的马修·李奇微，后来在回忆录中评论说："少数几个中国'志愿军'的出现，仅仅被当成了中国在外交

---

① 参见布莱德雷回忆录《将军百战归》，第 759 页，北京：军事译文出版社，1985 年。

棋盘上采取的又一个小小的步骤，不会马上对联合国军总部产生影响。"①

根据美国国家安全委员会11月9日的决定，麦克阿瑟的计划是：首先以地面部队进行试探性进攻，以查明志愿军在朝鲜的实力和企图，同时以远东空军摧毁鸭绿江上的所有桥梁，摧毁鸭绿江以南尚未被他占领地区的所有交通运输手段、军事设施、工厂、城镇和乡村，但罗津、水丰等几个发电设施除外，以阻止中国人民志愿军后续部队进入朝鲜和运进物资，以及使在朝鲜的志愿军和人民军部队无法生存，为发动总攻做准备；尔后发起总攻，以美第8集团军在西线、美第10军在东线全面向中朝边境的鸭绿江和图们江推进，消灭在朝鲜境内的所有志愿军和人民军，圣诞节前全部结束朝鲜战争。他最初将总攻时间定为11月15日，但由于第8集团军的供应准备不足，而将总攻时间推迟到11月24日。

麦克阿瑟对这一计划非常乐观，11月17日，他在与美国驻南朝鲜大使约翰·穆乔谈话时说，渗透到朝鲜的中国部队不超过3万人，"联合国军"的全线进攻，将在10天之内"扫荡"仍在北朝鲜人和中国人手中的所有地区。

麦克阿瑟的试探进攻，于志愿军第一次战役结束的第二天，即11月6日即已开始。与此同时，麦克阿瑟按照获准的计划，于11月8日开始，出动空军轰炸鸭绿江上的所有桥梁和朝鲜北部的城镇。整个轰炸行动至12月5日宣告结束。美军飞机轰炸鸭绿江上的桥梁时均侵入了中国领空，有的还对中国边境的城镇进行轰炸扫射。②鸭绿江上的公路桥梁大部被炸断，朝鲜北部的城镇几乎被夷为平地，成千上万的朝鲜平民丧生于美机轰炸中，仅11月8日一天，新义州的居民即被炸死烧死数千人。

至11月21日，麦克阿瑟完成了一切进攻准备。同一天，美国国家安全委员会最后审查并批准了麦克阿瑟的"总攻势"计划。

布莱德雷后来在回忆录中说：从11月2日至9日的重要日子里，"我们翻阅了材料，坐下来仔细思考，但不幸的是我们却作出了荒谬绝伦的结论和决策"。③

　　志愿军入朝第一次战役的胜利，对鼓舞朝鲜人民士气，稳定人心，使志愿军站稳脚跟，坚持继续作战，均具有重要的意义。但整个战场形势并未发生大的改变，志愿军在朝鲜也还没有根本站稳脚跟。东线美第10军指挥的美军和南朝鲜军，仍在继续猛烈进攻。西线美第8集团军指挥的美军、英军和南朝鲜军，

① 见（美）马修·李奇微《朝鲜战争》，第66页，北京：军事科学出版社，1983年。
② 参见约瑟夫·格登《朝鲜战争——未透露的内情》，第361～362页，北京：解放军出版社，1990年。
③ 布莱德雷回忆录《将军百战归》，第773页，北京：军事译文出版社，1985年。

虽然个别部队遭到歼灭性打击和重创，但整体力量并未受到大的损伤，主力撤至清川江以南后，稍作整顿，便以侦察试探为目的恢复了进攻行动。此外，麦克阿瑟仍在向第一线增调兵力，并且其空军对鸭绿江地区开始了猛烈的轰炸。因此，对志愿军来说，整个战场形势仍然是严峻的。根本的问题是要粉碎"联合国军"的再次进攻和解决站稳脚跟的问题。

对于"联合国军"还要发动进攻，毛泽东和彭德怀都有估计。

彭德怀在第一次战役结束的前一天，即11月4日致电毛泽东并告高岗，指出："因消灭敌人不多，我军实力尚未完全暴露，美伪军还可能重新组织反攻。"同时，志愿军作战10天，已很疲劳，加之运输困难，冬寒到来和野外露营，不便于保持战斗力。据此提出"拟采取巩固胜利，克服当前困难，准备再战方针。……如敌再进，让其深入后歼击之"。并着手部署再战的具体准备工作。

毛泽东对此也有考虑，在未接到彭德怀这个电报之前，同是11月4日致电彭德怀、邓华并告高岗，指出："敌于收集各部略加整理后有向我军举行反攻之可能，请令我军各部注意，于其反攻时各个歼灭之，尤其注意德川方面。"①

接到彭德怀4日的电报后，毛泽东又进一步提出了根本扭转朝鲜战局的战略考虑。毛泽东在11月5日凌晨1时复彭德怀并告高岗的电报中，同意彭德怀的部署，同时指出："德川方面甚为重要，我军必须争取在元山、顺川铁路线以北区域创造一个战场，在该区域消耗敌人的兵力，把问题摆在元山、平壤线的正面，而以德川、球场、宁边以北以西区域为后方，对长期作战方为有利。目前是否能办到这一点，请依情况酌定。"②同时决定由以宋时轮为司令员兼政治委员、陶勇为副司令员、覃健为参谋长、谢有法为政治部主任的第9兵团（3个军共12个师）入朝，"全力担任"东线作战，也"以诱敌深入寻机各个歼敌为方针"。③

根据毛泽东的指示，彭德怀与邓华、洪学智、韩先楚、解方、杜平等志愿军领导人，以及朴一禹，研究制定了下一次战役东西两线的部署方案，分别于11月6日和8日电告毛泽东，确定："我为以逸待劳，便于后方运输，拟仍以诱敌深入，各个歼敌方针。""为粉碎美伪再犯企图，决于东西两线均诱敌深入，先歼其侧翼一路，尔后猛烈扩张战果之方针。"由先期入朝的6个军担负西线作战任务，由正在入朝的第9兵团3个军共12个

① 《毛泽东军事文集》第六卷，第192页，北京：军事科学出版社、中央文献出版社，1993年。
② 《毛泽东军事文集》第六卷，第194页，北京：军事科学出版社、中央文献出版社，1993年。
③ 《毛泽东军事文集》第六卷，第197页，北京：军事科学出版社、中央文献出版社，1993年。

师担负东线作战任务。

毛泽东于11月9日复电，同意志愿军的部署，指出：

> "目前部署及下一步作战意图，均很好，请即照此稳步施行。"同时指
> 示志愿军："要修几条（不止一条）宽大公路通达德川、宁远、孟山区域，这
> 是极重要的战略任务，后面各路均须修好修宽，请抓紧办理。""争取在本月
> 内至十二月初的一个月内东西两线各打一二个仗，共歼敌七八个团，将战线推
> 进至平壤、元山间铁路线区域，我军就在根本上胜利了。"并告高岗、贺晋年
> "用一切可能方法保证东西两线粮弹被服（保障御寒）之供给"。①

毛泽东这一战略考虑，是基于志愿军第一次战役后战场形势的变化，和志愿军作战
的需要及可能而提出的，是对志愿军入朝前确定的在德川、宁远一线以南，平壤、元山
一线以北建立防线思想的进一步发展，不但要站稳脚跟，而且要根本改变战场形势，使
志愿军掌握战略上的主动。

毛泽东特别强调了"德川方面甚为重要"。这是由德川地区所处的地理位置所决定的。
德川位于朝鲜北部妙香山脉中部东麓，宁远、孟山在德川以东和东南，距德川各约20公
里，位于朝鲜北部北大峰山脉的西北麓。这一地区恰好是朝鲜半岛蜂腰部东西海岸连线
的中间位置，向南距元山——顺川铁路线约50公里，向东南距元山、向西南距平壤各约
100公里，向东距咸兴、向西距安州各约80或70公里。控制了德川地区，朝鲜北部和西
北部地区的巩固就有了保证，志愿军就有了一块巩固的立足之地；从作战上说，不仅这
一地区山地地形有利，而且有利于运输补给，有利于部队东西调动，进攻有后方依托，
可以迅速出击到平壤、元山一线，防御有空间余地，并且有利于东向元山、咸兴，西南
向顺川、平壤截断东西两线进攻之敌的后路。因此，控制了德川、宁远、孟山区域，将
战线摆到平壤、元山一线正面，就可根本扭转朝鲜战局，就使志愿军坚持长期作战在战
略上获得了主动。

11月13日，毛泽东在致斯大林的一个电报中，对战局形势作了判断，指出："据我
的观察，朝鲜的战局，是可以转变的。现在我志愿军十六个师在朝鲜西北战线方面已给
了敌人第一个打击，已经初步立稳了脚跟，只要能再给该线敌人（八个师）一至二个
较大的打击，就能将该线的防御局面改变为进攻局面，而这是有可能的。东北战线方面，

---

① 《毛泽东军事文集》第六卷，第198页，北京：军事科学出版社、中央文献出版社，1993年。

阿尔蒙德与几名美军军官以中国惠山镇为背景照相

我志愿军仅有两个师①，敌人（五个师）还很猖獗，现正增派八个师去②，准备给敌人一个打击，转变该线的战局。"③

为贯彻毛泽东关于根本扭转战局的战略考虑，实现下一步作战任务，11月13日，彭德怀主持召开了志愿军党委扩大会议，进一步研究了作战方针和部署。会议根据当时敌我双方武器装备状况，进一步明确了志愿军在朝鲜作战的指导方针。确定"在我空军、炮兵、坦克尚未得到适当组成前，我们仍采取运动战、阵地战、游击战相结合，内线和外线相结合的方针"。④

会议根据麦克阿瑟在朝鲜的地面兵力及其分布，认为"敌人气焰未打下去，还是想进攻。如果我们与其对峙，就不能得到休息整训。加之在狭小地区内，集聚了志愿军和人民军四五十万人，当地人民是吃不消的"。因此决定，在1950年内"还必须要打一仗，将战场推到平壤、元山地区，再消灭敌人至少六七个团，使敌人由进攻转入防御，以便

---

① 指第42军之第124、第126两师。
② 指第9兵团第20、第27两军各4个师。
③ 《毛泽东军事文集》第六卷，第201页，北京：军事科学出版社、中央文献出版社，1993年。
④ 见《彭德怀军事文选》，第337页，北京：中央文献出版社，1988年。

我军将来大举反攻"。①

下个战役的打法是"内线作战，诱敌深入，各个击破和歼灭敌人"。主力后撤至第一次战役比较熟悉的地区休整和构筑反击阵地，以逸待劳；以小部兵力与敌保持接触，故意示弱，骄纵敌军和诱敌深入，将西线之敌诱至大馆洞、温井、妙香山一线地区，东线诱至长津水库地区，然后突然举行反击。如果敌军不进，志愿军就打出去。"打出去有两个办法：一是围点打援，调动敌人，准备包围永兴附近美三师一个团，让敌人来援，从运动中来歼灭敌人；二是集中三十八军、四十二军从德川打出去，直插顺川、肃川，如力量不够，再将四十军调过去。总之，必须集中力量作战。东线则完全由九兵团负责，首先求得歼灭美陆战一师两个团。""此役如能消灭美伪军二至三个师，则朝鲜战局将起基本变化。"②

---

① 《彭德怀军事文选》，第 341 页，北京：中央文献出版社，1988 年。
② 《彭德怀军事文选》，第 341 ～ 342 页，北京：中央文献出版社，1988 年。

彭德怀大获全胜

根据上述方针和部署，彭德怀于 11 月 6 日，即开始了诱敌深入的"造势"行动。

为造成志愿军无力再战的假象，志愿军东线第 42 军两个师，经顽强阻击，与美军 2 个团和南朝鲜军 1 个师展开恶战后，彭德怀令该两师于 7 日零时放弃现阵地后撤，继续节节阻击诱敌，并掩护第 9 兵团主力由辑安、江界向长津湖地区开进。西线志愿军第 38 军第 112 师，与南朝鲜军和美军共 1 个多师在飞虎山进行了激烈争夺，吸引了敌军后，彭德怀即令该师及在清川江及以西担任诱敌的第 40 军第 119 师、第 39 军第 117 师，于 9 日、10 日和 11 日主动放弃现阵地后撤，继续诱敌。

美第 8 集团军由于遭到志愿军第一次战役的打击，特别是对志愿军的兵力和部署情况不明，因此行动较为谨慎，加之，发动总攻势的供应准备尚未完成，准备参加"总攻势"的美第 9 军部队尚未到达第一线，因此整体属于试探进攻，进展比较缓慢。至 16 日，仅向北推进 9～16 公里，距志愿军预定歼敌地区较远。

彭德怀、邓华等鉴于这种情况，为进一步造成敌军错觉，实现将敌军诱至预定地区歼灭的目的，于 16 日中午和晚上两次发出指示，指出："我西线不后撤，东线之敌不敢冒进，即便我西线后撤，东线之敌亦有可能不进。"因此，命令诱敌各部从 17 日起停止向前出击，继续北撤，让敌放胆前进。

从 11 月 17 日起，志愿军在东西两线均与"联合国军"脱离了接触，并制造一些"狼狈撤逃"的假象。同时，经报请毛泽东批准后，18 日夜，志愿军在释放 103 名战俘时，除宣传志愿军是正义之师和宽待俘虏的政策外，还向他们散布志愿军的粮弹供应困难，要撤回国内去，以迷惑敌军。毛泽东在批准志愿军释放战俘时指出："敌方对我实力还认为是六万至七万人，'并不是一个不可侮的势力'，这点对我有利；美、英、法对我毫无办法，悲观情绪笼罩各国，只要我军多打几个胜仗，歼灭几万敌军，整个国际局势就会改观。"①

东京的麦克阿瑟和美国的华盛顿当局，果然为志愿军的后撤行动所迷惑，进一步产

---

① 见《毛泽东军事文集》第六卷，第 206 页，北京：军事科学出版社、中央文献出版社，1993 年。

生错觉。他们认为：志愿军是"怯战退走"，估计在朝鲜的中共军队只有6万~7万人，并不是不可侮的势力，这些军队没有得到很好的补给，补给的困难和寒冷的天气可能是他们撤退的原因。麦克阿瑟尤其相信，他的空中轰炸，会使鸭绿江以南的地区成为"一片焦土"。①

麦克阿瑟终于上钩了，从18日开始，西线美第8集团军全线放胆向北推进，至21日，全部到达志愿军预定的攻击开始线。东线美第10军指挥的美第7师先头第17团1个营，于21日进至鸭绿江边的惠山镇，这是美军到达中朝边境的第一支也是唯一的一支部队。麦克阿瑟为此给美第10军军长阿尔蒙德发电祝贺，阿尔蒙德专程赶到惠山镇，同一批军官以惠山对岸的中国为背景照相留影，以显示"胜利"。②南朝鲜首都师和第3师仍在东海岸向图们江推进中，美陆战第1师已进至长津湖南岸的下碣隅里及以北地区，并准备继续向江界方向推进，掩护西线第8集团军进攻的右翼。至此，志愿军完成了预定的诱敌任务。

与此同时，其他准备工作也基本完成。

对第一次战役的思想政治工作经验、战术经验及美军、南朝鲜军的作战特点进行了初步总结。根据现有条件研究防空、防寒和改善食宿的办法，志愿军司令部于11月10日和11日，还专门发出指示，要求各部组织轻重机枪打击低飞的敌机，通报了第124师和第112师第336团用步兵火器击落敌机的情况，使部队树立了打赢下一战役的信心。由志愿军统一部署，各部对当面敌情及敌后浅近纵深内的地形、道路等情况，进行了侦察，大体上摸清了当面敌军兵力、番号和兵要地志等情况。并与人民军共同组织游击支队，深入敌军战役后方，进行游击活动。

第9兵团11月7日开始从辑安、临江等地渡过鸭绿江，隐蔽开进朝鲜。至21日前后，第20、第27军先后到达东线长津湖东西及以北预定歼敌地区，第26军也到达了指定的厚昌江口地区，完成了集结。

根据朝鲜境内铁路基本被敌机炸毁，火车不通，国内汽车有限、在战场上遭敌机轰炸损失严重等情况，中央军委和东北军区紧急动员200辆商用汽车和约600辆大车入朝，为志愿军运送了部分物资。志愿军统一部署各部在朝鲜向当地政府和群众筹借部分粮食。部队难以生火做饭，东北地区组织制作了炒面，至11月底，国内送达前线第一批炒面

---

① 参见1950年11月17日《参考消息》；《毛泽东军事文集》第六卷，第206页，北京：军事科学出版社、中央文献出版社，1993年；布莱德雷回忆录《将军百战归》，第774页，北京：军事译文出版社，1985年。
② 参见詹姆斯·F.施纳贝尔《朝鲜战争中的美国陆军——战争爆发前后》，第283页，北京：解放军国防大学出版社，1990年；约瑟夫·格登《朝鲜战争——未透露的内情》，第392页，北京：解放军出版社，1990年。

2 000 吨。

根据"联合国军"进展和志愿军准备情况，彭德怀、邓华等于 11 月 20 日决定，西线于 25 日晚，东线于 26 日晚发起反击（后第 9 兵团根据准备情况，于 27 日晚发起攻击），并要求西线部队于 23 日前完成反击准备。

此时，"联合国军"在东西两线进攻的部队共 13 个师又 3 个旅和 1 个团，总兵力约 25 万余人（当时志愿军判断为 22 万余人）。在西线进攻的部队为 8 个师 3 个旅和 1 个团，其中美军 4 个师和 1 个空降团、英军 2 个旅、土耳其 1 个旅、南朝鲜军 4 个师，统归美第 8 集团军指挥；在东线进攻的部队为 5 个师，其中美军 3 个师、南朝鲜军 2 个师，统归美第 10 军指挥。东西两线仍被狼林山脉阻隔。志愿军东西两线作战部队共有 9 个军（30 个师）38 万余人。西线为 6 个军（18 个师），由志愿军总部直接指挥；东线 3 个军（12 个师），由第 9 兵团指挥。志愿军以 1.52：1 占有兵力优势。

11 月 24 日，麦克阿瑟下令发动了"总攻势"，并公开向新闻界宣布了他的总攻计划，他认为立即就可实现军事占领全朝鲜的目标了。然而，他高兴得太早了。他万万没有想到，彭德怀已经把他的部队装进了口袋。

"出其不意，攻其无备"，"善守者，藏于九地之下，善攻者，动于九天之上。"彭德怀的守和攻，都大大出乎麦克阿瑟的预料。志愿军按彭德怀的部署，将麦克阿瑟的部队诱至预定地区后，西线于 25 日黄昏，按预定计划突然发起了反击。

彭德怀抓住麦克阿瑟西线进攻部署的薄弱环节，首先以第 38、第 42 两军在第 40 军一部的配合下，向美第 8 集团军担负右翼进攻的南朝鲜第 2 军团的第 7、第 8 两师发起了反击，并专派志愿军副司令员韩先楚具体指挥该两军作战。经一昼夜作战，将南朝鲜军两师大部歼灭，打开了战役反击的缺口。

接着彭德怀命令在西线反击的其他部队，积极作战，抓住当面之敌歼灭之。同时采取双层战役迂回的部署，命令第 38 军实施内层迂回，以主力迅速西向位于清川江边价川以南的军隅里攻击前进，以一部取捷径向三所里前进，截断进至清川江以北美第 9 军的南撤退路，和阻击平壤、顺川之敌经此的北援。三所里位于价川、顺川之间，是清川江以北美第 9 军南撤，和平壤、顺川美军北援的必经之路；命令第 42 军实施外层迂回，西向顺川、肃川插进，截断在美第 9 军以西向北进攻的美第 1 军的南撤退路，以便我正面主力追击和侧击溃逃之敌。

志愿军各部得令后，积极行动，正面第 40、第 39、第 66、第 50 军，向当面之敌展开攻击，第 38 军主力在向军隅里前进途中，击溃从价川急向德川增援的土耳其旅，第 42

军主力在孟山西南的北仓里歼灭南朝鲜第 6 师一部，继续向西南方向前进。第 38 军第 113 师，昼夜兼程，经 14 小时 70 余公里的急行军，于 28 日晨抢占了三所里地区，在发现三所里以西 1 公里处的龙源里也是一条南北通道时，则派去 1 个团于当日下午抢先占领，完全截断了美第 9 军南逃的退路。

根据战场上的形势，28 日 5 时半，毛泽东致电彭德怀、邓华、朴一禹、洪学智，祝贺志愿军歼灭南朝鲜第 2 军团的大胜利。同时指出：

> "目前任务是集中我四十二军、三十八军、四十军、三十九军歼灭美骑一师、第二师、第二十五师等三个师的主力。只要这三个师的主力歼灭了，整个局势就很有利了。""美骑一师（两个团）正向德川、顺川、成川之间调动，目的在巩固成川、顺川地区阻我南进。我四十二军应独立担任歼灭该敌。""美九军团指挥之第二师、第二十五师，在球场、院里、军隅、价川一带，我三十八军、四十军、三十九军应担任攻歼该敌。这是很重要的一仗，令各军努力执行之。"[①]当日 24 时，毛泽东再次致电彭德怀等人，指出："此次是我军大举歼敌根本解决朝鲜问题的极好时机，……望你们鼓励士气，争取大胜。"

彭德怀据此，当即令第 38、第 42 军迅速完成战役迂回任务，令第 40、第 39、第 66、第 50 军攻击球场、军隅里、宁边地区之敌。至 29 日晨，志愿军已从北、东、南三面将美第 9 军指挥的美第 2 师、第 25 师、土耳其旅全部和美骑兵第 1 师、南朝鲜第 1 师的各一部，包围于价川附近的清川江南北地区。第 42 军主力歼灭阻击之敌 1 个营进至顺川以东新仓里地区。麦克阿瑟在西线整个进攻布局被打乱。志愿军在西起安州、东至价川的清川江南北地区展开了勇猛的围追堵截战。在东线的美第 10 军两师也同时遭到了厄运。

麦克阿瑟搞不清这么多志愿军部队是从哪来的，好像是神兵从天而降。在志愿军突然猛烈的反击面前，麦克阿瑟蒙了、呆了。此时，已经不是他如何歼灭志愿军打到鸭绿江边的问题了，而是他的部队如何从志愿军的包围中逃脱出去，免遭全军覆灭的命运问题了。此时的麦克阿瑟怎么也乐不起来了。他已从乐观的顶点坠入了沮丧的深渊，从信心百倍，胜利在握，转而惊慌失措，乱了方寸。一方面惊恐地向华盛顿报告，他遇到了全新的敌人；一方面慌乱地将沃克和阿尔蒙德两位前线指挥官紧急召到东京商讨对策，决定全线向平壤、元山一线撤退。然而，要逃走，也不是易事。志愿军第 113 师已死死地

---

① 《毛泽东军事文集》第六卷，第 217 页，北京：军事科学出版社、中央文献出版社，1993 年。

卡住了三所里和龙源里美第9军南撤仅有的两条通道。尽管美军的空军终日轰炸和扫射，美第9军也以上百辆坦克和数十门大炮进行轰击，南面又有美骑兵第1师主力和英第29旅的向北增援，可就是突不破第113师的阻击。而此时的第113师只上来两个步兵团（另外1个团在德川打扫战场），携带的只有步兵轻武器，对付美军的坦克只有地雷、炸药、手榴弹和爆破筒。这同美军的现代化装备形成了鲜明的对照。第113师就是凭着这样的装备和两个团的兵力，必须卡住三所里和龙源里这两个关口，这是关系到志愿军此次作战能否取得胜利的关键。该师的官兵们，凭着解放军的顽强战斗作风，依托有利地形，南北两面对敌，坚守阻击。就这样，美军对这两个关口，从29日至12月1日，上有空军轰炸，下有南北对攻，然而，3天未能打开关口，始终可望而不可即。第42军迂回距离较远，并被美骑兵第1师部队阻于顺川以东的殷山地区，未能按时插到肃川。

战至12月1日，美第9军遭到惨重伤亡。鉴于从三所里、龙源里地区南突无望，被迫丢弃全部重装备，转而西向安州，尔后南经肃川退向平壤。此时，美第1军已经经安州、肃川退向了平壤。

12月2日，清川江畔的激战结束。此战志愿军歼灭美第2师7 000余人、美第25师5 500余人、土耳其旅2 200余人，美第2师被打残，失去了战斗力（美国人写的书上说，从11月30日到12月1日，联合国部队有1.1万人阵亡、负伤、失踪或被俘，美第2师损失6 380人，土耳其旅损失1 000人）[①]。美军溃逃时在清川江南北地区的公路上遗弃了大量的装备，据统计，各种炮500余门、坦克100余辆、汽车2 000余辆、各种枪5 000余支。然而，非常遗憾，志愿军没有空军掩护、没有高射炮部队，会驾驶坦克和汽车的人也寥寥无几，这些装备很快即被美军飞机炸毁，公路变成了火龙，志愿军只能望炸兴叹。然而，这只是胜利中的遗憾，这是客观条件无力能及造成的遗憾，志愿军在客观条件所及的范围内已大获全胜，美军遭到了惨重的失败。第二次世界大战时在太平洋战场威名赫赫的盟军总司令麦克阿瑟，在朝鲜战场指挥着完全现代化装备的陆海空军联合作战的美军为主的"联合国军"，惨败在了指挥仅有少量炮兵支援、基本是小米加步枪装备的中国人民志愿军司令员彭德怀手里。志愿军振奋了，中朝人民振奋了，苏联人民也振奋了。毛泽东于12月5日，致电彭德怀等，指出"此次西线歼敌二万余，是个大胜利"。[②]在此之前，斯大林获得志愿军作战顺利发展的形势，于12月1日致电毛泽东，告知：中国人民志愿军在战场上抗击美军的重大胜利，不仅使苏联领导人而且使全体苏联人民感到高

---

① 参见约瑟夫·格登《朝鲜战争——未透露的内情》，第504页。书中讲第8集团军和第10军在战场上的兵力加起来为11万人。因此这里讲的损失似不包括南朝鲜军。
② 《毛泽东军事文集》第六卷，第237页，北京：军事科学出版社、中央文献出版社，1993年。

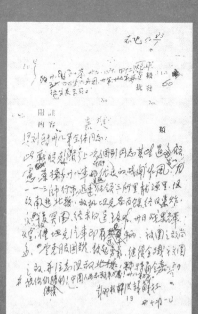

彭德怀嘉奖令手迹

毛泽东与金日成在一起

兴，向毛泽东和中国领导同志，向中国人民志愿军和全体中国人民，"致以衷心的敬意"。

在围歼美第9军的作战中，第38军，特别是第113师起了关键的作用。因此，彭德怀于12月1日亲自起草电报，通令嘉奖第38军全体官兵。电报内容如下：

> 梁〔兴初〕刘〔西元〕转三十八军全体同志：
> 此战役克服了上次战役中个别同志某些过多顾虑，发挥了三十八军优良的战斗作风，尤以一一三师行动迅速，先敌占领三所里、龙源里，阻敌南逃北援，敌机、坦克各百余，终日轰炸，反复突围，均未得逞。至昨三十日，战果辉煌，计缴仅坦克、汽车即近千辆。被围之敌尚多，望克服困难，鼓起勇气，继续全歼被围之敌，并注意阻敌北援。特通令嘉奖，并祝你们继续胜利！中国人民志愿军万岁！三十八军万岁！

志愿军在西线大获全胜的同时，东线也取得了大胜利。麦克阿瑟在东线的情况，甚至比西线更惨。直至志愿军在西线已发起攻击，在东线的美第10军，仍未发现志愿军第9兵团部队已神不知鬼不觉地隐蔽在他们的身边，仍在兵分数路向北前进中。11月27日晚，第9兵团第20、第27两军完成了攻击准备，突然发起反击，采取分割包围战术，一夜之间，即将美第10军指挥的美陆战第1师（也是美军战斗力较强的"王牌"部队之一）师部和两个多团，及美第7师1个多团，分割包围于长津湖东西两侧及湖南岸的新兴里、柳潭里、下碣隅里三个孤立的点上。

朝鲜东北部地区，冬季非常寒冷，最低平均气温达零下30～40℃。此时长津湖地区普降大雪，气温已降至零下20～30℃。志愿军第9兵团部队，是在中国华东地区成长起来的部队，不适应寒区的气候，没有寒区生活、作战经验。此次入朝参战比较仓促，从山东乘火车北开时，部队穿的是华东地区的冬装，原计划到东北地区整训一个时期，并换发寒区冬装，尔后再入朝作战。但由于战场形势的急速变化，已不容许第9兵团在东北地区停留，而直接开赴朝鲜作战，只是火车在沈阳等地短暂停留时，匆匆补充了有限的寒区服装，加之，当时志愿军的跟进保障能力太弱，致使到战斗打响时，官兵多数没有大衣，许多官兵甚至还穿着胶鞋，戴着单帽。就连穿着羽绒服装、配有羽绒睡袋，并有空中运输源源补给的美军士兵，在这样的气候下尚有数千人冻伤，那么缺乏寒区装备的志愿军官兵的状况就更可想而知了。而且吃不上热饭，只能啃冻得铁一样硬的饭团、土豆和窝窝头。严寒的气候，是志愿军第9兵团遇到的第一个巨大威胁。许多官兵手脚被冻僵，面部、耳朵被冻伤，有的步枪被冻得拉不开栓、机枪打不响。

第 9 兵团就是在这样的困难条件下，同被围的美第 10 军部队展开了激战。被围美军为免于被歼，则以坦克、装甲车和汽车组成环形防御体系，以坦克和大炮的火力掩护步兵拼死抵抗，并且空中有飞机支援。志愿军由于攻击火力太弱，加上作战和冻饿减员，各点攻击力量均显薄弱。战至 29 日，仅歼被围之敌 1 000 余人。

鉴于此，宋时轮采取了集中优势兵力，逐点歼灭被围之敌的战术，于 30 日晚，至 12 月 1 日拂晓，集中第 27 军 5 个团，全歼被围于长津湖东侧的美第 7 师第 31 团及第 32 团 1 个营 3 100 余人，缴获各种火炮及火箭筒 266 门（具），各种枪 2 455 支，击毁和缴获坦克 18 辆、汽车 345 辆，创造了一战全歼美军 1 个多团的范例。12 月 2 日，毛泽东致电彭德怀、邓华并第 9 兵团司令员宋时轮、副司令员陶勇，庆祝第 9 兵团两次歼敌重大胜利。

此后，美第 10 军的进攻全线动摇，12 月 1 日开始，全线向南撤退，就连美军自称为只有进攻和胜利的陆战第 1 师，也不得不使用上"撤退"这个字眼。

毛泽东和彭德怀早有预见，早在第 9 兵团在东线发起反击之前，就指示宋时轮作了阻击美军南逃的部署，在美陆战第 1 师南逃必经的约 80 公里路段上，设下了数道阻击埋伏线。第 9 兵团立即展开了围追堵截，12 月 6 日兵团预备队第 26 军赶到战场，也参加了追击。仅在古土里和上、下通里以北地区，第 20 军即截歼 1 400 余人。

美陆战第 1 师从 12 月 3 日开始突围南撤以来，几乎是层层受阻，步步被截，李奇微曾说："这是一次漫长而曲折的撤退，一路上战斗不断，似乎是在一寸一寸地向后挪动。"[1] 美陆战第 1 师一路苦战，一路惊慌，一路遭受伤亡损失，损失过半，已溃不成军，直至 12 月 12 日，赖以坦克、大炮的优势火力，赖以空运的源源补给和空军的支援掩护，其残部才在美第 3 师的接应下，艰难地突破志愿军最后的阻击，狼狈逃至五老里，幸免于全军覆灭的灾难。这是美国这支"王牌"部队有史以来，遭受损失最为严重、逃跑景象最为狼狈的一次败退。几十年后，当时的美军高级官员，回忆起美陆战第 1 师在长津湖地区险遭全军覆没的境况时，仍觉非常可怕，不寒而栗。美国人写的书里说，从 10 月 26 日至 12 月 15 日，美陆战 1 师的战斗伤亡总数为 4 418 人，另有 7 313 人非战斗减员。[2]

志愿军第 9 兵团此次长津湖地区的作战，在武器装备严重落后，运输补给严重不足，冻饿交加严重威胁的情况下，发扬人民军队的优良传统，灵活顽强作战，予美陆战第 1 师和步第 7 师以歼灭性的打击，共歼敌 1.3 万余人，彻底扭转了东线战场的局面。志愿军

---

① 参见约瑟夫·格登《朝鲜战争——未透露的内情》，第 468 页。书中讲到从 10 月 26 日到 12 月 15 日，仅美陆战第 1 师即有 7313 名非战斗减员，其中大部分为冻伤。
② 见马修·李奇微《朝鲜战争》，第 86 页，北京：军事科学出版社，1983 年

总部和毛泽东均致电宋时轮给予高度评价。志愿军总部在12月15日的电报中指出："你们在冰天雪地，粮弹运输极端困难的情况下，与敌苦战半月有余，终于熬过困难，打败了美国侵略军陆战一师及第七师，收复东线许多重要城镇，取得了很大胜利，这种坚强的战斗意志与大无畏的精神值得全军学习。正由于东西两线的伟大胜利，基本上改变了朝鲜的局势，迅速地转入对敌反攻。"毛泽东在12月17日的电报中指出："九兵团此次在东线作战，在极困难条件之下，完成了巨大的战略任务。"①麦克阿瑟遭志愿军东西两线强大攻势突然猛烈的打击后，由根本没把中国军队放在眼里，转而对中国军队感到非常畏惧。继11月29日，命令他的部队撤至平壤、元山一线后，12月3日又命令他的部队全线向三八线撤退。美第8集团军司令官沃尔顿·沃克，于12月23日也死于慌乱撤退中的车祸。

毛泽东、彭德怀，则令志愿军抓住时机，迅速扩大战果。12月4日，毛泽东连续两次致电彭德怀、邓华、朴一禹、洪学智，指出："平壤敌似正准备撤退。……我志愿军休息五天后，如平壤敌未退，则准备先打平壤附近之敌，然后包围平壤，研究攻城办法。如平壤敌已退，则向三八线攻进。""大体上可以确定平壤敌人正在撤退，其主力似已撤到平壤至三八线之间，其后卫似尚在平壤以北及东北地区。你们应于明（5）日派一个师的主力，向平壤前进，相机占领平壤。"②

据此，彭德怀作了部署。12月6日志愿军西线部队进占平壤，12日开始向三八线攻进。23日，西线各军逼近三八线，进至涟川、华川一线地区集结。朝鲜人民军一部收复了三八线以南延安半岛和瓮津半岛。在东线，朝鲜人民军一部于12月9日收复元山，截断了美第10军从陆路南撤的退路。志愿军第9兵团继续追击撤逃的美第10军部队，12月17日，进占咸兴，24日帮助朝鲜人民收复兴南及沿海港口。阿尔蒙德指挥的美军残部和南朝鲜军，在近300艘海军舰船的接应下，从海路狼狈撤往釜山。

至此，志愿军第二次战役以大获全胜而告结束。

这次战役，毛泽东和彭德怀成功地利用了美国当局战略上的判断错误和麦克阿瑟恃强骄傲的心理，将计就计，示弱诱敌，尔后采取迂回包围战术，截断美军退路，实行关门打狗，使麦克阿瑟大上其当。志愿军取得了远远超过预想的大胜利，东西两线共歼敌3.6万余人，其中美军2.4万余人，把美国军队从鸭绿江边打回到三八线，帮助朝鲜人民收复了三八线以北全部国土。志愿军不但站

---

① 见约瑟夫·格登《朝鲜战争——未透露的内情》，第468页，北京：解放军出版社，1990年。
② 见《毛泽东军事文集》第六卷，第241页，北京：军事科学出版社、中央文献出版社，1993年。

稳了脚跟，而且根本扭转了朝鲜战局，奠定了抗美援朝战争胜利的基础。

至此，志愿军最初担心的能不能打的问题，经过连续两次战役的胜利，自然消除了。连续两次战役的实践证明，虽然志愿军的武器装备与美军相比劣势悬殊，给作战造成很多困难，但仍然可以同美军作战，并且可以取得作战的胜利。第38军总结了第二次战役的作战经验，12月16日彭德怀将这一经验转发志愿军各部并报中央军委。毛泽东看到这一经验，极为重视，于18日，又将其转发各中央局、分局、省市区党委和各级军区、各兵团、各军及新组建的军事学院，指出："这是极重要的经验，望注意研究。在志愿军的作战经验中证明，我军对于具有高度优良装备及有制空权的美国军队，是完全能够战胜的。"①

后来，毛泽东、周恩来都说过，能不能打的问题，"两三个月就解决了。敌人大炮比我们多，但士气低，是铁多气少"。"经过三个多月的时间，证明我们能够把敌人打退，我们把美帝国主义打回到三八线附近了"。②

志愿军此次战役，打蒙了麦克阿瑟，打蒙了美国当局，也震动了全世界。中国如此贫穷落后，面临的困难那样多，竟然敢于出动如此大规模的军队同美军较量，志愿军仅仅依靠步兵作战和少量炮兵的支援，竟然打败了武器装备如此精良、陆海空军联合作战的美军，实在不可理解。直至几十年后，美国及其他西方国家的许多人仍觉是个谜。

从1950年10月31日，美国当局确认中国人民志愿军参战，到12月底，是美国当局最为难过的60天，从总统到政府和军队最高层的决策人，都忧心忡忡，不知所措。布莱德雷在其回忆录中写道："这60天，是我们职业军人生涯经历最严峻的考验的时刻，……朝鲜战争出乎预料地一下子从胜利变成了丢脸的失败——我军历史上最可耻的一次失败。"③

志愿军取得了这次战役的胜利，一下子使中国人民声威大震，改变了美国人对中国的看法，改变了西方人对中国的看法，甚至也改变了当时社会主义阵营对中国的看法。站起来的中国人民是不好惹的，中国人民反抗侵略的决心和力量是不可小视的。美国人德鲁·米德尔顿在其所著的《用兵之道》一书中，评论这次战役时说："无论就军事还是政治而言，中国人都是胜利者。中国军队达到了出奇制胜的目的。……在政治上，这次胜利确定了中国在亚洲大陆上的主要军事强国的地位，因而增强了北京在整个地区的影响。"④

① 见《毛泽东军事文集》第六卷，第235页，北京：军事科学出版社、中央文献出版社，1993年。
② 见《毛泽东军事文集》第六卷，第317页，北京：军事科学出版社、中央文献出版社，1993年；《周恩来军事文选》第四卷，第293页，北京：人民出版社，1997年。
③ 见布莱德雷回忆录《将军百战归》，第754页，北京：军事译文出版社，1985年。
④ 见德鲁·米德尔顿《用兵之道》，第238页，新华出版社，1986年。

战争准备长期、尽量争取短期方针的确定

毛泽东决定"趁热打铁"，再打一仗

"联合国军"遭到中国人民志愿军第二次战役的突然打击，引起了麦克阿瑟的惊慌，也引起了华盛顿当局的极大不安。

11月28日，麦克阿瑟向五角大楼报告，"中国在北朝鲜投入了大批军事力量，而且实力仍在增强。……我们面对的是一场全新的战争"。中国人的最终目标，无疑是要"彻底摧毁在朝鲜的联合国部队"。他在报告中为他在朝鲜的失败作了辩护，他说："显然，我们目前的实力不足以抗衡中国人发动的这场不宣而战的战争，他们在客观上拥有很多有利条件，促使形势发生了新的变化。……本司令部已在职权范围内做了力所能及的一切，但它目前所面临的局面已超出了它的控制和它的能力所及。"①

美国的报刊纷纷报道美国已大难临头，五角大楼虽然对新闻媒介的报道表示怀疑，但也感到朝鲜局势严重。来自朝鲜的官方消息，也都在加剧美国当局的焦虑不安和悲观失望。在这种情况下，28日下午，由杜鲁门主持召开了美国国家安全委员会特别会议。然而，包括杜鲁门在内，美国当局的巨头们，都不知道在朝鲜该怎么办。艾奇逊说，"会议并没有提出任何由总统作出决定的建议，即告结束"。②12月1日和3日，国务院和国防部在五角大楼召开联席会议，2日，杜鲁门、马歇尔、艾奇逊、布莱德雷又在白宫开会。这些频繁的会议，"详尽而直率的讨论的结果"还是决定不了美国在朝鲜该怎么办。③而麦克阿瑟还一再要求增加兵力，甚至要求将台湾国民党已经作了准备的3.3万人的部队调到朝鲜，参加"联合国军"的作战。他说"如果没有最大数量的地面部队的增援，本军不是被迫节节后撤，抵抗力量不断削弱，就是被迫困守在滩头阵地里，……除了防御外，没有任何希望。……而实力不断地消耗，以至最后全军覆没，那是可以预期的"。④

杜鲁门和五角大楼，已不相信麦克阿瑟的判断。为了了解朝鲜战场上的真实情况，

---

① 参见布莱德雷《将军百战归》，第778页，北京：军事译文出版社，1985年；约瑟夫·格登《朝鲜战争——未透露的内情》，第471～472页，北京：解放军出版社，1990年。
② 参见《艾奇逊回忆录》下册，第327页；布莱德雷《将军百战归》，第779页，北京：军事译文出版社，1985年。
③ 参见布莱德雷《将军百战归》，第788页，北京：军事译文出版社，1985年。
④ 参见《杜鲁门回忆录》第二卷，第468页，北京：生活·读书·新知三联书店，1974年。

以便作出决定，遂派陆军参谋长柯林斯前往东京。12月4日，柯林斯到达东京，与麦克阿瑟简短会晤后，即飞朝鲜，直接听取了在第一线的美第8集团军沃克和第10军阿尔蒙德对军事形势的判断。沃克和阿尔蒙德虽然不像麦克阿瑟那样对形势的判断那么严重，但也只是认为可以在釜山长期坚守。返回东京后，12月6日，柯林斯同麦克阿瑟及远东的陆、海、空三军的司令官们讨论了美国在朝鲜的对策。麦克阿瑟主张，如果中国人同意停火，联合国应接受停火，但中共和北朝鲜的军队必须停止在三八线附近的行动，这是最佳的安排。否则，要么尽快增加"联合国军"的兵力，以恢复进攻，甚至封锁中国沿海，轰炸中国大陆的空军基地和城市，要么撤离朝鲜。

美国当局考虑，如果中国人继续投入兵力作战，有可能将美军赶出朝鲜，美国不大量投入军事力量，就不能实现全部占领朝鲜的军事目标，但又不可能立即增加力量。因此，当务之急，是要在朝鲜采取"抢救行动"。杜鲁门决定：不主动撤出朝鲜，一旦被迫撤离，要带上南朝鲜军队一起走。华盛顿的巨头们考虑，为在朝鲜"争取行动而进行拖延"，在代价不太大的情况下，可由联合国安理会采取行动，向中国提出在三八线停火。但碍于面子，这个建议不能由美国提出，而应是由英国提出。①

此时，恰好英国首相克莱门特·艾德礼率政府代表团到华盛顿与美国讨论朝鲜战争形势问题。本来"联合国军"遭到惨痛的失败，就使包括英国在内的参加"联合国军"行动的美国所有盟国都惊恐不安。而11月30日，杜鲁门在记者招待会上答记者问时又扬言说，美国一直在"积极考虑"在朝鲜使用原子弹。这更引起了英国等美国盟国的惊慌。于是艾德礼于12月4日飞到华盛顿，要求美国对此事做出澄清，并承诺不在朝鲜使用原子弹。英国人担心的是，美国在朝鲜使用原子弹，将会引起世界大战，美国将主要军事力量投入到朝鲜战场，将会减少对欧洲的力量投入，从而使英国和整个欧洲利益和安全可能不保。艾德礼强调，西方是反对共产主义阵线的主要据点，他希望在朝鲜避免大战，而通过谈判使共产党中国停止于三八线以北，并主张正式承认北京的中国政府，接纳共产党中国为联合国成员国，把台湾交给中共。尔后通过联合国向中国施压，与中共谈判解决朝鲜问题。

美国坚决反对承认北京的中国政府，坚决反对接纳共产党中国为联合国成员国和把台湾交给共产党。杜鲁门、艾奇逊、马歇尔、布莱德雷反复向英国人解释，虽然兼顾所有的义务会有困难，但美国对东方和西方并不打算偏废任何一方。美国并没有在朝鲜使用原子弹的打算，同意在朝鲜避免大战。"联合国军"不会自动撤出朝鲜，美国只是为了在军事上有利的需要，而设法在朝鲜安排停火，但并不应进行谈判，因为这个时候谈

---

① 参见约瑟夫·格登《朝鲜战争——未透露的内情》，第501～502页，北京：解放军出版社，1990年；布莱德雷回忆录《将军百战归》，第795页，北京：军事译文出版社，1985年。

判，形势对美国不利。虽然会谈中美英双方分歧较大，但艾德礼同意按美国的条件，帮助美国通过联合国和其他渠道寻求停火。双方于12月8日发表了会谈公报。①与此同时，美国驻联合国大使沃伦·奥斯汀在联合国积极活动在朝鲜实行停火。

此外，美国当局最为担心的不仅是能不能在朝鲜坚持下去的问题，而是在朝鲜会否导致与中国甚至与苏联打一场全面战争的问题，认为在朝鲜的战争可能是全面战争的第一阶段。参谋长联席会议于12月6日，向美国在世界各战区的指挥官发了一份"战争警报"，认为朝鲜目前的形势已使全面战争的可能性大大增加了。要求"收到此电后，指挥官们应采取切实可行的措施，加强战备"。在12月11日的国家安全委员会会议上，参谋长联席会议建议，扩大军队规模，建立一支由18个师组成的陆军、拥有397艘主要战舰的海军和拥有95个联队的空军。同一个会议决定由总统宣布"国家处于紧急状态"。15日，杜鲁门宣布全国进入"紧急状态"，他说，共产主义者们"正打算将世界推向全面战争的边缘，以便攫取他们所觊觎的东西"。因此，美国武装力量的人数将尽快扩大到350万人，在1952年6月之前，军用飞机、车辆、电子设备的生产，要比原计划增加4～5倍，并对工资、物价等采取控制措施。为抚慰一下英国人，19日，任命美国五星上将德怀特·艾森豪威尔出任北大西洋公约组织的盟军最高司令官。

1950年12月5日，出席联合国第五届大会的印度等13个亚非国家的代表，"呼吁北朝鲜当局和中华人民共和国中央人民政府立即声明它们没有意思使在它们控制下的任何部队前往三八线以南"。这恰好符合美国的意图。接着13国又提出了为寻求停火而由本届联大主席伊朗代表及印度和加拿大代表组成"三人停火小组"，同时提出为解决远东其他问题举行谈判会议或组成谈判委员会。而美国只是为了保持军事上的有利阵地，争取喘息时间，因此，只同意寻求在三八线停火，反对为解决远东其他问题举行谈判会议或组成谈判委员会。即便实现停火，也不准备讨论停火以外的其他问题。12月11日，美国国家安全委员会作出了一个同意寻求停火的决定。12月14日，联合国大会在有美国投票赞成的情况下，只通过了组成"朝鲜停火三人小组"的决议，即先行实现停火，然后才能考虑其他问题。

12月8日，中国外交部亚洲司司长召见印度驻华大使馆参赞，11日周恩来召见印度驻华大使，针对13国的呼吁指出：13国的呼吁是不公平的，为什么13国不反对美国侵略？为什么13国不呼吁美国撤军？为什么13国在美国军队越过三八线北进时不讲话？为什么

---

① 参见《杜鲁门回忆录》第二卷，第474～491页，北京：生活·读书·新知三联书店，1974年；布莱德雷回忆录《将军百战归》，第795页，北京：军事译文出版社，1985年

13 国中还包括参加"联合国军"行动的菲律宾？

12 月 22 日，周恩来外长代表中国政府针对联合国大会 14 日通过的决议发表声明，揭露了美国的真实意图。声明中指出：自美国侵朝以来，美国当局一直拒绝撤出其侵朝军队，从来没有结束朝鲜战争的诚意。既然如此，为什么美国当局又赞成立即在朝鲜停火和表示愿意举行谈判解决朝鲜战事呢？"不难了解，当美国侵略军登陆仁川港、越过三八线或直逼鸭绿江的时候，他们不会赞成立即停战，也不会愿意举行谈判；只有在美国侵略军失败的今天，他们才会赞成立即停战，并在停战后举行谈判。很显然地，昨天反对和平，是为着美国可以继续扩张侵略；今天赞成停战，也是为着美国可以取得喘息时间，准备再战，至少可以保持现有侵略阵地，准备再进。他们关心的……是美帝国主义如何能在朝鲜保留侵略军队和侵略行动，如何能继续侵占中国的台湾，……这就是说，停战后一切照旧，准备好了再打，并且还借此先宣布紧急状态存在，……所谓先停战后谈判，……谈判的议程和内容也可在停战后无休止地讨论下去……三人小组——就地停战——和平谈判——大举进攻。这一马歇尔公式对中国人民极不生疏。"中国政府对联合国大会的这个决议是不能接受的。

其实，关于美国可能提出停战的问题，中国领导人也有考虑。志愿军第二次战役西线作战结束，"联合国军"正在向平壤撤退时，12 月 3 日，金日成来到北京，就朝鲜战争形势等问题与毛泽东、周恩来、刘少奇进行了讨论。毛泽东认为："战争有可能迅速解决，但也可能拖长，我们准备至少打一年。……敌人有可能要求停战，我们认为必须承认撤出朝鲜，而首先撤至三八线以南，才能谈判停战，最好我们不但拿下平壤，而且拿下汉城，消灭主要的敌人，首先是全歼伪军，对促进美国撤兵会更有力量。美帝如果承认撤兵，联合国有可能在同意中苏参加的条件下，主张全朝鲜人民在联合国监督下，选举自己政府。但美帝和蒋介石一样，诺言协定都不可靠，故应从最坏方面着想。"①

此时，以伍修权为团长的中国代表团，正在联合国安理会控诉美国侵略台湾的罪行，联合国秘书长特里格夫·赖伊和英国、印度、瑞典驻联合国代表，作为美国的探路人，不止一次地向中国代表团试探，在什么情况下可以停战。伍修权将此情况报告北京。中国领导人认真地考虑了这个问题，拟制了如下 5 个条件：1.所有外国军队撤出朝鲜；2.美国军队撤出台湾海峡和台湾岛；3.朝鲜问题应由朝鲜人民自己解决；4.中华人民共和国的代表参加联合国并从联合国中逐出蒋介石的代表；5.召开五大国外长会议准备对日和约。采纳上述 5 个条件，即可召开五大国代表会议，签订停战条件。12 月 7 日，通过苏联驻

① 见 1950 年 12 月 4 日夜中共中央致彭德怀并高岗的电报。

第九兵团从山东向东北开动前，兵团司令员宋时轮与前来进行动员的人民解放军总司令朱德合影

中国大使，征求了苏联政府的意见。苏联政府完全同意中国政府的这5个条件，但认为在联合国未就停止朝鲜军事行动问题拿出意见之前，不宜亮出这些底牌。

12月14日，联合国已通过了停火决议，中国政府不能不就停火问题表明立场。周恩来在12月22日的同一个声明中，表明了中国人民关于亟望和平解决朝鲜问题的主张，指出："我们坚持以一切外国军队撤出朝鲜及朝鲜内政由朝鲜人民自己解决为和平调处朝鲜问题的谈判基础，美国侵略军必须撤退台湾，中华人民共和国的代表必须取得联合国的合法地位。""朝鲜问题和亚洲重要问题的和平解决，离开这几点是不可能的。"周恩来代表中国政府所提这些主张是符合解决朝鲜问题和保障亚洲和平与安全问题的实际的，并不是中国硬要将台湾问题以及中国在联合国的合法席位问题与朝鲜问题联系在一起，而是美国在侵略朝鲜的同时就侵略了中国的台湾，并将中华人民共和国排除在联合国之外，打着联合国的招牌侵略朝鲜，因此，朝鲜问题的解决必须与台湾问题及中国在联合国的代表权问题的解决等联系在一起来考虑。但对美国来说，周恩来所提这些条件无疑是要价太高，美国无论如何是不能接受的。

从当时战场形势看，中国人民志愿军虽然由于武器装备落后而导致作战中的实际困难很多，但是参战仅仅两个月就打出了战争的有利局面。这鼓舞了中国人民和朝鲜人民的士气，也鼓舞了民主阵营的士气。这时中国人民志愿军的作战正处于顺利发展的形势下，如果停止于三八线以北进行休整，则正中美国下怀。而这时在民主阵营内部，无论斯大林还是金日成都不希望看到中国人民志愿军就此停止。12月4日，中国驻苏联大使王稼祥因有事准备回国，向苏联副外长安·葛罗米柯辞行。王稼祥就朝鲜战场形势问道："从政治角度看，中国军队在成功地继续进攻的情况下，是否应该越过三八线？"葛罗米柯非正式地表达了苏联方面的意见："鉴于当前朝鲜的形势，提出'趁热打铁'这句古老的谚语是十分恰当的。"12月7日，苏联政府在就中国征询对停火条件的意见作出答复时，也表明，在解放汉城以后，再考虑停火问题。12月中旬，彭德怀在与金日成和苏联驻朝鲜大使史蒂科夫会见时，史蒂科夫对彭德怀在西线作战结束后未立即发起新的进攻提出了指责。

作为战场统帅，彭德怀对战场上的作战也有考虑，在占领平壤后，12月8日，致电毛泽东，预计18、19日开始向三八线攻击，如能歼灭美军和南朝鲜军几个师，或给以歼灭性打击时，则进越三八线，相机夺取汉城。如对敌不能歼灭或给以歼灭性打击时，则不宜越过三八线或夺取汉城，因南进过远会造成以后作战困难，况且部队已连打两仗，需要休整和补充，故拟停止于三八线以北数十里的地区，进行休整，而让敌占三八线，待我充分准备，明年春天再发起下次战役，歼灭敌军主力。①

然而，根据当时美国的企图和民主阵营的情绪，都不允许志愿军停止于三八线以北，必须越过三八线再打一仗，然后才能休整。毛泽东在接到彭德怀12月8日的电报后，于13日复电彭德怀，指出："（一）目前美英各国正要求我军停止于三八线以北，以利其整军再战。因此，我军必须越过三八线。如到三八线以北即停止，将给政治上以很大的不利。（二）此次南进，希望在开城南北地区，即离汉城不远的一带地区，寻歼几部分敌人。然后看形势，如果敌人以很大的力量固守汉城，则我军主力可退至开城一线及其以北地区休整，准备攻击汉城的条件，而以几个师迫近汉江中流北岸活动，支援人民军越过汉江歼击伪军。如果敌人放弃汉城，则我西线六个军在平壤、汉城间休整一个时期。"②

接到毛泽东13日的电报后，彭德怀对越过三八线作战作了部署，并于19日致电中央军委，指出：由于"种种原因，我八日的报告中提到暂不越三八线作战。得十三日复电，现已遵示越三八线作战"。21日和29日，毛泽东在两次给彭德怀并告高岗的电报中，再次指出"美英正在利用三八线在人们中存在的旧印象，进行其政治宣传，并企图诱我停战，故我军此时越过三八线再打一仗，然后进行休整是必要的"。"所谓三八线在人们脑子中存在的旧印象，经过这一仗，也就不存在了。我军在三八线以南或以北休整，均无关系。但如果不打这一仗，从十二月初起整个冬季我军都在休整，没有动作，则必引起资本主义各国甚多揣测，民主阵线各国亦必有些人不以为然，发生许多议论。如果我军能照你们目前部署，于一月上半月打一个胜仗，争取歼灭伪军几个师及美军一部，然后休整两个月，准备春季攻势，则对民主阵线及资本主义各国人民大众影响甚好，对帝国主义则给以新的一击，加重其悲观失败情绪。"③

志愿军入朝后，就存在一个志愿军和朝鲜人民军作战的统一指挥问题，当时朝鲜人民军遭到严重损失，主力正从三八线以南向北后撤转移中，新组织的部队正在中国境内

① 参见《毛泽东军事文集》第六卷，第240页，北京：军事科学出版社、中央文献出版社，1993年。
② 见《毛泽东军事文集》第六卷，第239页，北京：军事科学出版社、中央文献出版社，1993年。
③ 《毛泽东军事文集》第六卷，第245、252页，北京：军事科学出版社、中央文献出版社，1993年。

整训，第一、第二次战役中，人民军也有零星的小部队参战，但由于没有统一的协调，而多次发生人民军误击志愿军的事件。11 月初，苏联协助中国担负国土防空任务的空军部队开始在鸭绿江上空作战，在中国整训的人民军部队也将完成作战准备投入作战，人民军尚有一部分空军可以参加作战，志愿军空军也将开始参加实战练习，于是，中、朝、苏三方部队在作战中的协调指挥便成了必须要解决的问题。11 月 13 日，周恩来就此起草了毛泽东致斯大林的电报，建议由金日成、彭德怀和苏联驻朝鲜大使史蒂科夫组成三人小组，统一指挥中、朝、苏三方部队在朝鲜的作战。斯大林接电后，于当月 16 日回电，提出"赞成由中国同志来统一指挥"，并将此意见同时电告金日成和史蒂科夫，苏联驻中国军事总顾问也赞成斯大林的意见。[1]

这时朝鲜人民军已有 5 个军团陆续完成整训或休整，开始同志愿军并肩作战。为了便于作战的协同和指挥，毛泽东、周恩来于 12 月 3 日就中国人民志愿军和朝鲜人民军的统一指挥问题与金日成在北京进行了协商，决定成立中国人民志愿军和朝鲜人民军联合司令部（也称"联合指挥部"，简称"联司"），据此，于 12 月上旬组成了以彭德怀为司令员兼政治委员，朝鲜人民军前线总指挥金雄为副司令员，朝鲜内务相、人民军次帅朴一禹为副政治委员的中国人民志愿军和朝鲜人民军联合司令部（不久邓华也为中朝联合司令部副司令员），统一指挥朝鲜境内一切作战及有关事宜，联司下仍分两个机构，一个是中国人民志愿军司令部，一个是朝鲜人民军总司令部，朝鲜人民军及一切游击部队和中国人民志愿军受联合指挥部统一指挥。联合指挥部有权指挥一切与作战有关之交通运输（公路、铁路、港口、机场、有线无线的电话和电报等）、粮秣筹措、人力物力动员等事宜。[2]从此志愿军和人民军统一了作战指挥。

"联合国军"在遭志愿军第二次战役的打击后，按麦克阿瑟的命令撤至三八线部署了防御，第一线展开南朝鲜军 8 个师和土耳其旅。除被打残的美第 10 军和美第 2 师在后方休整外，美英军主力全部位于汉城周围及汉江南北地区，作为二梯队。"联合国军"惊魂未定，充满了失败情绪，士气不振，整个部署摆出了能守则守，不能守则逃的架势。接替已死的沃克出任美第 8 集团军司令官的是马修·李奇微中将，12 月 26 日上任。李奇微曾是美国西点军校的优秀生，第二次世界大战时曾指挥过空降师和 1 个军作战，此次出任前为美国陆军负责作战的助理参谋长。他一上任，麦克阿瑟就将"联合国军"地面部队全部交他指挥。他发现，他所指挥的部队"是一支张惶失措的军队，对自己，对上级都丧失了信心，不清楚自己究竟在那里干什么，老是盼望着能早日乘船回国"。"完

① 见《周恩来军事文选》第四卷，第 100 页，北京：人民出版社，1997 年。
② 参见《周恩来军事文选》第四卷，第 122 页，北京：人民出版社，1997 年。

"联合国军"第二任总司令、美国陆军中将马修·李奇微

全丧失了信心和斗志"。于是，他不得不使出全身的解数稳定他的部队的情绪。①但是彭德怀没有给他时间。

　　志愿军以第38、第39、第40、第42、第50、第66军和人民军3个军团，于1950年12月31日至1951年1月8日进行了第三次战役，共歼敌1.9万余人，将美国为首的"联合国军"打退到三七线附近地区。打破了美国在三八线一带玩弄"停火"的企图，加重了美国当局和"联合国军"的失败情绪，进一步扩大了中国人民志愿军和朝鲜人民军在国际上的影响。

---

① 见［美］马修·李奇微《朝鲜战争》，第101～102页，北京：军事科学出版社，1983年。

毛泽东、彭德怀考虑，经过充分准备根本解决朝鲜问题

　　虽然华盛顿当局为了保持其帝国主义盟主的面子，表示绝不主动退出朝鲜，但在他们玩弄的"停火"企图遭到失败后，也不得不考虑，中国人民志愿军一旦发动新的攻势，是有能力将美国军队赶出朝鲜的。同时，苏联也可能乘机而动，攻占日本本土。对于美国来说，日本的战略地位远远重于朝鲜，而能够用于保证日本安全的部队只有在朝鲜作战的美第8集团军。这样，一旦这种威胁出现，麦克阿瑟指挥的"联合国军"只好被迫撤出朝鲜。然而，如何判断形势？麦克阿瑟如何掌握撤出的时机？第8集团军能否安全撤到日本？华盛顿当局为此很费了一番脑筋。国务卿艾奇逊、国防部长马歇尔、参谋长联席会议主席布莱德雷等，自1950年12月下旬，就连日探讨磋商，终未寻得最佳计策。在中国人民志愿军和朝鲜人民军发起第三次战役之前的12月29日，经杜鲁门批准，参谋长联席会议给麦克阿瑟发去了一个调子悲观的电报。电报中说：

　　现有的一切估计表明，中共如果打算采取行动，是有能力将联合国军赶出朝鲜的。可能阻止敌人发挥这种能力的方式之一，是使敌人在行动中付出高昂的代价，迫使他们放弃这一行动；方式之二，是向该区投入大量美军，而这样将危及我们在其他方面担负的义务，其中包括对日本安全承担的义务。要联合国其他成员国为朝鲜提供大批援军也是不现实的。我们认为朝鲜并不是打大仗的地方。而且，我们认为，在全面战争的威胁不断增长的情况下，我们不应将现有的剩余地面部队派往朝鲜，同中共作战。但是，如果不会招致严重损失的话，在朝鲜某个地区我们能成功地抵抗中共——北朝鲜的进攻，打击中共的军事和政治威信，这对我们的国家利益将具有重大意义。

　　你的基本任务是为大韩民国提供必要的援助，击退武装进攻，恢复这一地区的国际和平与安全。但鉴于目前的形势，有必要对你的任务加以调整。

......

事态的发展也许将迫使我们撤出朝鲜。特别是在日本面临的威胁不断加大的情况下，对于我们来说，十分重要的是要提前确定我们最终进行井然有序撤军的适当时机。在我们看来，你倘若被迫退到锦江附近及以东一线的阵地，中共集结大批部队对你们阵地发起进攻，而且显然是有将我们赶出朝鲜的能力，我们就将指示你开始向日本撤退。

要求你对上述情况提出你的看法。这些情况将决定是否撤军，特别是考虑到你的主要任务仍然是保卫日本，而且只有第8集团军的部队能用于执行此项任务。

接到你的意见后，我们将明确指示你在何种情况下开始撤军。

麦克阿瑟接到这个电报后，一方面非常沮丧，感到华盛顿当局对于应遵循哪一条途径，看来还是举棋不定，态度暧昧。"这封电报似乎表明了在朝鲜'取胜的意志'已经丧失。"另一方面，他非但不愿看到从朝鲜撤出，而且主张对中国采取大规模报复行动。12月30日，他复电参谋长联席会议，提出：1.封锁中国海岸；2.以海空军轰炸摧毁中国进行战争的工业能力；3.联合国军从台湾国民党的部队中得到援军；4.让台湾的国民党军对大陆发动牵制性的进攻，以减轻联合国军在朝鲜的压力。①

布莱德雷曾说，麦克阿瑟所以如此主张，是"因为他那神话般的尊严被损害了。赤色中国人愚弄了这位一贯正确的'军事天才'。……麦克阿瑟要恢复丢掉的面子和军事声誉，唯一能做到的就是彻底击败曾愚弄了他的那些赤色中国的将军们。为此，他这时很想促使我们同赤色中国、也许同苏联进行一场全面战争，挑起第三次世界大战和一场核屠杀"。②

当中国人民志愿军和朝鲜人民军发起第三次战役，将"联合国军"打到三七线附近时，美国当局对中朝军队的攻势更加感到畏惧，他们把心都提到了嗓子眼上，李奇微平均后撤60英里，美军在"汉城这个重要的政治基地……连同仁川补给基地"全部丢失。李奇微还能经受得住中国军队的再一次进攻吗？华盛顿当局感到"心中无数"。

于是，1951年1月9日，美国参谋长联席会议正式拒绝了麦克阿瑟的报复主张，再次指示麦克阿瑟："组织梯次阵地实施防御，在优先考虑你部队的安全和保卫日本的基本任务的情况下，最大限度地杀伤在朝鲜的敌军。一旦你判明必须撤退才能避免人员和物资的严重损失时，就从朝鲜撤往日本。"1月12日，杜鲁门在给麦克阿瑟的信中，也

① 见《麦克阿瑟回忆录》，第284～285页，上海：上海译文出版社，1984年。
② 见布莱德雷回忆录《将军百战归》，第803页，北京：军事译文出版社，1985年。

表明了矛盾的心理状态，一方面让他坚持在朝鲜作战；另一方面又让他保证第8集团军的安全以用于保卫日本。①究竟何去何从？杜鲁门同样心中无数。为了掌握朝鲜战场的第一手材料，杜鲁门批准派陆军参谋长劳顿·柯林斯和空军参谋长霍伊特·范登堡前往朝鲜。

　　这时，在中国人民志愿军方面，由于连续取得3次战役的胜利，把美国为首的"联合国军"从鸭绿江边打回到三八线，又将其从三八线打回到三七线附近地区。在部队中，甚至高级指挥员中，不但刚入朝时能不能打的顾虑早已消失，而且较普遍地产生了一种轻敌速胜的心理，认为美国人也不禁打，朝鲜战争很快就能胜利结束，"从北到南，一推就完"，用完一管牙膏就可胜利回国。与此同时，苏联驻朝鲜的军事顾问和朝鲜劳动党内部，也产生了这种情绪，认为可以一鼓作气把美国人赶下海去。苏联驻朝鲜的军事顾问，甚至当面指责彭德怀：打了胜仗为什么不追击？世界上哪有这种打法？②

　　然而，彭德怀却头脑清醒，早在1950年12月中旬，毛泽东决定越过三八线打第三次战役时，他就针对开始萌芽的速胜思想指出："据我看，朝鲜战争仍是相当长期的、艰苦的。敌人由进攻转入防御，战线缩短，兵力集中，正面狭小，自然加强了纵深，对联合兵种作战有利。政治上，敌马上放弃朝鲜，对帝国主义阵营是很不利的，英法也不要求美国这样做。如果再吃一两个败仗，可能退守釜山、仁川、群山等桥头阵地，也不会马上撤出朝鲜。"对此，毛泽东表示赞成，他在21日给彭德怀的复电中指出："你对敌情的估计是正确的。必须作长期打算。"在26日给彭德怀和朴一禹的电报中进一步指出："战争仍然要做长期打算，要估计到今后许多困难情况。要懂得不经过严重的斗争，不歼灭伪军全部至少是其大部，不再歼灭美英军至少四五万人，朝鲜问题是不能解决的，速胜的观点是有害的。"在29日给彭德怀的电报中还告知"菲里波夫③同志对志愿军的领导认为是正确的，他批评了许多错误的议论，他了解朝鲜作战中的困难，他自动提议增加汽车二千辆，解决你们的困难问题"。④

　　在第三次战役解放汉城时，彭德怀对北京燃放鞭炮，热烈庆祝，表示不满。他说，假如以后因战争需要，我们又撤离汉城怎么办？《人民日报》发表《祝汉城光复》的社论中提出："前进！向大田前进！向大邱前进！向釜山前进！把不肯撤出朝鲜的美国侵略军赶下海去！"彭德怀对此持有保留。他认为虽然前3次战役打得较顺利，但并未消

---

① 见《杜鲁门回忆录》第二卷，第520页，北京：生活·读书·新知三联书店，1974年。
② 参见洪学智《抗美援朝战争回忆》，第110页，北京：解放军文艺出版社，1990年；杜平《在志愿军总部》，第168页，北京：解放军出版社，1989年。
③ 菲里波夫系斯大林的化名。
④ 1950年12月19日24时彭德怀给中央军委的电报，参见《毛泽东军事文集》第六卷，第245、246、第250、第252页，北京：军事科学出版社、中央文献出版社，1993年。

灭美军的重兵集团，敌军仍然占有武器装备上的巨大优势，况且志愿军伤亡减员已达 10 万人，后勤运输极为困难，必须经过长期的作战，才能胜利。[①]

尽管如此，当时从志愿军总部到中共中央，对朝鲜战争发展形势的估计都有了变化。确实，志愿军入朝后作战发展如此顺利，战场形势发展如此之快，这是中共中央在决策出兵时没有料想到的。根据战场形势的变化，以及帝国主义阵营的失败情绪和美国当局的犹豫不决，如果战争继续这样发展下去，根本解决朝鲜问题似乎有了可能。因此，毛泽东和彭德怀都曾设想，经过充分准备之后，再经过几次战役，根本解决朝鲜问题。也就是设想实现最初估计的战争第一种结局。这不但是上层的考虑和在部队中提出的口号，而且也明确地确定为部队部署和准备要实现的目标。

早在确定进行第三次战役之前，1950 年 12 月 8 日，彭德怀就考虑第二次战役结束后，进行各方面的充分准备，"以便（一九五一年）三月初旬开始决战攻势"。毛泽东 12 月 26 日给彭德怀的电报中说：在第三次"结束后，全军主力……均应撤至利于休整的适当地区，休整一个月至两个月，补充新兵，恢复体力，总结经验，筹备粮弹，修通道路，补齐衣被鞋袜，整顿纪律，改善中国同志与朝鲜同志的关系……改善军队与人民群众的关系（严格实行三大纪律、八项注意）、做好居民群众工作（包括帮助朝鲜人民解决一部分物资困难），并加强军队中的政治动员（不消灭朝鲜境内的敌人不回国），为春季作战进行充分的准备工作"。第三次战役开始前，12 月 29 日，毛泽东致电彭德怀再次指出，打完这一仗"然后休整两个月，准备春季攻势"。[②]

1951 年 1 月 8 日，志愿军在结束第三次战役，部署休整和准备春季攻势时，志愿军党委在给各部的电报指示中指出："今后的中心问题在于全党全军努力克服困难，准备充足的作战力量（体力、物力、战术、技术等项），很好地总结历次战役经验，特别是第三次战役经验，提高战术、技术，争取下一战役开始后，连续作战，一气呵成，全歼敌人，全部解放朝鲜。这是下一战役的奋斗目标，也是在休整期间所应具体准备的标准。"当年的志愿军政治部主任杜平在回忆录中说"这个'奋斗目标'与休整'标准'要求太高，反映了我们总部当时对敌情还认识不足"。[③]

1 月 14 日，毛泽东就春季攻势准备问题致电彭德怀并转金日成，15 日将这个电报的内容通报给了斯大林，电报指出：

---

① 参见杜平《在志愿军总部》，第 207 页，北京：解放军出版社，1989 年。

② 见《毛泽东军事文集》第六卷，第 249、第 252 页，北京：军事科学出版社、中央文献出版社，1993 年。

③ 见杜平《在志愿军总部》，第 186 页，北京：解放军出版社，1989 年。

"在东北境内训练的约十万朝鲜新兵，应在目前开始的两个月至三个月休息整训期内补进人民军各个军团里面去，使人民军各师的连队充实起来。……并将苏联的武器装备这些单位，以便有力地配合中国志愿军在春季（四月和五月）根本解决朝鲜问题。在目前开始的两个月至三个月内，中国志愿军和朝鲜人民军均有很多严重的工作要做，这主要是，补充新兵到军队里去，使新兵向老兵学会作战方法，加强军队的装备，修理铁路，储备粮弹，改善运输系统和后方勤务工作。只有完成了这些工作，才能保障最后胜利。今后敌人统帅部的方针有两种可能性。

（一）在中朝两大军队压力下，略作抵抗，即退出南朝鲜。如果是这样，那就是我们充分准备工作的结果，因为敌人知道我们做了充分的准备工作，我们的军事力量更加强大了，敌人才知难而退。

（二）敌人在大邱釜山地区作顽强抵抗，要待我们打得他们无法再打下去了，方才退出南朝鲜。如果是这样，我们必须做充分准备才能再战……有一种可能，即客观形势迫使我们在二月间就要打一仗，打了再休整，再去完成最后一战的准备工作，这一点也要估计到。但是，如果不发生这种形势，则以两个月至三个月时间充分地完成上述各项准备，然后举行最后性质的春季作战，是必要的和正确的，中朝两国同志都应当定下决心来做这些必不可少的工作。"①

1月19日，毛泽东在审修彭德怀准备在中朝两军高级干部联席会议上的报告中，加写了一段话："下一战役，敌我双方的主客观条件都有了变化，因此我军必须按照新的情况进行各项准备，采取新的战术，以求解放全朝鲜。这是有决定性的一战，必须准备得好，打得好。"②

春季攻势准备是考虑根本解决朝鲜问题的战略性准备。根据上述指导思想和部署，志愿军和人民军从第三次战役结束，即开始了春季攻势的准备。

在1月8日结束第三次战役的当天，志愿军党委即致电中央军委并高岗，请示"第三次战役结束，为了总结经验，统一思想，准备春季攻势，拟于1月20日至25日召开军级干部会议，并希望有中央、东北局同志出席。为就后方同志，开会地点可在成川西南君子里，如朝鲜党中央同意，即拟名为人民军与志愿军高级干部联席会议"。为补充前方减员，"拟请各大行政区抽补之老兵，提前半个月至二十天，第一批四万，一月底

① 参见《抗美援朝战争史》第二卷，第194～195页，北京：军事科学出版社，2000年。
② 参见《彭德怀军事文选》，第367页，北京：中央文献出版社，1988年。在编文选时对这段话有改动。

集中,二月初以火车运送球场、龟城、定州,二月下旬补入部队。如此着可行,三月初、中旬,即可继续开始进攻。""春季攻势开始后,即须连续作战,不给敌人喘息机会,并须强大兵团沿东海岸迂回洛东江以东,截断釜山与大邱联络。如此打法,须有强大而绝对优势的兵力。同时,为防止敌人从侧后登陆,十九兵团宜调至鸭绿江边至球场地区为预备队,相机使用。十九兵团每军派一人来参加此次会议,二十日到达志司,请军委通知。"

1月12日,高岗书面向毛泽东并中央军委和彭德怀,报告了东北军区党委关于春季攻势准备的计划。报告中说:"目前军区一切工作是以准备春季攻势,消灭南朝鲜全部美军为目标,各部门均要在三月底完成所担负的任务。"这些任务包括:

特种兵训练 炮兵在3月底以前完成全部训练任务,计高射炮3个师零22个营364门炮,战防炮2个师120门炮,火箭炮9个团210门炮,榴弹炮3个团108门炮,所缺干部、司机、汽车均在3月底前补齐并完成训练;空军在3月底前完成4个师的训练,除已有机场外,在4月底前再在东北修建5个新机场;装甲兵5个坦克团、1个摩托化炮兵团、1个摩托化步兵团,在3月底前配齐干部、司机,完成训练,并派人到前方侦察道路。

补充步兵的训练已集中12万新兵,分别在整训团或东北军区所属各师及各省警卫团完成训练,并如数按时补充前方部队。

联合兵种作战教育 步兵、炮兵、空军、坦克兵各军兵种协同作战,在我军历史上尚属首次,为能在作战中实现互相配合,建议前方各师、团各抽一名正职或副职军事指挥员及参谋人员,到东北举办短期训练班,进行联合兵种协同作战教育,时间为一个月至40天,由苏联顾问担任教员,主要是由准备入朝的第19兵团抽一个军或一个师与空军、炮兵、坦克进行联合兵种作战演习,同时对通信干部进行联合兵种通信联络教育。

后勤工作 一是切实保证休整期间的供应,恢复部队体力,并争取在化冻前,前方储存一批物资,3月15日前做好前送;二是筹划与组织联合兵种作战物资的供应,2月份大量前送。因运输问题极为严重,请求军委在已增加5个汽车团的基础上,再增加4个汽车团,并解决志愿军要求的3 000辆汽车。东北准备2个运输团、8个运输营、15个担架团及赶造大车和小推车。为改进后勤工作,决1月下旬召开后勤会议,前方各军后勤派人参加,并请军委和总后勤部派人出席指导。

此外,还计划了政治工作准备和对准备工作中的作风提出了具体要求。决定分工东北军区副政治委员李富春负责后勤准备,军区副司令员贺晋年负责各兵种的训练及联合作战教育的计划与筹备。

经过彭德怀与金日成协商，1月25日至29日，在志愿军总部所在地成川郡君子里，召开了中国人民志愿军和朝鲜人民军高级干部联席会议，朝鲜金日成首相等主要领导人和中国东北人民政府主席高岗出席了会议，中央军委总参谋部派出专人与志愿军共同进行会务的准备和保障。彭德怀在会上作了报告。彭德怀和毛泽东对这次会议非常重视，彭德怀主持起草报告稿后，曾派专人送往北京，为稳妥起见，又专门以电报的形式发往北京。毛泽东亲自审定修改了这个报告，并由彭德怀征得了金日成的同意。16日至18日，彭德怀前往金日成处，就开好这次会议进行了协商。

彭德怀在报告中总结了3个战役胜利的意义和原因，同时也针对对战争形势的不同认识，指出：虽然3个战役取得了伟大的胜利，奠定了全部解放朝鲜的基础，"但是美帝国主义现在还没有退出朝鲜，美国侵略者因为要维持其在远东和世界的政治地位，因为要保护他们在朝鲜所掠夺的财富，并且也因为他们还相信装备上的优势可以帮助他们守住朝鲜南部的阵地，所以他们是不会自动退出朝鲜的。我们还必须在各方面充分准备，进行几次激烈的和大规模的作战，才能达到完全解放朝鲜的目的"。报告针对对前3次战役打法的不同认识，特别对未实行大规模战役追击的不同认识，指出：第一次战役，由于对"敌人主力还未击破，敌人对我军力量还没有正确估计，敌人迷信其空军威力，还没有放弃进至鸭绿江边的野心，这些造成我军诱敌深入、以逸待劳的可能，而如果我军进行追击，则只能赶跑敌人，不能歼灭敌人。……第二个战役……事实证明，以徒步追击近代化装备的敌人，不能取得大的结果。第三次战役后，志愿军和人民军都作了部分的追击，亦未取得大的结果。鉴于解决交通运输补给问题，恢复部队疲劳，巩固海岸防务和巩固后方安全的迫切需要，不作猛追和连续进攻的方针是正确的"。在敌我双方装备优劣悬殊的条件下，根据前3次战役的经验，以后的打法，还应是力求夜战，力求大胆地迂回包抄分割，勇敢地渗入敌之纵深和后方，同时组织精锐勇敢的小部队，袭击敌炮兵阵地和指挥所，混乱敌之部署，全面猛攻，使敌四顾不暇。对下次战役提出按照新的情况进行各项准备，要求必须准备得好，打得好。并强调了后勤准备。报告中传达了毛泽东的指示，要求一切在朝鲜的中国志愿军同志，必须认真地向朝鲜同志学习，全心全意地拥护朝鲜劳动党，拥护朝鲜人民领袖金日成同志，"中朝两国同志要亲如兄弟般地团结在一起，休戚与共，生死相依，为战胜共同敌人而奋斗到底。中国同志必须将朝鲜的事情看做自己的事情一样，教育指挥员战斗员爱护朝鲜的一山一水一草一木，不拿朝鲜人民的一针一线，如同我们在国内的看法和做法一样，这就是胜利的政治基础。

只要我们能够这样做,最后胜利就一定会得到"。报告还提出了对三八线以南地区的政策。①

金日成和高岗在会上作了讲话。中朝联合司令部副司令员金雄,志愿军副司令员邓华、洪学智、韩先楚,参谋长解方,政治部主任杜平分别就某一方面的准备工作作了发言。第9兵团司令员宋时轮等介绍了作战经验。

这次会议为准备春季攻势,总结交流了经验,统一了思想,明确了政策,增强了中国人民志愿军和朝鲜人民军的团结。

1月22日至30日,为解决后勤工作滞后的问题和保证完成后勤系统的春季攻势准备,由东北军区副政治委员李富春主持,在沈阳召开了志愿军后勤会议。中央军委副主席周恩来、代总参谋长聂荣臻、总后勤部部长杨立三、空军司令员刘亚楼、炮兵司令员陈锡联、军委运输司令员吕正操、东北军区后勤部长李聚奎出席了会议并作了指示。参加会议的除在前线各分部领导、各军做后勤工作的领导外,东北局、东北人民政府、东北军区负责后方保障的领导,也都参加了会议。第13、第9、第19兵团原所在的中南、华东、西北3个军区也派代表参加了会议。

这次会议是采取分组研究、大会总结的办法进行的。会议总结了前3次战役后勤工作经验,一致认为,抗美援朝战争把我军后勤工作推向了新的阶段,我军以往历史上的后勤工作,向来是取之于前线的方针,现在转变到主要甚至完全依靠后方的供应,联合兵种的供应。这是新的情况。后勤工作必须适应这个新情况,实现新的转变。抗美援朝战争后勤工作的困难很多,需要解决的实际问题很多,会议抓住运输不足和前线需要量大这个主要矛盾,重点研究了运输和供应问题。强调"千条万条,运输第一条",决定采取一切措施,建立兵站运输线,改变运输的被动局面。并为此解决了一些具体问题:建立东、中、西3条兵站线,增加防空、抢修、运输力量等。这次会议对促进抗美援朝战争后勤工作向适应现代战争要求的转变起了巨大作用。

与此同时,东北军区计划的空军、炮兵、装甲兵的训练也都紧张有序地展开,空军于1950年12月下旬,即以1个师在苏联空军带领下,参加实战练习,周恩来、聂荣臻、刘亚楼与苏联驻中国军事总顾问协商,苏联同意1月10日起,出动两个米格-15歼击机师124架飞机,掩护辑安至江界、安东至安州两条铁路线的运输(实际当时未出动,直至第二季度才开始出动)。预计3月底4月初,中国可有5个空军师参战,其中2个驱逐机(歼击机)师、2个轰炸机师、1个冲击机(现称强击机)师,另朝鲜有3个空军师参战。分别成立了志愿军空军、志愿军炮兵、志愿军装甲兵指挥所,组织各军兵种的训练。

① 见《彭德怀军事文选》,第364~370页,北京:中央文献出版社,1988年。

志愿军团以上各级军事主官和参谋长，回到东北进行短期集训，学习联合兵种作战的协同指挥战术。第19兵团也在进行入朝准备，中央军委还决定从西南军区抽调3个军做入朝准备。1950年11月向苏联订购的36个步兵师的轻武器已到达，决定先改装第19兵团和在朝鲜的第9兵团，尔后再分批改装第一次战役时入朝的6个军（实际上，2月和3月将这36个师的装备先改装了第19、第9、第3兵团共27个师）。

为空军出动在国内和在朝鲜境内增建机场工作也已开始着手，为修建机场，空军向朝鲜派出了联络组。1月底开始，向朝鲜境内增派了高炮部队和铁路抢修部队。

除机场修建比较复杂外，其他各项准备，到4月底基本就绪。但正如毛泽东在1月14日给彭德怀和金日成的电报中所估计到的，"即客观形势迫使我们在二月间就要打一仗"。1月下旬战场形势即已发生了变化，"联合国军"开始了全线反扑。

周恩来制订轮番作战计划

在中国人民志愿军进行第三次战役后，正当美国当局在朝鲜问题上手足无措，一筹莫展的时候，联合国"朝鲜停火三人小组"向联合国大会提出了达成朝鲜停火和和平解决远东问题的五步方案：一、立即安排朝鲜停火；二、一旦停火实现，即应加以利用，以便考虑恢复和平所应采取的进一步步骤；三、为实现联合国大会 1950 年 10 月 7 日通过的关于建立统一的、独立和民主的朝鲜政府的决议（虽然美国当局在仁川登陆成功后就决定侵朝美军地面部队越过三八线作战，但在形式上，美国当局一直强调美军是为实现联合国这一决议而到三八线以北作战的），一切非朝鲜的军队将分适当阶段撤出朝鲜，依照联合国有关原则订立适当措置，使朝鲜人民能对其未来政府表达自由意愿；四、在完成第三步之前，依照联合国原则订立适当措置，管理朝鲜和维持其和平安全；五、一旦获至停火协议，将由联合国大会设立一个包括美国、英国、苏联和中华人民共和国四国代表在内的适当机构，寻求解决远东问题，其中包括台湾问题和中国在联合国的代表权问题。1951 年 1 月 13 日联合国大会通过了这个决议，美国投了赞成票。

从这个五步方案的内容来说，或多或少接受了 1950 年 12 月 22 日周恩来代表中国政府提出的某些条件，但方案的前提仍是先行实现停火，然后才能考虑其他问题。尽管如此，如果美国真的能够按这个五步方案解决问题，对于中国固然有利。然而美国当局的意图是只考虑停火，而无论中国方面是接受或拒绝这个方案，美国都不会考虑停火以外的其他四个步骤。

按照艾奇逊的说法，美国当局对这个五步方案感到左右为难。一方面，美国希望立即停火，这样对他们在朝鲜的军事形势有利；另一方面，他们不愿实行停火以外的其他步骤，特别是不愿讨论台湾问题和中国在联合国的代表权问题（这一点，在 1950 年 12 月初美英首脑的会谈公报中，美国就已申明）；如果赞成这个五步方案，会引起美国舆论的轩然大波，如果否决这个方案，又会在联合国中失去支持。但因为五步方案的第一步是实现停火，同时艾奇逊估计到中国方面，可能会由于不接受联大 1950 年 12 月 14 日决议的同样原因，而对五步方案加以拒绝。所以美国当局对这个五步方案选择了支持的立场。

同时，美国正在联合国中组织它的盟国，投票谴责中国为"侵略者"，一旦五步方案被中国拒绝，就要求联合国大会通过中国为"侵略者"的决议。①

中国政府已经看明了这一点。早在联合国大会通过"朝鲜停火三人小组"提出的"五步方案"之前，印度政府即将"五步方案"的内容向中国政府作了通报。中国政府认为，只要联合国通过这个决议，美国就有可能利用停战保存实力，在南朝鲜保持若干地区，并武装日本，而谈判则可无限期地拖延下去。因此，如果联合国通过这个先停火后谈判的提案，中国将予以拒绝并提出自己的主张，即：

甲、在同意从朝鲜撤退一切外国军队及朝鲜内政由朝鲜人民自己解决的基础上，举行有关各国的谈判，以结束朝鲜战争。

乙、谈判内容必须包括美国武装力量从台湾及台湾海峡撤退及远东有关问题。

丙、举行谈判的国家，应包括中华人民共和国、苏联、英国、美国、法国、印度和埃及七国。中华人民共和国在联合国的合法地位即从举行七国会议起予以确定。

丁、七国会议的地点，提议选在中国。

1月11日和14日，将上述主张先后发给斯大林和金日成，征得了他们的同意。在联合国大会通过五步方案决议后，1月17日周恩来以外交部长的名义致电联合国大会第一委员会主席，表示中国政府不能同意先停火后谈判的原则，"先停火后谈判的原则，只便利于美国维持侵略和扩张侵略，决不能导致真正的和平，因之中华人民共和国中央人民政府不能予以同意"。同时，为着朝鲜问题和亚洲重要问题真正能够得到和平解决，再次提出了中国政府的上述四项主张。并指出："上述提议，如获得联合国及其有关国家的同意，我们认为及早举行谈判，对于迅速结束朝鲜战争是有益的。"

应英国驻华代办和印度驻华大使的请求，中国外交部于1月21日和22日又对这些主张作出明确解释，即"一、只要一切外国军队从朝鲜撤退的原则被接受后，并付诸实施，中华人民共和国中央人民政府将负责劝说中国人民志愿军部队回到本国。二、我们认为关于停止朝鲜战争，与和平调处朝鲜问题，可分两个步骤进行。第一个步骤，可在七国会议第一次会议中商定有限期的停火，并付诸实施，以便继续进行谈判；第二个步骤，为欲达到完全结束朝鲜战争并保证东亚和平，停战全部条件必须与政治问题联系讨论，

① 见《艾奇逊回忆录》下册，第380～381页，上海：上海译文出版社，1978年。

商定：从朝鲜撤退一切外国军队的步骤和办法；向朝鲜人民建议如何实施朝鲜内政由朝鲜人民自己解决的步骤和办法；依据开罗宣言及波茨坦公告，美国武装力量自台湾及台湾海峡撤退；以及远东有关诸问题。三、中华人民共和国在联合国的合法地位的确定必须得到保证"。鉴于此，英国政府主张对和平解决朝鲜问题再做进一步努力，先不要通过中国为"侵略者"的方案（尽管英国赞成这一方案）。参加联合国会议的苏联和 12 个亚非国家的代表也主张按中国分两步走的方案来考虑朝鲜问题的和平解决。

然而，美国坚决反对，迫不及待操纵联合国大会于 2 月 1 日通过由美国等国提出的污蔑中国为"侵略者"的决议。艾奇逊承认"我们的盟国……有点勉强地于 2 月 1 日和我们一起通过了对中国侵略的谴责"。[①]

对于联合国 2 月 1 日通过的决议，周恩来外长代表中国政府于 2 月 2 日发表声明指出：联合国大会的决议"是非法的、诽谤的、无效的，中国人民坚决表示反对"，"明明是美国政府制造出朝鲜事件，干涉和侵略朝鲜，干涉和侵略中国的台湾，而美国提案却反说中国共产党在干涉朝鲜，中华人民共和国中央人民政府在侵略朝鲜"。美国的真正意图是"继续侵占朝鲜和台湾"。2 月 1 日联合国大会通过的决议，"向全世界爱好和平的人民和国家最露骨地证明：美国政府及其帮凶们是要战争不要和平的，而且堵塞了和平解决的途径"，"中国人民从此倒会更清楚地认识美帝国主义的侵略野心，会更懂得为了对付美帝国主义及其帮凶们的扩大战争企图而采取一切必要的措施。"联合国 2 月 1 日的决议，也遭到苏联、印度等国的坚决反对。

在战场上，虽华盛顿当局在志愿军进行的第三次战役后，对美第 8 集团军是否撤出朝鲜与何时撤出朝鲜，尚在举棋不定，但李奇微对他的部队进行了整顿，撤换了美军 7 个师中的 5 个师长，消除部队中的失败情绪。他早在一上任时就表示，一旦集结好部队，就转入进攻。从 1951 年 1 月 15 日开始，他就进行试探进攻，以探明中朝军队的实力和部署。他还坐飞机飞到中朝军队上空亲自进行侦察。李奇微认为，志愿军的后勤补给困难，每次进攻只能维持一个礼拜的攻势，越过三八线以后，运输线延长，补给更加困难，已不可能进行有效的作战。李奇微经过试探进攻和空中侦察，判断志愿军和人民军第一线兵力不足，短时间之内不会发动进攻。因此，他认为，美军在朝鲜还可以坚持下去。

于是，经过准备，遂于 1 月 25 日开始，集中他指挥的"联合国军"所有地面部队，在空军支援配合下，全线发起了反扑。这次进攻部署上，与上次三八线防守截然不同，以美军和南朝鲜军混合配备，加大了兵力密度和加深了纵深配置，由美军担任主攻，进

---

① 见《艾奇逊回忆录》下册，第 381 页，上海译文出版社，1978 年。

攻重点在西线。

杜鲁门派来的特使柯林斯，于1月17日将李奇微的判断和行动向华盛顿作了报告，使白宫和五角大楼自1950年11月以来，第一次有了如释重负之感。布莱德雷后来说："那天，当消息在上层的圈子中传开时，你几乎可以听见人们如释重负般的叹息声。"华盛顿当局把柯林斯发来的这个报告看做是"标志着……对朝鲜战争看法的转折点"。[①]柯林斯也说："从去年11月以来，华盛顿的有关负责人第一次不再因我们正被赶出朝鲜而持悲观态度了，尽管也承认我们面前还有艰难岁月，但却不再对撤军问题多加评论了。不再为是否撤出朝鲜问题而伤脑筋了。"[②]

志愿军在休整时，已充分估计到了美国是不会甘心在战场上的失败的，不再经过几次激烈的大规模的战役打击，美军是不会退出朝鲜的，他们甚至会破坏我们的休整和春季攻势的准备。但是对美军如此迅速转入大规模反扑，则缺乏足够的估计。彭德怀在判明李奇微的企图后，于1月27日，立即命令各部停止了休整，进行作战准备。

此时，志愿军前线各军，兵员没有得到任何补充，物资补给的困难状况没有得到任何改善，第9兵团因在第二次战役中冻伤减员较大，尚在咸兴、元山地区休整，暂时不能投入作战，第一线总兵力同李奇微的地面部队相比已没有多少优势。作为后续部队的第19兵团，在国内还未完成入朝作战准备，一时不能开到前线。因此，前线各军面临着巨大的困难。

鉴于此，彭德怀于同日24时致电毛泽东，指出："敌约三个团（后续部队不详），分三路越金良场里、水原线北数里，有相机攻占汉城市江北岸桥头阵地模样，企图以此稳定联合国内部目前严重混乱现象。……敌继续北犯，我不全力出击，消灭一个师以上，保持桥头阵地甚为困难；出将破坏整训计划，推迟春季攻势，且目前弹、粮全无补充，最快亦须下月初旬才能勉强出动。……现一二五师向长湖院里、原州间出击，一一二师向利川西南地区出击，求得各歼灭伪军一部，试行能否牵制敌人北进。如可能停止敌人北进，政治上又不许可放弃汉城、仁川，即须被迫部署反击，但从各方面考虑，甚为勉强。"因此，彭德怀在电报中提出，"为增加帝国主义阵营矛盾，可否以中朝两军拥护限期停战，人民军与志愿军从乌山、太平里、丹邱里（原州南）线[③]北撤十五至三十公里消息，如同意，请由北京播出。……我暂时放弃仁川及桥头阵地，在国内外政治情况是否许可。""以

---

① 见布莱德雷回忆录《将军百战归》，第813页、812页，北京：军事译文出版社，1985年。
② 劳顿·柯林斯《和平时期的战争》第10章
③ 此线在汉江以南。

何者为是，盼示复。" ①

彭德怀从志愿军连打三个战役需要休整和补充的状况，和为准备春季攻势考虑，这样提出建议，完全可以理解。但这时的战线是在汉城以南接近三七线的地区。美国并未放弃鸭绿江的目标，至少是三八线，因此，即便按彭德怀所提建议，志愿军和人民军后撤15～30公里宣布暂时停火，战线仍在三八线以南的汉江以南地区，美国当局是无论如何不会接受的。再则，早在10天以前的1月17日，中国政府即已对联合国通过的先停火后谈判的决议表示了拒绝，加之，中央此时对战争形势的总体估计比较乐观。所以，在接到彭德怀的电报后，毛泽东于28日19时复电彭德怀，作了如下答复：

一、一月二十七日二十四时给我的电报及给各军准备作战的命令均收到。

二、我军必须立即准备发起第四次战役，以歼灭两万至三万美李军，占领大田、安东②之线以北区域为目标。

三、在战役准备期间，必须保持仁川及汉江南岸。为确保汉城并吸引敌人主力于水原、利川地区，战役发起时，中朝两军主力应取突破原州，直向荣州、安东发展的办法。

四、中朝两军北撤十五至三十公里发表拥护限期停战的新闻，是不适宜的。敌人希望我军撤退一段地区。

五、第四次战役后，敌人可能和我们进行解决朝鲜问题的和平谈判，那时谈判将于中朝两国有利，而敌人想于现时恢复仁川及汉城南岸桥头堡，封锁汉江，使汉城处于敌火威胁之下，即和我们停战议和，使中朝两国处于不利地位，而这是我们决不能允许的。

六、我军没有补兵，弹药也不足，确有很大困难，但集中主力向原州、荣州打下去，歼灭几部分美军及四五个南朝鲜师的力量还是有的，请你在此次高干会议③上进行说明，此次指导方针应即作为动员进行第四次战役的会议。

七、中朝两军在占领大田、安东之敌军以北地域以后，再进行两个月至三个月的准备，然后进行带最后性质的第五次战役，从各方面说来都比较有利。

八、宋时轮兵团应即移至平壤、汉城、仁川、水原区域休整，并担任巩固该区，防止敌人在仁川及镇南浦登陆。在将来的第五次战役中，该兵团即担任

① 参见王焰主编《彭德怀年谱》，第469页，北京：人民出版社，1998年。
② 大田、安东均在三七线以南。
③ 此时中朝两军高干会议尚未结束，按原计划于29日结束。

西部战线之作战。

九、执行第四次战役时，请你考虑将中朝两军主力分为两个梯队，各带五天干粮蔬菜，一梯队担任突破及一段追击，第二梯队担任又一段追击，以便能使战役持续十至十二天，歼灭更多敌人。①

同日，毛泽东将这个电报也发给了斯大林，征求他的看法。斯大林于30日回电，同意毛泽东28日给彭德怀电报的意见，他指出："从国际的观点看，不让敌人占领仁川和汉城，以便中朝部队给敌人的进攻部队以重大打击，是完全合适的。"

尽管志愿军和人民军困难很大，但形势已不允许再休整。彭德怀根据毛泽东28日19时的电报，部署了第四次战役。针对李奇微的部署特点，彭德怀决定，以志愿军西线6个军和人民军4个军团编成3个作战集团，采取西顶东反的方针，打退敌军进攻。以志愿军副司令员韩先楚指挥志愿军第38、第50军和人民军1个军团，在西线阻击，牵制美军主力，掩护东线开进和反击；以邓华副司令员指挥志愿军第39、第40、第42、第66军，在东线寻机反击歼敌；以人民军前线总指挥金雄指挥人民军3个军团，在东线实施战役迂回，断敌退路，配合邓华集团歼灭敌人；以志愿军第9兵团第26军南开至汉城以北的议政府地区作为预备队。

2月4日，彭德怀前往金日成处，就进行第四次战役问题进行了会商，两人共同认为，"经三次战役后，上下都产生轻敌思想，对敌人估计不足，以为敌人不可能这样快的向我反攻"。并认为仍要作充分准备，不能轻敌，确定第四次战役"力争停止敌人前进，稳步打开战局，并从各方面加紧准备，仍作长期打算的方针"。如果第四次战役不能打到大田、安东一线，能守住汉江南岸一线阵地也好，待空军和机场准备好后能于5月举行总攻。金日成并提出，此次战役后，约彭德怀一同到北京讨论战争问题。5日，彭德怀将与金日成会商情况电告毛泽东。②

2月初，"联合国军"反扑的势头更为猛烈，在西线和中线地区都展开了较大规模的兵力。以其优势的炮兵、坦克、航空兵火力，对志愿军和人民军阵地实施所谓"火海战术"，进行猛烈的火力攻击。战场形势的迅速变化，也引起了中共中央和中央军委的冷静思考。从此时开始，毛泽东将主要精力转到国内各项建设和恢复方面，中央军委对战场上的指导，毛泽东委托周恩来具体过问和处理。

① 参见杜平《在志愿军总部》，第192页，北京：解放军出版社，1989年；王焰主编《彭德怀年谱》，第469页，北京：人民出版社，1998年。
② 王焰主编《彭德怀年谱》，第472～473页，北京：人民出版社，1998年。

2月4日，周恩来起草的中央军委在给彭德怀的电报中指出：第四次战役"我如能在东线歼敌一两个师，打开缺口，则西线敌人冒进，可能被停止，但也须设想敌进占汉城后侦知我西线正面力薄，仍有继续前进逼我东线后退可能"。"如果我出击受阻，西线敌人已向三八线逼近而我在东线无战机可寻时，我邓集团可以考虑放弃洪川、春川①地区，将来再打。"②9日21时，彭德怀电告中央军委："我邓、金集团③预定十一日至迟十二日开始战役反击，如能得手歼敌一两万人，将可能粉碎敌进犯企图并收复三七线以北地区。此役结束后，主力在平昌、原州、利川、水原之线以北地区整补，准备三月底四月初再进行一个战役。设如反击不得手，则敌人可能乘胜进出三八线，我亦必须乘敌疲惫之时予以反击，打落其气焰。为不失时机应付以上两种可能情况，建议将十九兵团即分三路入朝。"中央军委接到这个电报后，周恩来起草复电，于2月11日早晨发给彭德怀指出："在这次战役中，我如反击不得手，敌人确有进出三八线可能。但如敌乘胜急进，二月底即可到达金川、铁原④之线，而我十九兵团无论车运步行均无法于同时赶到瑞兴、金川、铁原之线。敌如在到达三八线后观望并整理一个时期然后北进，则我十九兵团当可于三月十日起开始到达上述指定之线。从目前形势看来，后一种可能较大。但美帝也正如蒋介石一样，早晚市价不同，亦有可能在自以为大胜时急进。果如此，我们必须考虑在平壤、元山之线以南地区予以反击，而不可能准备在敌人进出三八线时即予以反击。"⑤

此时，志愿军在朝鲜作战的部队，已连续打四个战役未得休整和补充，而"联合国军"依靠其优势的武器装备，在遭到志愿军打击时组织撤退快，在志愿军停止攻击后其组织反扑也快，不允许志愿军在战场上进行长时间的休整。这样，如何解决志愿军的休整和补充问题，便成了能否坚持长期作战的重大战略问题。

早在志愿军组成前，中央军委周恩来副主席在检查东北边防军作战准备时，就曾设想，边防军出动参战后的补充问题，"一种是从各部队抽出十万人来补充，一种是用建制补充，后一种办法较好。另一种是采用换班的打法，进行补充，即准备第二线部队作为后备，待第一线部队一个军或一个师作战后需补充时，可以开第二线整补，而以第二线一个军或一个师调前线作战，用这种办法整补为最好"。⑥在第一次战役结束后，东北军区副政治委员李富春也曾提出，采取以兵团或军或师轮番作战办法的建议。但当时在后方的二线

① 洪川、春川均在南汉江以北、三八线以南。
② 见《周恩来军事文选》第四卷，第147、148页，北京：人民出版社，1997年。
③ 邓、金集团指邓华集团和金雄集团。
④ 金川、铁原均在三八线以北。
⑤ 见《周恩来军事文选》第四卷，第154页，北京：人民出版社1997年。
⑥ 见《周恩来军事文选》第四卷，第47页，北京：人民出版社1997年。

部队均尚未作好出动准备。经过三次战役，特别是第四次战役开始以后，战场形势表明，轮番作战已势在必行。

2月7日，周恩来即开始拟制军委关于轮番作战计划问题给志愿军和各军区的电报，决定编组三番作战部队，轮番作战，轮番休整。同日，毛泽东对每番作战使用的部队提出了具体意见。军委的电报于8日拟好，9日毛泽东批发了该电。这个电报指出："从目前朝鲜战场上正在进行的战役中，可以看出，敌人不被大部消灭，是不会退出朝鲜的。目前敌人的作战意图是，在站住阵地之后，经过休补，寻找机会，向前反攻，一方面可扩大其侵占地区，另方面不容我在前线作较长期的休整，同时，对朝鲜沿海的袭扰、运输线的轰炸，也正为配合这一意图。""为粉碎敌人之意图，坚持长期作战，以达大量消灭敌人，完全解决朝鲜问题之目的，决定在朝鲜采取轮番作战的方针。"并指出"如此轮番作战，我既有生力军，又能得到切实整补，既不致陷于被动，又能保持旺盛的机动性与持久性，又使更多的部队学会和美国侵略军作战"。电报具体规定了每番作战的部队，到达朝鲜接替作战的时间，具体轮番和休整的组织等。①

2月中旬对轮番作战计划又作了部分调整，最后确定的轮番作战计划如下：

> 以正在朝鲜作战的9个军30个师为第一番作战部队；以第一番的第9兵团，和准备从国内调赴朝鲜的第19兵团（辖第63、第64、第65军）3个军，从西南军区抽调的3个军（第12、第15、第60军，入朝前该3个军编为第3兵团），共9个军27个师（第9兵团的3个军各从4个师整编为3个师）为第二番作战部队，4月上旬前后到达三八线地区，接替第一番部队作战；以第一番作战部队另6个军中的4个军（另2个军回国）和准备从国内调赴朝鲜的第47军、第20兵团（辖第67、第68共2个军）及西南军区第二批入朝的3个军，共10个军30个师为第三番作战部队，6月中旬前后接替第二番部队作战。

从此，中央军委和志愿军放弃了带最后性质的原春季攻势的设想，原计划在国内的各种准备仍继续进行，但已不是为了春季攻势，而是为了坚持长期作战。

---

① 参见中共中央文献研究室编《周恩来年谱》（1949～1976年）上卷，第128页，北京：中央文献出版社，1997年。

彭德怀火线回京和毛泽东给斯大林的电报

第四次战役开始后，西线韩先楚指挥的各部，在兵力单薄、粮食弹药未及补充的情况下，依托野战工事，展开了顽强阻击，始终保持了汉江南岸的基本阵地，有力地掩护了东线主攻集团的开进集结。

东线邓华指挥的各部完成集结后，就出现了战机。2月11日黄昏，将态势突出的南朝鲜第8师分割包围于横城西北地区，在金雄指挥的人民军配合下，战至13日晨，将南朝鲜军第8师的3个团悉数歼灭，并歼美第2师1个营和4个炮兵营，共歼敌1.2万余人。此战，是志愿军在连续取得三次战役胜利后，未得休整和补充的困难情况下，获得的又一个大捷。

为扩大战果，击破敌人进攻，志愿军转移兵力，以6个团攻歼位于横城以西砥平里小镇上孤立突出的美第2师第23团，并以两个军兵力会同金雄指挥的人民军，前出原州及以东平昌一线，阻敌西援并扩张战果。攻歼砥平里的战斗，由于兵力优势不大（志愿军约10 000人，美第23团等约6 000人），攻击火力太弱（只有3个榴弹炮连），加之部队建制多（6个团分属3个军），协同困难等原因，致经过两个夜晚的攻击，虽予美第23团等部以重大杀伤，并曾攻入镇内，但未能将其全歼。后美军援兵到来，并有20余辆坦克突进砥平里同美第23团会合，这更增加了志愿军攻击的困难。

此时，李奇微知道志愿军后续兵团未到，攻击没有后劲，利用志愿军"礼拜攻势"的作战规律，采取"磁性战术"，志愿军进攻，他就后撤，志愿军后撤他就反扑。因此，他部署了纵深防御，并准备继续进攻。志愿军即使攻克砥平里，李奇微也不会后撤。

彭德怀鉴于这种战场态势，为了避免同李奇微拼消耗，争取主动，遂果断决定撤出对砥平里的攻击，而于2月17日全线转入运动防御。此时，志愿军第二番作战部队已开始入朝，准备4月中旬前后接替第一线作战。为掩护第二番部队入朝参战，彭德怀决定第一线部队以空间换取时间，在南起汉城、横城东西一线，北至三八线，部署三道防线，每道防线纵深20～30公里，采取"兵力前轻后重，火力前重后轻"的部署原则，坚持防御20～25天。争取在三八线以南组织两个月左右的防御，掩护第二番作战部队到三八线地区完成集结，发起第五次战役。

为实现上述决心，同一天，志愿军党委给各军党委发出了指示，指出：

由于我军在朝鲜努力的结果，取得了四个战役的胜利，使朝鲜局势起了基本变化。也就是说，形势对敌人是很不利的。但就朝鲜战场目前的具体情况来说，要取得最后胜利还须经过一段艰苦路程。

……

靠我在朝鲜的现有兵力很难一下解决朝鲜问题。为了缩短朝鲜战争时间，全部解放朝鲜，我中央军委已决心再派十九、二十两兵团①及西南三个军入朝轮番作战，加紧改善装备，动员新战士补充第一番作战部队，和努力武装技术兵种，这些措施无疑的保证朝鲜正义战争的胜利。但要使第二番部队能分批赶上还需要有两个月的时间才行，而敌人不可能给我们这样长的时间。

因此，志司二月十七日命令部署，主要是争取时间，使我后续兵团能按预定计划赶到。

……

总之，争取两个月时间，对我们是迫切需要的。时间就是胜利，望各级干部党员深体此意，率领部队坚决完成此一艰巨任务。

鉴于第三次战役后，部队上下和民主阵营内部都产生了轻敌速胜的情绪，就部队的状况来说，第三次战役打得勉强，第四次战役更为勉强。第四次战役开始后，彭德怀认为就志愿军现有的装备水平，要取得战争的胜利，不但是艰苦的，而且是长期的。中共中央和中央军委也认识到了战争的艰苦性和长期性，所以决定在朝鲜实行轮番作战的方针。经过第四次战役，部队中对于这个问题，也有了认识，速胜思想已不复存在，但在民主阵营内部，虽然认为战争是艰苦的，而对于长期性的问题还有不同认识。为更有利于战争指导，彭德怀认为有必要对这个问题统一认识。加之，2月初金日成曾约他在此次战役结束后，去北京讨论战争问题。这样，在志愿军和人民军转入全线运动防御时，彭德怀决定回京，并于2月16日电告毛泽东，拟乘此作战间隙利用月夜回中央一次面报各项。明晚约金首相来此商谈有关问题。金以前约我同去北京一次，我觉得仍有必要。如同意，

① 中央军委在确定轮番作战计划时，最初将第20兵团确定为第二番作战部队，而将第9兵团从朝鲜调回国内休整。由于第9兵团坚决要求留在朝鲜休整，准备继续作战，中央军委于2月18日对原轮番计划作了调整，决定第9兵团留在朝鲜休整，并作为第二番作战部队，第20兵团改为第三番作战部队。

1951年2月下旬，彭德怀回京向毛泽东主席汇报战场情况，这是彭德怀与毛泽东在玉泉山合影

拟19日晚由此起程，21日到安东。①获得了同意。

由于金日成工作繁忙，17日晚未能到达志愿军司令部所在地成川君子里。18日夜，彭德怀到平壤与金日成进行了会谈。19日下午返回志司，并致电在前线的邓华、韩先楚、金雄及第9兵团司令员宋时轮、第19兵团司令员杨得志和政治委员李志民，对第一线的防御作战再次提出要求，同时告知：我拟明（20）日黄昏动身去中央，10~15天返部，志愿军总部于日内移金化前线，由邓华指挥。待洪学智、解方率总部到金化时，邓华由前线回金化主持志愿军工作。②安排好工作后，彭德怀于20日动身回京。

21日下午彭德怀到京，直接到玉泉山见毛泽东。向毛泽东汇报了战场上敌我双方的情况和志愿军作战的困难，以及空军入朝作战问题和修建机场问题、朝鲜铁路的抢修问题、后方供应问题、战略方针问题等等。

从22日到28日，彭德怀在中南海与周恩来、聂荣臻、杨立三共同研究了军兵种的参战准备和加强后勤保障问题；同聂荣臻一起与苏联驻中国军事总顾问沙哈诺夫，商谈苏联空军出动掩护平壤以北交通运输问题；参加周恩来主持的有军委三总部和各军兵种及政务院有关部门主要负责人出席的军委扩大会，研究后方如何更得力地支援志愿军，

① 参见王焰主编《彭德怀年谱》，第478页，北京：人民出版社，1998年。
② 参见王焰主编《彭德怀年谱》，第479页，北京：人民出版社，1998年。

克服前方的困难问题；同聂荣臻一起听取有关军兵种领导人的汇报，研究军兵种参战方案问题。

这期间，彭德怀又两次同周恩来到玉泉山与毛泽东讨论战争有关问题，包括战争方针问题，国内部队轮番出国作战问题，空军、炮兵、坦克等军兵种的出动时间和计划问题，请求苏联空军掩护后方运输问题等。

关于战争方针问题，毛泽东明确仍坚持"战争准备长期，尽量争取短期"的方针，以几年时间，消耗美军几十万人，使其知难而退，至少我们应作两年的准备。1951年全国军队准备补充60万人，全国以国防建设为主，经济建设也围绕国防建设进行。同时，实行轮番作战，改善志愿军武器装备，改善供应运输，加强后勤机构，努力准备空军、装甲兵参战，这是为了尽可能争取短期。彭德怀建议，将他这次回京讨论确定的问题，通报给斯大林，使他了解志愿军在战场上作战的困难，这有利于民主阵营内部对战争问题统一认识，有利于战争的指导。毛泽东同意，并委托周恩来起草给斯大林的电报。①这个电报特别指出了志愿军作战的困难和战争将是长期的，是在2月9日毛泽东批发军委致志愿军和各大军区关于轮番作战问题电报基础上的修改和补充，经毛泽东审定后，于3月1日，以毛泽东的名义发给斯大林。电报全文如下：

菲利波夫同志：

彭德怀同志最近从前线回抵北京，我们商讨的意见，特告如下：

一、从目前朝鲜战场最近进行的战役中，可以看出：敌人不被大部消灭，是不会退出朝鲜的，而要大部消灭这些敌人，则需要时间，因此，朝鲜战争有长期化的可能，至少我应作两年的准备。目前敌人的作战意图是企图与我进行消耗战。在过去一个月当中，敌人当站住阵地之后，经过调整补充，便寻找机会向我作试探性的进攻，其目的在一方面不容许我在前线作必要的休补，另方面则利用其技术条件消耗我军。同时，敌人对朝鲜沿海的袭扰、运输线的不间断轰炸，均甚为积极。我军补充物资只有百分之六十至七十能达前线，有百分之三十至四十在途中被炸毁。在目前一个半月内，因我新军未到，老军未补充，敌人有重新进出三八线南北地区的可能。

二、为粉碎敌人意图，坚持长期作战，达到逐步消灭敌人之目的，我中国志愿军拟采取轮番作战的方针。中国志愿军已决定编组三番轮流的部队，即将

① 有关彭德怀回京的一些情况，参见王焰主编《彭德怀年谱》第480页，北京：人民出版社，1998年。

现在朝鲜作战的九个军三十个师作为第一番志愿部队；将正从国内调去的六个军及现在朝鲜即将补充的三个军（有两个军现在元山、咸兴地区休整）共九个军二十七个师，作为第二番志愿部队，约四月上旬可全部到达三八线地区，接替现在汉江前线的六个军的任务；将准备从国内调去的六个军及第一番志愿部队中的四个军共十个军三十个师，作为第三番志愿部队，准备六月中旬调用。上述十个军中的四个军，因打了五个月，必须补充休整；在第二番志愿部队接替前线任务后，即调至平壤、元山地区整补，兼顾海防。第一番志愿部队中其他两个军，则调回国内整补。在过去四个战役中，中国志愿军战斗与非战斗的伤亡及减员已超过十万人，正将补充老兵新兵十二万人；今明两年准备再有伤亡三十万人，再补充三十万人，以利轮番作战。关于朝鲜人民军方面，根据您的主张，彭德怀同志曾向金日成同志建议，朝鲜现有八个军缩编为六个军，最好每军组成三个充实到一万人的师；另外，组成五个警备旅，担任沿海及中心城市的守备。金日成同志已原则同意。如此，朝鲜人民军六个军亦可采用轮番办法，协同中国志愿军作战。

三、根据一、二两月份的作战经验，我因有三个军在咸兴以北战役中损伤较大，从事休整，致现在前线作战的只有六个军，减员甚大，未获补充，因之我无后备力量，在战役胜利时不能扩张战果，在敌人增援时不能打敌援兵。同时，我军南进，后方线长，供应很困难，还须留兵守备。故在敌人未被大量消灭前及我尚无空军掩护条件下，我如过早逼敌南退，反不利我分割歼敌。鉴于此种情况，在我第二番志愿部队九个军于四月上旬到达前线以前，敌之陆军还较我占优势，我应避免进行战役性的出击，而以第一番志愿部队六个军及朝鲜人民军四个军在南汉江以北地区进行防御，迟阻敌人。但必须估计，在今后一个半月内，敌人有可能寻机进攻，逼我应战。在此种情况下，我军拟让敌人进至三八线南北地区，在我第二番志愿部队九个军到齐后再进行有力的新战役。我们计划，在我第二番部队到达后，在四月十五日至六月底两个半月内，在三八线南北地区消灭美军及李承晚军建制部队数万人，然后向南汉江以南推进，最为有利。此点彭已面告金。唯在政治上，敌人再占汉城，再过三八线，当不免有一番波动，必须预作准备。

四、目前朝鲜作战的困难，仍为敌人火力强，我方运输力弱，有百分之三十至百分之四十的物资被炸毁，敌军将逐步获得补充，有六七万人将于六月底到朝鲜，而我方则尚无空军掩护。预定四五月中，我可出动空军十个团参战，但截至现在止，我在朝鲜境内，尚无一个可用飞机场，此因过去地未化冻，尚未开始大修，而更主要的则是若无可靠的空军掩护，亦将无法修成。彭德怀同志十分希望苏联空军能在平壤、元山之线及其以北机场担负掩护任务，并希望苏联空军使用的机场能移入朝鲜境内。据称若不如此，则朝鲜机场无法修成，中国空军亦将无参战可能，而坦克、炮兵的运转亦将增加极大的困难。但此事须从整个国际形势的利害出发来考虑，未知许可这样做否？其次，运输汽车在今年下半年我们仍望从苏联增加贸易订货六千辆，不知有无可能？总之，在美国坚持继续作战，美军继续获得大量补充并准备和我军作长期消耗战的形势下，我军必须准备长期作战，以几年时间，消耗美国几十万人，使其知难而退，才能解决朝鲜问题。

以上各项，是否适当，请予指示。

谨致

布礼！

毛泽东

一九五一年三月一日①

斯大林于3月3日复电，同意毛泽东在电报中对战争形势的分析和志愿军在朝鲜作战的方针，并同意派两个苏联空军师进入朝鲜境内作战，以掩护中朝军队后方；同意中国增订6 000辆汽车，于下半年交货。②

彭德怀于3月1日离京，到沈阳后，又与高岗讨论了后方支援问题。9日返回志愿军总部，11日，致电柴军武转金日成，将回京与毛泽东讨论有关战争问题的结果通报给金日成，指出：毛主席与政治局同志均认为，朝鲜战争带长期性，我应积极增加在朝鲜的作战力量，尤其加紧修建机场，以便空军参战。除三番作战兵力布置外，再抽5万老兵入朝，以便随战随补。作战方针以消灭敌人为主，不必顾虑城市之暂时得失。抗美援朝运动已在中国全面展开，动员参军各地均超过。毛泽东说，中朝两党中央对战局认识大体一致，金日成同志很忙，暂时可不必去北京。③

---

① 见《周恩来军事文选》第四卷，第162～165页，北京：人民出版社1997年。
② 参见中共中央文献研究室编《周恩来年谱》（1949～1976年）上卷，第134页，北京：中央文献出版社，1997年；王焰主编《彭德怀年谱》，第482页，北京：人民出版社，1998年。
③ 王焰主编《彭德怀年谱》，第483～484页，北京：人民出版社，1998年。

彭德怀离京后，3月3日，周恩来将彭德怀回京讨论各项问题需由后方落实的事项电告在沈阳的彭德怀、高岗并报毛泽东：一、主席致斯大林的电报，稍有更改，已发出；二、第19兵团已全部到达朝鲜的顺安、成川、顺川地区[①]，其前进地区及开动时间，由彭德怀指定。第3兵团[②]决于3月11日开始沿第19兵团行进路线入朝；三、补充第9兵团的新老兵3月15～20日能否到部队，补充原第13兵团4个军的新老兵何时到部队，统由高岗查告彭；四、经同金日成协商，在平壤附近修两个喷气式机场，在平壤以南修4个普通机场，将朝鲜新义州和我国安东及大东沟3个机场作为轰炸机场，修建两个喷气机场的兵力、高炮掩护、技术力量、各种保障器材物料等正在调动中，跑道所用钢板，朝鲜只有一副，所缺钢板正向苏联商借或购买中；五、空军出动计划，4月拟出动4个团，其中驱逐机2个团，轰炸机、冲击机各1个团，5月拟再出动6个团，其中喷气式驱逐机3个团、轰炸机2个团、冲击机1个团，经与朝方协商，中朝空军联合司令部拟以刘震为司令员，王琏（朝方）、常乾坤为副司令员；六、装甲兵出动计划，3月下旬拟出2个团，4月中旬再出动2个团，并出1个团的徒手人员，准备开动缴获的坦克，以东北装甲兵司令部为基础组成志愿军装甲兵指挥机构；七、炮兵出动计划，按原计划将配属各师及铁道兵团的高炮营及配属各团的高射机枪连如数派出，除掩护修建机场的高炮师外，于3月下旬再派1个高炮师，并派出1个战防炮师和3个火箭炮团，4月下旬再派出1～2个榴弹炮团。此外，还有运输计划、医院计划、作战预算、兵员补充计划等。[③]

3月15日，周恩来致电柴军武转金日成，将彭德怀回京商讨的有关问题、毛泽东3月1日给斯大林电报及斯大林回电的有关内容向金日成作了通报，并指出："现在在朝鲜境内抢修足够的机场，便成为目前争取空军早日参战的中心课题。"希望朝方落实已商定好的修建机场所需兵力。[④]

关于这次回京，彭德怀在其被错误审查期间写的《自述》中也作了记载，他说："一九五一年二三月间利用短暂的几天时间（来回七天）回到北京，向主席报告了朝鲜战况和请求战略方针，说明朝鲜战争不能速胜，须在二月十五号以前将汉江南岸背水之五十军，撤回北岸。这次主席给了抗美援朝战争一个明确的指示，即'能速胜则速胜，

---

① 第19兵团司令员杨得志、政治委员李志民、副司令员兼参谋长郑维山、政治部主任陈先瑞，该兵团于2月15日开始入朝。
② 3月16日组成第3兵团部，陈赓任司令员兼政治委员、王近山任副司令员、杜义德任副政治委员、王蕴瑞任参谋长、刘有光任政治部主任。陈赓在入朝途中腿伤复发，留在东北养伤。第3兵团由副司令员王近山和参谋长王蕴瑞率领入朝。陈赓和杜义德于8月和9月入朝。
③ 见《周恩来军事文选》第四卷，第166～168页，北京：人民出版社，1997年。
④ 见《周恩来军事文选》第四卷，第171～172页，北京：人民出版社，1997年。

彭德怀司令员等研究部署第五次战役

不能速胜则缓胜'。这就有了一个机动而又明确的方针。"①

确如彭德怀自述中所说，他这次回京获得了一个"机动而又明确的方针"。因为他是战场统帅，最清楚战场情况。在此之前，毛泽东和中央军委对志愿军的作战部署和指挥都是具体过问的。此次，是给彭德怀一个方针，即"战争准备长期，尽量争取短期"，然而，究竟是长期还是短期，则把机动权交给了彭德怀，由彭德怀根据战场作战实际情况决定，"能速胜则速胜，不能速胜则缓胜"。此外，在对战争长期性的认识问题上与斯大林取得了一致，并通报给金日成，可更有利于作战的指导和部署。

彭德怀回到战场时，敌军仍在猛烈进攻。志愿军和人民军按原定运动防御作战计划，在第一道防线坚持22天后，于3月10日开始转到第二道防线继续坚持防御，3月14日，志愿军和人民军主动放弃汉城。3月底4月初转到三八线地区防御。志愿军第二番作战部队有的已到达作战集结地区，有的正在向集结地区开进中。在这种情况下，4月6日，彭德怀主持召开了有第二番作战部队各兵团领导参加的志愿军党委会议，研究部署第五次战役。彭德怀在会上传达了中央关于"战争准备长期，尽量争取短期"的方针，通报了国内的准备和部署。会议根据对敌情的分析判断决定：如敌进展较快，志愿军和人民军则拟于4月20日左右发起反击，如敌进展较慢，则拟于5月上旬发起反击，在原春季攻

① 见《彭德怀自述》，第261页，北京：人民出版社，1981年。

势准备的基础上，以志愿军第二番作战部队为主，志愿军 11 个军和人民军 3 个军团参加此次反击作战。并强调了第五次战役后勤准备的重要性，指出"如果这次打胜了，全体指战员的功劳算一半，后勤算一半"。4 月 10 日，彭德怀将第五次战役的预定部署电告毛泽东。13 日，毛泽东复电："完全同意你的预定部署，望依情况坚决执行之。"①

根据"战争准备长期，尽量争取短期"的方针，志愿军党委把这次反击战役看做是战争是长期还是短期的决定性战役。4 月 17 日，志愿军在《第五次战役政治工作指示》中指出："第五次战役即将开始，战役任务为大量的歼灭敌人几个整师，具体要求每个军歼敌一至两个团，战役的目的是取得主动权，争取缩短战争的时间。"19 日，彭德怀和邓华在《第五次战役政治动员令》中进一步指出："这次战役的意义十分重大，因为它是我军取得主动权与否的关键，是朝鲜战争的时间缩短或延长的关键。如果我们在这次战争中能大量歼灭敌人的有生力量，不仅使敌人在朝鲜战场上丧失主动权，且会更加深敌人内部的矛盾与混乱，使全世界人民争取和平民主的斗争取得有力的配合，并有可能缩短美帝罪恶的侵朝战争，反之战争主动权不能取得，时间就会拖长，今后困难也就会增多。我们要力争战争时间缩短。"②

至 4 月 21 日，志愿军第一番作战部队将"联合国军"阻止于三八线南北地区，志愿军第二番作战部队基本完成战役展开，第四次战役遂告结束。历时 87 天的第四次战役，志愿军和人民军共歼敌 7.8 万余人，为第五次战役的准备争取了时间，创造了条件。

4 月 22 日晚，志愿军第二番部队第 9 兵团第 20、第 26、第 27 军和归该兵团指挥的第 39、第 40 军，第 19 兵团第 63、第 64、第 65 军，第 3 兵团第 12、第 15、第 60 军，人民军 3 个军团发起了第五次战役。此次战役，共打两个阶段。第一阶段到 29 日结束，实行两翼突破向心迂回包围的战法，将三八线中部以西的敌军从三八线南北地区打回到汉城东西一线及以南，歼敌 2.3 万余人，虽因担任战役迂回任务的第 64 军，突破后受阻，未能实现战役包围，和未能成建制地歼灭美军师团部队，但仍掌握作战的主动权和有利态势。第二阶段从 5 月 16 日开始至 21 日结束，主要在东线打南朝鲜军。彭德怀以瞒天过海、声东击西的战术，以第 19 兵团 3 个军和人民军 1 个军团，在汉城东西汉江北岸佯动，造成进攻汉城的假象，吸引美军主力；以第 3 兵团割裂西线美军和东线南朝鲜军的联系；以第 9 兵团指挥第 20、第 27 军及第 3 兵团第 12 军，在人民军 2 个军团配合下，实施多路突破，多层迂回包围的战法，基本实现预定歼敌 2～3 个师的计划，歼灭南朝鲜军 3 个师大部并击溃另 1 个师，再次歼敌 2.3 万余人，取得了战役的胜利。

① 见《毛泽东军事文集》第六卷，第 272 页，北京：军事科学出版社、中央文献出版社，1993 年。
② 见《抗美援朝战争史》第二卷，第 307 页，北京：军事科学出版社，2000 年。

此时，志愿军和人民军在一个月内已连打两仗，部队急需补充休整，且运输补给困难，加之雨季将至，江湖沼泽在背后，一旦山洪暴发，交通中断，运输补给将更加困难。彭德怀、朴一禹遂于21日下令结束第五次战役，主力转入休整。其时，李奇微已经作了全线反扑的部署，但在战场上除汉城地区的"联合国军"已开始反扑外，整个中线和东线的"联合国军"仍是后撤态势。因此，志愿军和人民军在结束战役，部署休整时，对李奇微的反扑估计不足，在部署上或多或少受在国内同国民党军队作战经验的影响，只留少数部队在第一线展开阻击，掩护主力后撤休整，而不是一个交替掩护转移的部署，并且担负第一线阻击掩护的部队尚未全部展开，"联合国军"就利用其机械化和摩托化的优势装备，以坦克、炮兵和摩托化步兵组成"特遣队"，乘隙向志愿军和人民军纵深插进，加之志愿军和人民军的粮弹供应基本告罄，造成了志愿军和人民军后撤转移中的被动和混乱，志愿军第180师由于指挥不当等原因，而遭受严重损失。志愿军和人民军主力也由转移休整被迫转入阻击。至6月10日，再次歼敌3.6万余人，将"联合国军"阻止在三八线南北地区，战线基本稳定。至此，第五次战役共歼敌8.2万余人，敌对双方在战场上形成了相持局面。

经过第五次战役，使志愿军以及中共中央和中央军委更充分地认识了敌我双方武器装备优劣悬殊，给志愿军作战造成的困难，也更进一步地看到了战争不可能是短期的，而是长期的。

边打边谈方针的确立

美国当局被迫谋求通过谈判，沿三八线一带实现停战

从第三次战役开始，战争即在三八线和三七线之间，形成了反复拉锯的局面。

在第三次战役时，志愿军与人民军仅用 8 天时间，付出伤亡 8 500 余人的代价，就将"联合国军"从三八线打退到三七线附近，并歼敌 1.9 万余人。而"联合国军"发动反扑后，从 1 月 25 日到 4 月 21 日，用了 87 天时间，才将战线从三七线附近推回到三八线附近，并且付出了 7.8 万余人的伤亡（志愿军和人民军伤亡 5.3 万余人）。这使美国当局看到，不用说再打到鸭绿江边，就是从三七线向三八线每推进一步都十分困难，并要付出重大的伤亡代价。在 3 月中旬李奇微进占汉城后，"联合国军"又一次面临着是否越过三八线的问题。对此，美国国务院和五角大楼，互相推诿，五角大楼要求国务院先确定"联合国军"在朝鲜的政治目标，国务院则要求五角大楼先确定"联合国军"实际力量能打到什么地方。他们之间的不负责任的互相推诿，无论杜鲁门，还是艾奇逊或布莱德雷，在他们后来的回忆录中都毫不隐讳。而参加"联合国军"行动的英法等国，早在 1950 年 12 月"联合国军"被打退到三八线时，就对朝鲜战局形势表示忧虑，担心把力量陷在朝鲜会削弱欧洲的力量。现在战线又回到三八线，英法等国极为关注。在他们眼中，"这条线具有了一种不祥之兆的意味。许多盟国和美国的官员们都把这条跨越了三次的纬线看成是一个象征性的屏障，认为麦克阿瑟的军队不应当超出这条线再去冒险，免得招致敌方胜过报复行动的进攻"。[1]英法等国认为这时是和平解决朝鲜问题的"心理时机"，主张实现事实上的停火。[2]从美国来说，如果再次跨越这条线，不但大大增加把战争扩大到中国的可能，美国把军事资源耗费在亚洲的非决定性作战中，而且还会大大增加引起苏联干涉的可能及爆发全面战争的危险。在这种情况下，美国当局才开始认真考虑，是否调整 1950 年 9 月 27 日以来"联合国军"所执行的占领全朝鲜的军事目标，是否通过

① 见詹姆斯·F.施纳贝尔《朝鲜战争中的美国陆军——战争爆发前后》，第 401 页，北京：解放军国防大学出版社，1990 年。
② 参见 1951 年 4 月 4 日和 5 日的《参考消息》。

谈判结束这场战争。

美国国务院和五角大楼虽然互相推诿，但都认为需要谋求新的途径，在三八线一带停止战斗，这样敌对双方似都可接受。因为由联合国出面作的两次尝试都失败了，而美国总统还从未公开建议过通过谈判解决问题。因此，这个新的途径是由美国总统而不再是由联合国发表一项公开声明，美国国务院起草了这个声明的草稿，3月19日，国务卿艾奇逊、国防部长马歇尔和参谋长联席会议讨论了这个声明的草稿，3月20日将声明要点发往东京征求麦克阿瑟的意见，与此同时，国务院还征求了参加"联合国军"行动的有关各国的意见。这个声明草稿中说：现在战线又回到三八线，"这里有一个在该地区恢复和平与安全的基础，它应该是一切衷心希望和平的国家所能接受的。""联合国统一指挥部准备履行能终止战争并保证不再发生战争的部署。这种部署能为解决朝鲜问题开辟更宽阔的道路，其中包括外国军队撤出朝鲜。"杜鲁门在回忆录中说，"发表这一声明的用意是不带任何威胁或谴责而愿意采取和平解决的提议也许会得到良好的反应"。①

然而，麦克阿瑟对拟议中的总统声明没有正面表示意见，并且抱怨华盛顿当局对他在战场上的行动一再增加限制。3月24日，他公开发表了一个与拟议中的总统声明内容大相径庭、对中国威胁扩大战争的声明。他在声明中大肆炫耀了"联合国军"的优越作战条件，然后威胁说："敌人现在必然已经痛苦地认识到：如果联合国改变它力图把战争局限在朝鲜境内的容忍决定，而把我们的军事行动扩展到赤色中国的沿海地区和内陆基地，那么，赤色中国就注定有立即发生军事崩溃的危险。"杜鲁门说，"实际上，麦克阿瑟的举动等于用最后通牒来威胁敌人，等于说盟国的全部优势力量可以用来攻击赤色中国。"②

麦克阿瑟的声明遭到中国人民的强烈抗议和谴责。因为这个声明与杜鲁门准备发表的声明背道而驰，美国当局的精心计议和全部努力因此而付诸东流。由此引起了美国与其盟国内部的混乱和愤怒。盟国纷纷询问美国：这是什么意思，拟议中的美国政策是否发生了改变。杜鲁门更是大为恼火，他在回忆录中说："联合国的一位军事司令官自作主张地发出这样一个声明是极不平常的事。这是完全漠视不许发表有关对外政策的任何声明的所有指令的行为。这是对我作为总统和最高统帅而发布的命令的公然违抗。这是对宪法赋予总统的权力的挑战。这也是对联合国政策的蔑视。"③

本来美国在朝鲜战争中的失败，就使美国在世界上很丢面子。尽管越过三八线，武

① 见《杜鲁门回忆录》第二卷，第524、525页，北京：生活·读书·新知三联书店，1974年。
② 见《杜鲁门回忆录》第二卷，第527页，北京：生活·读书·新知三联书店，1974年。
③ 见《杜鲁门回忆录》第二卷，第527页，北京：生活·读书·新知三联书店，1974年。

装占领全朝鲜是美国当局的决策，但麦克阿瑟是执行这一决策的战场统帅，美国在朝鲜战场上的失败，麦克阿瑟有不可推卸的责任。从1950年12月，"联合国军"败退到三八线以后，麦克阿瑟被解职只是个时间问题了。李奇微接替已死的沃克以后，在战场上作出了美国当局满意的表现，这就有了接替麦克阿瑟的合适人选。布莱德雷在回忆录中写道，从1951年1月下旬开始，"我们就撇开麦克阿瑟，从李奇微那里得到可靠的军事估价和启发性的意见。尽管我们继续把参谋长联席会议的电报和指示发给麦克阿瑟，但给人的感觉是，麦克阿瑟已'明升暗降'，成了董事会主席式的人物。在军事行动上，他成了一个我们不得不敷衍一下的象征性的司令官。"① 加之麦克阿瑟桀骜不驯，对总统、国务院和五角大楼一直表示不恭，使美国高层决策当局大为光火。3月24日，麦克阿瑟发表的声明，破坏了美国当局关于考虑谈判问题的努力，正好给当局解除他的职务提供了一个时机。4月11日，杜鲁门解除了麦克阿瑟"联合国军"总司令等一切职务，而由马修·李奇微接替了他的一切职务，同时由詹姆斯·范佛里特接替李奇微任美第8集团军司令官。美国当局解除麦克阿瑟的职务，一方面表明美国以这种方式承认了在战场上的失败，另一方面也表明美国为调整在朝鲜的政策，寻求通过谈判结束这场战争准备了一个台阶。

4月22日，志愿军和人民军发起了第五次战役，这是志愿军入朝以来投入兵力规模最大的一次战役，至4月29日战役第一阶段结束，又把战线中西部的"联合国军"从三八线打退到汉城及汉江一线。这使美国当局看到，中国人民志愿军有源源不断的强大兵力，美国陷在这场战争中将是一个无底洞，没有胜利的希望。

美国已为这场战争付出了巨大代价，付出10万余人的伤亡（美国公布的数字为7.88万余人②），直接战费100多亿美元。美国投入到朝鲜战争的有6个陆军师和1个空降团，已占其陆军18个师的1/3（此外还有1个海军陆战师在朝鲜作战），美国海军将其近半数的作战力量投入了朝鲜战场，美国空军也已将其作战力量的1/5投入了朝鲜战场。付出这样巨大的代价，并没有取得战争的胜利，特别是中国人民志愿军入朝参战以后，美军在战场上连遭失败，从鸭绿江边被打回到三八线，一度被打退到三七线，并且无力再向三八线以北推进，只能在三八线地区与志愿军和人民军进行"拉锯"。这引起了美国人民的强烈不满，也增加了美国统治集团内部的矛盾。这场战争还要打多久，美国还要付出多大的消耗才能结束这场战争，则无法估量。这些情况促使美国当局不得不考虑朝鲜战争的出路。

---

① 见布莱德雷回忆录《将军百战归》，第813～814页，北京：军事译文出版社，1985年。
② 见 [美] 詹姆斯·F.施纳贝尔《朝鲜战争中的美国陆军——战争爆发前后》，第464页，北京：解放军国防大学出版社，1990年。

美国当局曾经试图再向朝鲜增调部队，以打破双方在战场上的军事平衡。但美国自身兵力不足，再没有机动力量可调往朝鲜。非但如此，而且在朝鲜的美军部队的补充也不是易事。实际上，美军在朝鲜实施仁川登陆之前，就征招 8 600 余名南朝鲜人，补入美第 7 师，另有 2 100 余名南朝鲜人分别补入美第 2、第 24、第 25 师和骑兵第 1 师。[①]为了解决美军侵朝部队兵员补充的困难，后来华盛顿当局核准，在朝鲜作战的每个美军师可以编入 2 500 名南朝鲜人。[②]

美国当局也曾寄希望于他们的盟国，能为在朝鲜作战的"联合国军"提供更多的部队。美国军方认为，土耳其、希腊、英国、菲律宾、阿根廷、巴西、墨西哥、澳大利亚和新西兰，均有能力派出师级规模的部队去朝鲜作战。国防部早在 1951 年 1 月底，就曾要求国务院向这些国家寻求增援部队。3 月底，国防部再次要求国务院催促盟国提供更多的部队。[③]5 月间，美国又通过联合国要求巴基斯坦、印度、危地马拉等国派出部队参加"联合国军"在朝鲜的作战行动。这些国家有的根本就未向朝鲜派出部队，有的虽然派了部队，但也是象征性的，迟迟才将部队派出，直到 1951 年 5 月，才陆续全部到达朝鲜。他们已看到，美国在朝鲜没有取胜的希望，因此对美国要求军事增援均表示冷淡，予以拒绝。有的国家还宣称，将已派到朝鲜的部队召回一部分，以加强本国的防务。[④]美国陆军参谋长柯林斯说，这时"联合国的盟友在开始时支持联合国在朝鲜采取行动的决心正在消失"。[⑤]

虽然南朝鲜李承晚集团认为南朝鲜尚有充足的人力可以利用，并一再要求美国扩编南朝鲜军队。但扩编南朝鲜军队的所有装备均需由美国提供，这些部队的所有训练也都需由美国完成，而李奇微和范佛里特对南朝鲜军队的战斗力一直不满意，加之，短时间内不可能提供扩编南朝鲜军队所需的全部装备和完成对其训练。

中国台湾的蒋介石国民党集团，曾经多次表示愿派部队参加"联合国军"在朝鲜的作战行动，并做了准备。但李承晚坚决反对在朝鲜使用蒋介石的军队，参加"联合国军"行动的如英国等国家也坚决反对在朝鲜使用蒋介石的军队。

美国五角大楼也考虑过麦克阿瑟曾提出过的各种主张，即轰炸中国东北的军事基地和工业体系，封锁中国海岸和允许蒋介石的军队攻击中国大陆，以迫使在朝鲜作战的中

---

① 见 [美] 詹姆斯·F.施纳贝尔《朝鲜战争中的美国陆军——战争爆发前后》，第 182 页，北京：解放军国防大学出版社，1990 年。
② [美] 马克·克拉克《从多瑙河到鸭绿江》，第 175 页，（台湾）黎明文化出版公司。
③ 见 [美] 詹姆斯·F.施纳贝尔《朝鲜战争中的美国陆军——战争爆发前后》，第 407 ～ 408 页，北京：解放军国防大学出版社，1990 年。
④ 参见《参考消息》1951 年 5 月合订本，第 245、第 257、第 283、第 307 页。
⑤ 柯林斯《和平时期的战争》第 12 章。

国人民志愿军从三八线撤回到中国境内。五角大楼认为，这些都难以达到预想的目的，并且有可能引起苏联根据《中苏友好同盟互助条约》公开参战，甚至可能引起第三次世界大战，同时美国为进行朝鲜战争而一手撮合的、本来就勉强维系着的联盟就会遭到损害。

此时，对美国来说，如果在朝鲜继续打下去则无力取胜，寻求盟国的军事增援却得不到响应，长期僵持也消耗不起，寻求在朝鲜以外开辟战场担心引起世界大战，就此撤出朝鲜又太丢面子。美国在朝鲜战场上企图依靠军事手段解决问题已到了走投无路的境地。

美国的全球战略重点在欧洲，美国的主要对手是苏联。美国武装侵略朝鲜，打着联合国的旗号组成"联合国军"在朝鲜作战的一个重要考虑，就是在朝鲜与以苏联为代表的共产主义势力抗衡。然而，美国在朝鲜打了一年，遇到的主要作战对手并非苏联军队，而是中国的志愿军。美国军队被牵制在朝鲜与中国军队作战，不断消耗，而苏联则只是隔岸观火，连一个士兵也无须投入到战争中去。美国在朝鲜大量消耗军事力量和战略物资，而苏联则养精蓄锐积蓄力量，美国的主要军事力量长期陷在朝鲜而不是部署在欧洲，这些与美国以欧洲为重点，以苏联为主要对手的全球战略严重矛盾。

1951年4月初，"联合国军"从三七线附近再次回到三八线时，英国、法国、澳大利亚、加拿大等国，均公开主张在三八线上实现事实上的停火。①4月30日，英国陆军大臣在谈到朝鲜战争问题时说："英国政府正在通过新任外交大臣莫里逊坚决地——我也可以说是不顾一切地——设法阻止战争扩大。"②

其实，美国当局也完全清楚，在朝鲜长期打下去会影响其在欧洲的利益，因此，杜鲁门在其回忆录中说："我从来没有使自己忘记：美国的主要敌人正端坐在克里姆林宫里；或者忘记：只要这一敌人还没有卷入战争而只在幕后拉线，我就绝不能将我们再度动员起来的力量浪费掉。"③艾奇逊、马歇尔、布莱德雷等美国军政要员也担心美国在朝鲜长期陷进去，欧洲可能失于苏联之手。

这些说明，美国绝不会为了南朝鲜而不顾其在欧洲的利益，更不愿为了打败中国志愿军而不是苏联军队不惜冒引起第三次世界大战的风险。既然依靠军事手段不可能解决朝鲜问题，既然将主要军事力量长期陷在朝鲜与美国以欧洲为重点的全球战略相矛盾，那么美国当局就不得不重新考虑其在朝鲜的政策。

关于美国在朝鲜究竟应实行何种政策问题，4月11日，杜鲁门在解除麦克阿瑟职务时发表了一个广播演说，在这个演说中，第一次明确提出了美国在朝鲜"打一场有限战争"。

① 参见1951年4月4日和5日的《参考消息》。
② 参见英新处伦敦1951年4月30日电。
③ [美]哈里·杜鲁门《杜鲁门回忆录》第二卷，第544页，北京：生活·读书·新知三联书店，1974年。

随着麦克阿瑟被解除职务，美国统治集团内部对此展开了激烈的辩论争吵，分歧和矛盾达到白热化和公开化。这次激烈的争吵集中表现在所谓"麦克阿瑟听证会"上。

这次听证会是由美国参议院军事委员会和外交委员会联合主持召开的，于1951年5月3日开始，至6月25日结束，共进行50多天，先后有麦克阿瑟、国防部长乔治·马歇尔、参谋长联席会议主席奥马尔·布莱德雷、陆军参谋长劳顿·柯林斯、空军参谋长霍伊特·范登保、海军作战部长福雷斯特·谢尔曼、国务卿迪安·艾奇逊、前美军驻华总司令魏德迈、前国防部长路易斯·约翰逊等共13个美国军政要员出席作证。

麦克阿瑟是第一个出席作证的对象。他在5月3日作证时，仍然主张以军事手段彻底解决朝鲜问题，即要将战争扩大到中国境内，发挥优势的海空军的作用，以海军封锁中国海岸，加强军事禁运；以空军轰炸中国的机场、车站和工业基地；让台湾的蒋介石集团进行反攻大陆的活动，采取这些行动，不必担心会引起苏联参战。麦克阿瑟认为只有采取这些行动，才是迅速结束朝鲜战争的最好办法，他甚至主张，如果联合国其他国家不愿协助，而由美国单独采取行动。①

艾奇逊、马歇尔、布莱德雷、三军参谋长和前国防部长约翰逊等，在出席作证时，均支持解除麦克阿瑟的职务，认为麦克阿瑟的主张既难以达到目的也冒巨大风险，反对将战争扩大到中国，相反，他们均主张在朝鲜打一场有限战争。

布莱德雷在5月15日出席作证时，有一段闻名的言论，他认为赤色中国不是一个足以寻求世界霸权的强盛国家，如果把战争扩大到共产党中国，"参谋长联席会议认为，这一战略将使我们在错误的地方，错误的时间，同错误的敌人打一场错误的战争。""进攻共产党中国并不是一个能起决定作用的行动，不能保证朝鲜战争的结束，也不会使中国屈服。"②（关于布莱德雷的这段话，近60年来在中国一直被许多人做与布莱德雷原意完全相反的错误引用。）

艾奇逊在6月4日出席作证时说：如果把战争扩大到中国，就会给苏联一个合法的借口干涉这一战争，中苏之间的条约具备这样的性质。同时中国人也会根据这个条约，要求苏联人这样做。③

马歇尔在5月12日出席作证时甚至说，在1950年10月命令"联合国军"越过三八

① 参见《麦帅证词》，第11～12、第43页，（台湾）中央文物供应社印行，1951年（中华民国四十年十月）；1951年5月4～7日《参考消息》。
② 参见1951年5月17日《参考消息》；布莱德雷回忆录《将军百战归》，第837页，北京：军事译文出版社，1985年。
③ 参见1951年6月5日《参考消息》。

线北进是错误的。在中国军队参战之前，我们应该停在朝鲜中部地区附近。①

艾奇逊后来把"联合国军"越过三八线北进的责任全部推到麦克阿瑟身上。他在回忆录中说：联合国军司令部的战争目的和联合国的长远政治目的，二者之间的区别本来是很明确的，"但是，在1950年10月到1951年4月这段时间里，都被麦克阿瑟将军的能言善辩搞得含混不清了；当时，这位将军置杜鲁门总统的命令于不顾，一再发表言论和采取行动。"②

随着参议院关于朝战政策问题"麦克阿瑟听证会"的开始，美国国家安全委员会于5月2日至16日也召开了会议，系统地检讨了美国的朝战政策，认为美国无法在朝鲜赢得一场决定性的胜利，仅凭军事手段不可能解决朝鲜问题。国家安全委员会于16日通过了一个有关朝鲜问题的政策备忘录，这个备忘录将美国在朝鲜的终极目标和当前目标作了明确区分，确定美国在朝鲜的当前目标是在三八线地区建立一条有利的防线，寻求缔结停战协定，结束朝鲜战争。李奇微在回忆录中曾说："我们在确定军事目标时，首先需要认识到，世界上大多数最基本的令人苦恼的问题是并不适宜用纯军事的办法来解决的。"③

美国国家安全委员会这个备忘录，确定了美国在朝鲜的军事行动政策指导路线，其内容如下：

> a.终极目标是通过与军事手段同样卓著的政治途径，去探求解决朝鲜问题的办法，最终建立一个统一、独立、民主的朝鲜。当前目标是通过适当的联合国机器，去寻求一个美国能接受的解决朝鲜冲突的办法，最低限度要达到：（1）依据停战协定结束战争行动；（2）建立北部边界以南的大韩民国政权，该政权起码应满足三八线以南地区行政和军事防务的需要；（3）保证非朝鲜的武装力量在合适的时机撤离朝鲜；（4）应允大韩民国建立足够的军事力量，以抵御或击退复兴后的北朝鲜之进攻。在实现上述目标之前，要一以贯之地反对、严惩侵略者。
>
> b.在实现上述当前目标及维护美国和联合国军安全的同时，要力求避免使朝鲜的军事行动演变成与苏联的全面战争，力争避免在缺乏主要盟国支持的情况下，使朝鲜的军事行动发展成与共产党中国的全面战争。
>
> 军事行动的主要方针

① 参见1951年5月13日《参考消息》。
② 参见《艾奇逊回忆录》下册，第406页，上海：上海译文出版社，1978年。
③ 见[美]马修·李奇微《朝鲜战争》，第259页，北京：军事科学出版社，1983年。

朝鲜问题的处理：

1.美国始终将建立统一、独立、民主的朝鲜作为其最终政治目标。北朝鲜发动侵略以来，美国在联合国的军事目标是抵御侵略、建立维护国防和地区安全。中共军事力量介入后即改变了局势，通过政治途径建立统一、非共党化的朝鲜，军事上似乎已不可能。因此，我们在绝对不放弃对朝鲜所坚持的终极政治目标的同时，当务之急是找到解决朝鲜问题的办法，既要拒绝承认共产党对朝鲜三八线以南地区的统治，又要依据军事需要让非朝鲜军队分阶段地撤离朝鲜。

2.因为联合国和共产党军队似乎都有控制朝鲜部分地区军事局势的可能性，所以朝鲜的局势就有可能朝着以下任何一个方向发展：

a.中共同意结束战争行动和政治解决朝鲜问题。

b.中共既不提出也不接受任何解决问题之建议期间，双方处于政治、军事上的对峙状态。

c.联合国军向北推进。

d.有可能在苏联或卫星国"志愿军"海空军支援下，共产党发起大规模的强攻。

3.针对上述可能性，应作如下相关考虑：（a）"联合国军"不会接受将南韩任何地区留给侵略者的解决办法；（b）"联合国军"或许有能力将侵略者逐出南韩；（c）"联合国军"能够继续给中国人以沉重打击；（d）解决办法是让中国军队撤出朝鲜用于其他地区，从而结束中国人在朝鲜的损失；（e）目前联合国大多数反对再次越过三八线；（f）重要的是在联合国内在朝鲜问题上达到最大限度的团结。如果苏联不给朝鲜的中国军队向南大规模进攻提供业已增加的军事援助，结束冲突、实现政治妥协还是可信的。如此妥协即可实现非朝鲜军队撤出朝鲜。

4.鉴于朝鲜的形势，美国应该：

a.寻求一个能够接受的解决朝鲜问题的政治途径，既要考虑到苏联、台湾及列席于联合国的共产党中国，又不危害美国地位。

b.在缺乏如此解决途径，而又意识到当前没有其他可接受选择的情况下，要继续执行当前在朝鲜的军事行动方针，而无需以军事手段统一朝鲜，但应做到：

（1）予敌以最大限度的杀伤。

（2）防止南韩遭受军事侵略。

（3）限制共产党对亚洲其他地区的侵略能力。

c.继续努力影响我们的盟国对联合国在朝鲜军事行动的支持和援助。

d.尽快发展南韩赖以依靠的军事力量，使其最终有足够的力量承担起联合国军在南韩主要地区的防务。

e.如果苏联投入的参战"志愿军"足以威胁在朝"联合国军"的安全，要立即考虑从朝鲜撤出"联合国军"，并将美军置于准备大打的最佳地域。

f.如果苏联突然发动大战，应尽快从朝鲜撤出"联合国军"，并快速调动部署在其他地域的现役美军。

g.运用、凭借联合国的可行性机构，继续加强大韩民国的政府及民主机构的建设，继续加强对大韩民国及其从共产党统治下解放区的经济复苏、振兴之援助。

5.在解决朝鲜问题的每一阶段，美国均应特别注意建立发展一支强大的大韩民国军事力量，以继续进行对共产党军队（在对峙状态中）的斗争，同时应特别注意建立一个强大的军事屏障，以保卫大韩民国，使其免遭侵略。特别要重点放在对南韩军官能力的培养上。实现军事稳定的基本要素是，恢复大韩民国在分界线以南地区的权威，根据南韩经济吸收能力给以经济、技术援助，这将巩固"联合国军"撤离朝鲜半岛后的稳定。美军及"联合国军"撤离后，大韩民国可能仍需提供空中和海上军事援助。①

5月17日，杜鲁门总统批准了这个文件。这是自1950年9月美军仁川登陆成功后，美国当局命令麦克阿瑟越过三八线北进以来第一次调整了朝战政策，第一次明确了"联合国军"的作战，不再以实现军事占领全朝鲜为目标。事实上，也是美国当局承认朝战失败的一种表现。

此后，美国当局如艾奇逊所形容的，"就像一群猎狗一样到处寻找线索"，同北京进行接触。国务院通过驻巴黎的代表向驻德国的苏联管制委员会政治顾问、通过美国驻联合国的代表向苏联代表、通过美国和瑞典通往莫斯科的渠道、通过国务院政策设计办公室派人前往香港等进行试探。5月31日，在普林斯顿大学研究所工作、曾任美国驻苏联大使的乔治·凯南，受美国国务卿艾奇逊的委托，以个人身份同苏联常驻联合国代表雅各布·马立克举行了会晤。凯南拐弯抹角地表达了美国当局愿意通过谈判，沿三八线一带实现朝鲜停战的意图。凯南表示：美国准备在联合国任何一个委员会，或是以其他

① 见1951年5月17日美国国家安全委员会48/5号文件中有关朝鲜问题的备忘录。

任何方式与中国共产党人会面，讨论结束朝鲜战争问题，并表明只是战场上双方的司令官派出代表讨论结束朝鲜战争的军事问题。美国还通过其他渠道作出了表示。

根据杜鲁门 5 月 17 日批准的美国国家安全委员会 48/5 号文件，参谋长联席会议于 6 月 1 日给李奇微发去了新的训令，规定了"联合国军"的战场行动方针。这个训令的内容是：

> 作为"联合国军"最高司令官，你要始终以你的部队的安危为重，迫使在朝鲜境内及其附近水域作战的北朝鲜军队和中共军队在人员和物资上付出重大牺牲，至少完成下列几项任务，而为解决朝鲜冲突创造有利条件：
>
> 1.缔结合理的停战协定，终止敌对行动。
>
> 2.在适于行政管理和军事防卫的北部边界线以南地区，建立领导整个朝鲜的大韩民国政权，而这条边界线不得划在三八线以南。
>
> 3.为分阶段从朝鲜撤出所有非朝鲜籍武装部队作好准备。
>
> 4.强化南朝鲜武装力量，使之足以阻止或击退北朝鲜的再度侵略。

根据这些训令和方针，"联合国军"于 1951 年 6 月上旬，全线转入战略防御。

毛泽东、金日成确定边打边谈

中国人民志愿军入朝以后，在武器装备处于绝对劣势的情况下，仅仅是以步兵为主体，在少量炮兵支援下，连续进行5次战役，共歼敌23.3万余人（志愿军和人民军作战减员18.9万余人），迅速把实行陆海空三军联合的、全方位立体作战的"联合国军"，从鸭绿江边打回到三八线及以南地区，经过反复较量，将战线稳定在三八线南北地区，迅速打出了有利的战争形势，取得了战争的重大胜利，迫使"联合国军"由战略进攻转为战略防御，美国当局也不得不调整了朝鲜战争政策。

然而，由于武器装备优劣悬殊，尤其没有空军和海军的支援配合，志愿军作战也确有很多实际困难，加之，朝鲜特殊的地理环境也使志愿军的作战受到许多限制。这主要是：

第一，由于没有空军、海军支援配合作战，特别是没有空军和严重缺乏防空作战武器，志愿军在作战空间和作战时间上均受到严重限制。在作战空间上，美国空军控制整个战场，可以攻击志愿军后方，其海军可以攻击志愿军侧后海岸，志愿军前线和后方，昼间和夜间都要严密组织防空袭，否则就会遭到不必要的损失。而志愿军无力攻击美军后方和海岸。在作战时间上，美军可以全天时作战，而志愿军昼间没有行动自由，部队行动和物资运输主要靠夜间进行。志愿军整个作战机器的运转受到严重限制。

第二，仅仅是步兵在少量炮兵支援下作战，没有摩托化装备，没有坦克，也严重缺乏反坦克武器，因此攻击火力和战场机动能力均弱。可以挫败"联合国军"的进攻，但难以歼灭"联合国军"重兵集团，难以对付集群坦克，每次战役可以包围其一个师甚至几个师，但对其一个整师或一个整团都难以达到歼灭任务（歼灭南朝鲜军要容易些）。当"联合国军"突围逃跑后，志愿军徒步追击，赛不过"联合国军"的摩托化和机械化，则难以实现追歼。特别是第三、第五次战役时，"联合国军"每日后撤30公里，恰好是志愿军徒步追击的一日行程，待志愿军接近后，再行后撤30公里，志愿军追击徒行疲劳，而不能扩大战果。第二次战役时，美第10军从海上撤退，志愿军没有空军和海军，只能望洋兴叹。从第三次战役开始，双方都形成连贯的战线，志愿军虽可以突破"联合国军"的防线，但突破后实现战役上的迂回包围比较困难。在防御作战中，志愿军依托一般野战工事，难以抗御"联合国军"以飞机、坦克、大炮猛烈火力的攻击，因此组织坚守防御困难。

第三，志愿军所需作战物资几乎全由国内组织供应，并且物资消耗量大，然而运输手段和运输工具有限，没有空中和海上运输，主要靠火车和汽车运输，整个运输能力弱，加上没有制空权，在美国空军的轰炸封锁下，道路常遭破坏，物资和运输车辆在运输过程中，因美军飞机轰炸扫射损失严重，物资损失达 30%～40%，运输严重困难，远远不能满足作战的需要，弹药只能保证重点供应，粮食供应在前三次战役时，只能达到需要量的 25%～30%，在第四、第五次战役时，也只能达到需要量的 50% 左右。作战中的跟进补给能力更弱，基本只靠部队本身携带，带几天打几天，一般只能维持 7～10 天。美军称志愿军是"礼拜攻势"。这种运输补给状况，严重地影响了作战的实施，限制了战役的决心、战役的规模和持续作战的时间，也使志愿军被迫放弃了许多有利战机。

第四，朝鲜半岛幅员小、三面环海、南北狭长。这种地理特点，限制了志愿军兵力优势的发挥，兵力多了摆不开，兵力少了不足以达成作战任务。不能像在国内战场上那样实施大规模的广泛机动作战，也无法开辟多处战场。而这种地理特点，则有利于"联合国军"发挥其海空军优势，实施登陆进攻。志愿军向南推进越远，侧后的东西海岸暴露得就越多，海岸防御任务就越重，同时，随着运输线的延长，给运输造成的负担也越大。

此外，在朝鲜作战，不像在国内那样，缺乏敌后游击战的配合。"联合国军"没有后顾之忧，可以集中 90% 以上的兵力用于正面作战。这样就增加了志愿军正面作战的压力。

由于敌我双方经济力量和武器装备优劣悬殊，中国人民志愿军在朝鲜的作战，必然是艰苦的、困难的。这一点中共中央从决策出兵时即作了充分的估计。经过连续 5 次战役的反复较量，特别是第四、第五次战役，战争在三八线至三七线之间反复拉锯的战场形势表明，双方的力量旗鼓相当，战争的长期性已充分显露。经过第五次战役的较量，中共中央和志愿军更加充分地看到，依靠志愿军现有装备和条件，短时间内不可能迅速歼灭敌军有生力量，根本解决朝鲜问题。

志愿军作战困难的核心问题是武器装备落后。而当时中国工业基础落后，没有像样的军事工业。虽然有些兵工厂，但只能制造一些简单的步兵武器和弹药，不能制造大炮，不能制造汽车，更不能制造飞机和坦克。事实上，志愿军武器装备的改善和加强，主要靠从苏联购买。而苏联当时尚处在第二次世界大战后的恢复时期，迅速提供志愿军作战所需要的武器装备也有困难，并且苏联提供的装备，也还需要一定的时间进行训练，以掌握装备性能、操作技术和随之引起的新的战术。特别是空军和海军的训练需要的时间更长。因此，在短时间内志愿军的武器装备不可能得到根本改善，于是，战争的长期性就更加充分地显露出来了。

同时，中国的经济力量薄弱，支援战争的财力、物力有限。本来中国大陆基本解放后，以毛泽东为主席的中共中央和刚刚成立还不到一年的中华人民共和国中央人民政府，计划用三年左右的时间恢复国民经济，然而，于1950年6月刚刚开始部署，美国当局就将这场战争强加在中国人民头上，中国人民不得不迎接美国的战争挑战。因为支援战争，1950年中国军费支出占财政决算的41.1%，用于国民经济恢复的费用只占财政决算的25.5%，而1951年财政预算军费拨款在数量上和比重上比1950年都有所增加。这样，战争长期打下去，国民经济恢复和国家的长远建设均会受到影响。朝鲜人民已打了一年，支持长期战争的财力、物力和人力困难更大。

当然，以毛泽东为主席的中共中央和中华人民共和国中央人民政府具有极高的威望，有强大的号召力和组织力，全国人民团结一心，同仇敌忾，全力支援战争，并且有朝鲜政府、朝鲜人民的支援，有朝鲜人民军与志愿军并肩作战，志愿军作战中的困难是可以克服的，经过持久作战定能取得战争的最后胜利。

如果美国放弃侵占全朝鲜的企图，停止侵略，愿意以三八线为界通过谈判公平合理地解决朝鲜问题，则于中国人民和朝鲜人民更有利。和平解决朝鲜问题是中国政府和人民的一贯主张，志愿军参战的目的就在于同朝鲜军民共同打击侵略，恢复朝鲜和平，保卫中国的安全。中共中央在决策组成中国人民志愿军入朝参战时，就曾考虑以三八线为界，停战撤军是可以接受的战争结局之一。

但是，在经过第五次战役的较量之前，美国当局执意坚持继续扩大侵略，始终未放弃武装占领全朝鲜的军事目标，使和平解决朝鲜问题成为不可能。在第五次战役后，战线已稳定在三八线南北地区，美国当局也因"联合国军"在战场上遭到失败而被迫调整了朝鲜战争政策，放弃了军事占领全朝鲜的目标，并且做出了愿意通过谈判，沿三八线一带实现朝鲜停战的表示，表明美国当局接受了中国政府早在1月下旬关于分两步走解决朝鲜问题的建议。美国寻求通过谈判沿三八线一带实现停战，事实上就是中国政府主张解决朝鲜问题分两步走的第一个步骤。这说明，此时通过谈判解决朝鲜问题不但更为现实，而且已经具备了基础和可能性。

中共中央考虑，先从结束朝鲜战争并保证能实现朝鲜境内的停火与休战入手。如果美国的停战谈判是骗局，或不接受我们提出的合理条件，那么美国的欺骗就会被揭穿，战争会继续，我们仍将给其以严重的打击与教训，而全世界爱好和平的人民将会更多地站在我们方面，美国将会处于狼狈的境地。如果战争真结束了，那么我们可进一步提出有关各方举行和平解决远东问题的谈判，当然，这将是一个长期的斗争，但和平的主动权将更加掌握在我们手中。①

第五次战役第二阶段作战结束后，5月底，彭德怀委托志愿军副司令员兼副政治委员邓华，率第38军政委刘西元、第39军军长吴信泉、第40军军长温玉成、第42军军长吴瑞林一行，回京向中央报告战场形势和请示今后的方针。

此时，政务院总理、中央军委主持日常工作的副主席周恩来，由于长期劳累，中共中央政治局决定其到大连休养一个时期。5月下旬至7月初，周恩来在大连休养。这期间，有关抗美援朝战争的事宜由毛泽东亲自过问。

关于乔治·凯南与苏联常驻联合国代表雅各布·马立克举行会晤及所作出的表示，苏联政府向中国和朝鲜作了通报。6月3日，金日成来到北京，根据美国对朝鲜战争政策的新变化，与毛泽东共同分析了战争形势，讨论了谈判问题和战争方针问题。毛泽东、金日成研究决定，实行边打边谈的方针，政治斗争和军事斗争双管齐下，一方面准备同美国方面举行谈判，争取以三八线为界实现停战撤军；另一方面对谈判成功与否不抱幻想，在军事上必须作长期持久的打算，并以坚决的军事打击粉碎"联合国军"的任何进攻，以配合停战谈判的顺利进行。据此，中共中央确定了"充分准备持久作战和争取和谈达到结束战争"的指导方针。②

据聂荣臻回忆，当时中共中央开会专门研究了这个问题。他在回忆录中说："第五次战役以后，中央开会研究下一步怎么办，会上多数同志主张我军宜停在三八线附近，边打边谈，争取谈判解决问题。我当时也是同意这个意见的。我认为，把敌人赶出北朝鲜的政治目的已经达到，停在三八线，也就是恢复战前状态，这样各方面都好接受。如果战争继续下去，我们不怕，而且会越打越强，但是也不是没有困难。会议在毛泽东主持下，最后确定了边打边谈的方针。"③

6月5日，毛泽东致电斯大林，决定派高岗前往莫斯科，向斯大林通报毛泽东与金日成讨论的情况及中共中央的意见，并听取斯大林的意见。正在北京的金日成，也希望与高岗一同前往莫斯科，与斯大林讨论这些问题。经斯大林同意后，高岗和金日成于6月10日乘由斯大林派来的飞机，前往莫斯科。斯大林赞同毛泽东与金日成对形势的分析，

① 参见《周恩来年谱》（1949～1976年）上卷，第157页，北京：中央文献出版社，1997年。
② 转引自1951年7月1日彭德怀致毛泽东的电报，见《彭德怀军事文选》，第412页，北京：中央文献出版社，1988年。
③ 《聂荣臻回忆录》下册，第741～742页，北京：解放军出版社，1984年

以及中共中央对战争指导方针的意见，6月13日，他在给毛泽东的电报中指出："关于停战，我们认为，现在停战是件好事。"同一天，毛泽东致电在莫斯科的高岗和金日成，提出：关于如何提出停战谈判问题，认为由我们自己提出是不太适宜的，因为最近两个月中国人民志愿军和朝鲜人民军都应采取防御态势。最好的办法是：一、等待对方提出；二、由苏联政府根据凯南的谈话提出。或两种方式同时进行，一方面由苏联政府进行试探，另一方面，如果对方提出，中国和朝鲜方面表示同意。此外，关于停战条件：恢复三八线边界；从北朝鲜和南朝鲜划出一个中立区，绝不容许中立区只从北朝鲜领土中划出，南北朝鲜彼此有交错。至于中国进入联合国的问题，我们认为可不提出这个问题作为条件，因为中国可以援引联合国实际上已成为侵略工具，所以中国现在不认为进入联合国的问题有特别意义。以上问题请与斯大林交换意见。关于军事问题，我已告邓华同志返回前线，并坚决守住现有防线，6月、7月进行准备，8月进行一次较大的战役反击。高岗和金日成再次拜会了斯大林，斯大林对毛泽东所提各项，表示同意。

中共中央的方针确定后，毛泽东委托邓华一行回志愿军传达，并于6月13日致电彭德怀，告知："已令邓华同志及其他四同志于十五日动身回前方，中央各项重要决定由邓面告。"①

从此，抗美援朝战争进入了一个新的阶段。

---

① 见《建国以来毛泽东文稿》第二册，第357页，北京：中央文献出版社，1988年。

志愿军仍作持久作战准备

由于前三次战役打得较为顺利，在志愿军部队中，甚至在中、高级指挥员中，均较普遍地产生了轻敌速胜的思想，对战争的长期性缺乏充分的认识和准备。经过第四、第五次战役，特别是第五次战役，看到战争不可能在短期内结束，同时由于忙于作战，在部队中也缺乏进行长期作战的深入系统教育。第五次战役结束后，第3、第9、第19兵团，都要求志愿军党委和中共中央明确未来作战方针，和进行必要的思想政治教育。

对此志愿军党委也有考虑。1951年5月26日，由彭德怀审定后志愿军党委发出了致中央并告高岗的电报，请示"为解决部队上述问题，利于今后作战，志党委在情况许可下，拟于六月中旬召开高干会，讨论以下三个问题：一、说明朝鲜战争的形势，树立长期作战思想。二、总结入朝作战军事经验，确定军事指导方针。三、贯彻志党委关于供应指示，精简机关，取消一些不必要的层次，减少非战斗人员。会议采用中朝两军干部联席会议形式，拟用我军为主，请朝方同志参加的形式……此次会议，希望中央能派人指导，更盼中央对朝鲜战争形势的发展及我军的方针任务等给以指示，以便有所遵循"。①6月1日，中央军委复电，同意志愿军召开高干会议讨论拟议中的三个问题。

毛泽东总结志愿军5次作战的经验，于5月26日致电彭德怀，提出了对美英军打小歼灭战的方针。毛泽东在这个电报中指出：

> 历次战役证明我军实行战略或战役性的大迂回，一次包围美军几个师，或一个整师，甚至一个整团，都难达到歼灭任务。这是因为美军在现时还有颇强的战斗意志和自信心。为了打落敌人的这种自信心以达最后大围歼的目的，似宜每次作战野心不要太大，只要求我军每一个军在一次作战中，歼灭美英军一个整营，至多两个整营，也就够了。现在我第一线有八个军，每个军歼敌一个整营，共有八个整营，这就给敌以很大的打击了。假如每次每军能歼敌两个整营，共有十六个整营，那对敌人打击就更大了。如果这样做办不到，则还是要求每次每军

---

① 参见王焰主编《彭德怀年谱》，第498页，北京：人民出版社，1998年。

只歼敌一个整营为适宜。这就是说，打美英军和打伪军不同，打伪军可以实行战略或战役的大包围，打美英军则在几个月内还不要实行这种大包围，只实行战术的小包围，即每军每次只精心选择敌军一个营或略多一点为对象而全部地包围歼灭之。这样，再打三四个战役，即每个美英师，都再有三四个整营被干净歼灭，则其士气非降低不可，其信心非动摇不可，那时就可以作一次歼敌一个整师，或两三个整师的计划了。过去我们打蒋介石的新一军，新六军，五军，十八军和桂系的第七军，就是经过这种小歼灭战到大歼灭战的过程的。我军入朝以来五次战役，已完成这种小歼灭战的一段路程，但是还不够，还须经过几次战役才能完成小歼灭战的阶段，进到大歼灭战的阶段。至于打的地点，只要敌人肯进，越在北面一些越好，只要不超过平壤、元山线就行了。①

27日，毛泽东在会见志愿军参谋长解方和志愿军第3兵团司令员陈赓（尚未到职）时，将上述打小歼灭战的方针形象地喻为"零敲牛皮糖"。毛泽东关于打小歼灭战的方针，是根据战场上敌我双方武器装备特点，和志愿军作战的实际情况提出的，是符合战场实际的，是毛泽东关于打歼灭战思想在抗美援朝战争具体条件下的创造和发展。

27日，毛泽东将这个电报的内容通报给了斯大林。斯大林显然对这个电报产生了误解。他在29日给毛泽东的回电中认为，毛泽东这个方针是"冒险的"，很容易被美英军识破，"拿蒋介石军队作类比，也是不能令人信服的"，一旦美英军向北推进，并建立一道道防线，你们突破防线就会付出巨大损失。他建议："看来你们将要准备一次重大的战役，其目的当然不是为了局部机动，而是为了给美英军以沉重打击。"

毛泽东和中国人民志愿军并未接受斯大林的建议，而根据战争的实际情况，按打小歼灭战方针对部队进行了教育和部署。

因当时"联合国军"的进攻尚未停止，战场上作战尚较紧张，不能召集会议。为贯彻毛泽东这一指示，以及根据志愿军的装备和供应情况，彭德怀于5月30日起草了致人民军前线总指挥金雄的信。在这封信中提出了"三至六个月作战方针"，指出：在无特殊情况下，志愿军在今后3个月内不拟组织对美英军的全面大规模战役，而以兵团为单位不断进行小战役，争取每军每月平均歼灭美英军1个整营，如此，有3～6个月，美英军战斗意志必逐渐降低，那时大规模歼灭美英军的客观条件将会成熟，并通报了整个战场部署和作战要求。彭德怀先将这封信稿发给毛泽东。毛泽东接到这封信稿时，金日成

① 见《毛泽东军事文集》第六卷，第282～283页，北京：军事科学出版社、中央文献出版社，1993年。

正要来北京与毛泽东讨论战争形势和方针问题，所以毛泽东指示此信暂不发。6月2日，彭德怀将此信转发志愿军在第二线的各军、志愿军空军和志愿军后勤部门，要求按此布置工作，同时征求意见。

邓华一行从北京回到志愿军后，战场形势已基本平稳，6月25～27日，由彭德怀主持召开了志愿军党委扩大会议（也称6月高干会议），志愿军各兵团首长、各军军长、政委均参加了会议。朝方派出朴一禹列席了会议。彭德怀在会议上作了重要讲话，邓华作了报告，并传达了中共中央关于"充分准备持久作战和争取和谈达到结束战争"的指导方针，和中央关于志愿军作战的各项重要决定，通报了中共中央关于准备同敌军举行停战谈判问题的精神，无论谈判成功与否，志愿军都不能有任何松懈，必须坚决地准备长期打下去。谈判问题由中央直接掌握和指导，志愿军只管打，不管谈，因此，志愿军党委扩大会议在对志愿军入朝8个月来的作战情况作了总结的同时，重点贯彻了中央关于持久作战的方针和各项重要决定（后来概括为"持久作战、积极防御"的方针）。

会议认为，由于"主客观条件的规定，并且经过了五次战役的证明，目前想一下消灭美英军几个师是不可能的。美英军主力不被歼灭时，朝鲜战争的结束是困难的。因此，必须给敌人以相当的消耗削弱，争取时间加速我军的必要准备，以逐渐改变主客观情况，而后才能大量歼灭敌人"。[1]"战争既不可能速决，我们的作战指导就必须遵照中央指示，要有长期打算和执行稳扎稳打的方针"，"采取持久作战的方针"。[2]为贯彻持久作战方针，会议决定：

第一，关于作战地区。遵照中共中央关于"充分准备持久作战和争取和谈达到结束战争"的指导方针和毛泽东的指示，"在敌正面不增兵，侧后不登陆的情况下，必须坚持三八线至三八点五度线"。[3]坚持这一地区，既可以保持北朝鲜的阵地，又有利于志愿军集中和机动兵力；这一地区山大，并且多处于河流上游，地形对我方有利；运输线短，可以减少供应的困难；并有利于防止"联合国军"实施侧后登陆进攻。根据供应能力，战线不宜远伸，毛泽东指示，"打到三八线为止，不要过南汉江、昭阳江，而增多自己的困难。反击要稳，一次打不了两次打，进一步巩固起来，准备好了再打。一次不打远了，避免敌人一下就返回来了。"[4]打到三八线为止，不仅有利于供应，而且在政治上也有利。抓紧和平的旗帜，以松懈和分化敌军阵营。

---

① 彭德怀1951年6月25日在志愿军党委扩大会议上的讲话，见《彭德怀军事文选》，第404～405页，北京：中央文献出版社，1988年。
② 见邓华1951年6月下旬在志愿军党委扩大会议上的报告《论朝鲜战场之持久战》；彭德怀1951年6月25日在志愿军党委扩大会议上的讲话，《彭德怀军事文选》，第405页，北京：中央文献出版社，1988年。
③④ 转引自邓华《论朝鲜战场之持久战》。

第二，关于兵力的安排使用。朝鲜战场地幅狭窄，而海岸线又长，这样兵力少了不敷使用，兵力多了摆不开，并且供应也困难。因此，根据作战需要和运输补给能力，除特种兵外，以18个军分两批轮番作战。第一线部署9个军于正面作战，第二线9个军分别置于东西海岸及机动地区担任海岸防御和执行机动任务，另以2个军置于中国东北地区作为志愿军的总预备队。第一、第二线部队3个月左右轮番一次。每个军保持一个3 000人的补充团，训练国内动员来的新兵，除每次战役进行一次较大补充外，还可以随时补充，每师保持一个教导队，挑选班排骨干进行训练，以便战役后补充，保持部队不伤元气。一般说来，入朝部队以坚持到底为原则，但朝鲜战争残酷、艰巨，伤亡大，战役间隙短，老兵和干部补充困难，因此，坚持一年以上的部队因伤亡大，短时间难以恢复战斗力者，可调回国内另以新的部队替换。这样轮番与换班相结合，就能更有力地坚持朝鲜战场的持久战。

第三，关于作战方式。根据战场形势，今后大踏步进退的运动作战方式将大大减少，死守一地和攻击敌军坚固阵地也很不容易。因此，今后作战方式，将是一种运动防御与反击相结合的拉锯战，也就是积极防御与短促突击相结合的作战方式。采取锯齿形或电光形的纵深配备，利用有利的地形，构筑坚固工事，以少数兵力扼守前沿阵地。敌军进攻时，我军则主动收缩，不与阵地共存亡，并利用反冲锋和战术反击，击退敌军，夺回已失阵地。如此与敌军周旋，待将敌军削弱消耗到一定程度，择其突出部或薄弱部进行战役反击，以歼灭敌军。在战略上可以同敌军拼到底。如敌军不进攻，志愿军则在充分准备的基础上，寻敌弱点，主动发起攻击。

第四，关于作战指导的一般原则：1.有阵地的稳步前进，不要冒进；2.不断轮番，各个歼敌；3.反复拉锯，逐渐消耗敌军有生力量；4.做好必要的准备再战，不打仓促无准备之仗；5.由小敲小打，"零敲牛皮糖"，打小歼灭战，争取逐渐发展到大打；6.集中优势兵力、火力，有重点地钳击敌人；7.机动灵活，量力而行；8.攻防密切结合，双管齐下；9.战略上是持久战，防御战役、战斗上也是持久战，但进攻和反击战役、战斗必须是速决战；10.开展敌后游击战争，配合正面作战；11.大力开展敌军工作，瓦解敌军。还确定了反击战役的一般指导原则。

会议指出，经过了5次战役，"美帝这个野兽虽在战场上负了重伤，但是，它反咬我们几口的力气仍然是有的，而且它阴险狡诈，随时都准备狠狠地咬我们几口。所以我们……不经过艰苦复杂、持久顽强的斗争，要想坐待胜利，或随便就可胜利，是完全错误的，是幼稚无知的。特别是如果不百倍提高警惕，随时注意敌人的各种阴谋诡计和甜言蜜语，是会上帝国主义的当的。只有我们具有最大的勇气和毅力，高度的机智和灵活，熬得过最艰苦、最困难的过程，并能寻找有利的时机给这个负伤的野兽以惨重的打击，才会使它知难而退，偃旗息鼓。到那时，最后胜利才会到来，和平才有保障。"①

根据中共中央关于"充分准备持久作战和争取和谈达到结束战争"的战略方针，以及志愿军党委扩大会议确定的一些方针和原则，国内和志愿军进行了各种准备。

第一，在部队中广泛进行树立长期作战思想的教育。由于前三次战役打得比较顺利，而在部队中普遍出现了轻敌速胜的思想，又由于第四次战役的被动和第五次战役胜利不圆满，在部队中又普遍产生了厌倦战争长期性、艰苦性的思想情绪。有些干部情绪消沉，"认为没有相当飞机、大炮、坦克配合，很难甚至不可能大量歼灭敌人，埋怨飞机不出动，技术兵种未配合，对于四、五次战役未取得很大胜利表示不满，相当普遍顾虑今后作战会更加困难，特别是顾虑供应的困难得不到解决，因而对战争胜利的前途表示怀疑，所谓战争无头苦无边"。②为解决这些问题，志愿军党委扩大会后，在志愿军中普遍进行了树立长期作战思想的教育，志愿军政治部并专门发出了指示，要求各部队必须"加强爱国主义与国际主义的基本教育，系统地说明战争的性质、前途、敌我条件、战略方针及作战方法等等，并在这一思想基础上，发扬革命英雄主义，增强胜利信心，克服速胜情绪"。各部队经过教育，思想发生了深刻的转变，在第五次战役后思想波动比较大的第3、第19兵团明显好转，部队积极要求再战，全军普遍树立了长期作战思想和坚定了必胜的信心。

第二，加强志愿军的领导力量。志愿军入朝参战时，因部队是以第13兵团为基础组成的，所以，志愿军领导人除彭德怀司令员外，都是第13兵团的一班人，随着第9、第19、第3兵团陆续入朝参战，一方面部队增多，志愿军领导力量已显不足，另一方面志愿军各部队过去分别属于第一、第二、第三、第四野战军和华北军区，在指挥和作战上各有特点，指挥术语也不尽一致。为加强志愿军的领导，和协调各部队指挥，邓华副司令员在第五次战役前就向彭德怀司令员、军委总干部部并毛泽东主席建议，以陈赓专任志愿军第一副司令员兼第一副政治委员协助彭总指挥，以宋时轮任第二副司令员兼第9兵团司令员，他自己（邓华）任第三副司令员兼第13兵团司令员，并建议从国内调一名专职的副政治委员或政治部副主任，而担任志愿军领导职务的原第13兵团其他领导，或回第13兵团或调任其他兵团领导。第五次战役结束前，5月27日彭德怀司令员致电毛泽

① 彭德怀1951年6月25日在志愿军党委扩大会议上的讲话，见《彭德怀军事文选》，第409～410页，北京：中央文献出版社，1988年。
② 见1951年5月26日志愿军党委致中央并高岗的电报。

志愿军领导人合影，左起王政柱、甘泗淇的爱人李贞、甘泗淇、朴一禹、彭德怀、陈赓、邓华

彭德怀与志愿军后方勤务司令部司令员洪学智（前排右一）、政治委员周纯全（前右二）等在一起

东主席，请示"惟便于联系各野战军，志司似应增加陈赓为第二副司令员，宋时轮为第三副司令员"。6月1日，中央军委批准了这一请示。不久，又任命甘泗淇为志愿军副政治委员兼政治部主任，杜平改任志愿军政治部副主任，张文舟代理志愿军参谋长（原参谋长解方为志愿军谈判代表），王政柱为志愿军副参谋长。

第三，加强后勤建设。为了加强志愿军的后勤工作，在1951年1月召开后勤工作会议研究解决一些问题后，5月3日，志愿军党委又专门作了指示，指出"战争是人力物力的竞赛，尤其对具有高度技术装备的美敌作战，如果没有最低限度的物资供应，要想战胜敌人是不可能的"，强调后勤工作"是目前时期我们一切工作中的首要环节"，指示各级党委必须"加强对后勤的领导，把它列为议事日程的第一项，经常研究后勤情况，及时解决困难问题"，要求军、师、团各级指定一个合适的副职专门负责本级后勤工作。指示中决定将东北军区后勤部派到志愿军的前方后勤指挥部"改组为志愿军后勤司令部，负责管理全军之供应、运输、卫生等一切事宜"，并报请军委批准。5月19日，中央军委专门作出了成立志愿军后方勤务司令部的决定。随后，中央军委任命志愿军副司令员洪学智兼任后方勤务司令部司令员，原前方后勤指挥部部长周纯全任后方勤务司令部政治委员，张明远任副司令员，杜者衡任副政治委员。从此，志愿军在后方勤务司令部领导下，开始全面加强后勤建设，诸如建设兵站运输网，改变原来的建制供应体制为以分部为单位划区供应到军和军以下仍按建制供应相结合的供应体制等等。

第四，同朝鲜民主主义人民共和国商定，战时统一管理朝鲜境内的铁路运输。为保障志愿军和人民军作战物资的补给运输，1951年5月4日，经中朝两国政府协商签订了《关于朝鲜铁路战时军事管制的协议》，中朝双方共同认为，战时朝鲜铁路必须置于统一的军事管制之下，以便统一指挥铁路运输。协议规定："在联合司令部领导之下，于沈阳设立中朝联合铁道运输司令部，统一计划和指挥战时朝鲜铁路运输、修复与保护等事宜"，"在联合铁道军事运输司令部领导下，于朝鲜境内设立铁路军事管理总局，统一负责执行朝鲜铁路军事管理、运输、修复、保养与保护事宜"，"联合铁道军事运输司令员及政治委员，由中国同志担任，朝中各派一人至三人任副司令员及副政治委员。军事管理总局局长由中国同志担任，朝中各派一人任副总局长。"另铁道兵团和朝鲜铁道复旧指挥局所属部队亦统一归联合铁道运输司令部和铁路军事管理总局管辖。协议对联合铁道军事运输司令部和铁路军事管理总局的机构设置、具体职责等也做了详细规定。

根据这一协议，中朝双方于6月份即开始筹组联合铁道军事运输司令部和铁路军事管理总局，至8月上旬，正式组成该两机构。联合铁道军事运输司令部由东北军区副司令员贺晋年兼任司令员，东北局秘书长张明远任政治委员，刘居英、南学龙（朝方）、金黄一（朝方）、李寿轩、叶林任副司令员，崔田民、苏尚贤（朝方）任副政治委员，刘居英兼铁路军事管理总局局长。这时，铁路抢修部队有志愿军铁道兵团4个师和1个团，朝鲜1个铁道工程旅。

第五，在朝鲜境内修建飞机场，准备空军入朝作战。为能使空军尽快参战，并能尽快以朝鲜境内的机场为基地，配合地面部队作战，除经中朝双方协商成立了中朝空军联合司令部，刘震任司令员，常乾坤、王琏（朝方）任副司令员，统一指挥中朝空军作战，和志愿军空军1个师在苏联空军的带领下完成实战练习外，经周恩来与金日成商定，已开始在朝鲜境内修建机场，第一批由志愿军负责在安州以南、平壤以北地区修复永柔、南阳里、顺安、顺川等4个机场，朝鲜方面在平壤、美林地区也修复几个机场。经毛泽东、周恩来与斯大林协商，苏联同意提供两个机场金属跑道的钢板。

从4月初至9月中旬，志愿军先后有4个军担负过上述机场的修建任务。9月初，又调以董其武为司令员、高克林为政治委员、姚喆为副司令员、裴周玉为政治部主任的第23兵团，率第36军、第37军共4个师入朝，担负修建泰川、院里、南市3个新机场的任务。

同时以高射炮兵3个师又1个团和3个营担负机场修建的防空任务。8月中旬以后，苏联也先后派出5个高射炮兵团担负安州地区机场修建的防空任务。（第一批4个机场于7月中旬至9月中旬先后完工；第23兵团修建的3个机场于10月底完工。但因修好后，美军飞机就来轰炸，轰炸后再修，长此反复，故这些机场始终未得使用。）

在修建机场的同时，国内也在加速扩建和训练空军部队，至1951年6月中旬，已组建20个航空兵师，其中16个歼击机师，2个轰炸机师，2个强击机师。可以出动参战的有2个装备米格－15战斗机的歼击机师（共100飞机架）和2个轰炸机师（图－2飞机60架），另有2个强击机师和4个歼击机师勉强可以出动作战。勉强可出动作战的4个歼击机师中有3个半师装备的是性能比较落后的米格－9和拉－11战斗机，这两种飞机无法与美军的喷气式飞机匹敌，6月开始，在苏联教官带领下，逐渐将这些歼击机师改装为米格－15战斗机，计划9月以后有8个米格-15歼击机师投入作战。

第六，加强和改善武器装备。早在5月份，中共中央即委托去苏联养病的徐向前同苏方谈判军事订货问题。6月10日，中共中央委托高岗赴莫斯科同斯大林讨论朝鲜战争形势时，又带去一个具体订货清单，即从苏联军事贷款中订购60个师的武器装备，为适应战场情况需要，要求苏方1951年底前先提供10个师的装备（包括战场上急需的坦克和大炮），其余于 1952 年至 1954 年分批提供，征得了斯大林的同意。后因解决志愿军在朝鲜作战防空武器和炮弹的急需，毛泽东与斯大林通过电报往来协商，在 60 个师之外，再补充提供 85 毫米口径高炮 120 门、各种炮弹 229.25 万发、反坦克手榴弹 10 万枚、火炮和牵引车轮胎 1 056 个，于 1951 年底前提供，而将 60 个师中 56 个师的装备均推迟半年提供。另斯大林于 5 月 22 日和 26 日先后两次致电毛泽东，指出：由于过去苏联没能向中国提供更多的米格 - 15 飞机，并估计米格 - 9 飞机能敌得过美国最好的喷气式战斗机，现在看这是一个错误，这一错误的责任应由苏联来负，为纠正这一错误的行动，苏联向中国无偿提供 372 架米格 - 15 战斗机（只收运输费），用以改装中国 6 个米格 - 9 歼击机师，第一批 72 架于 6 月 20 日前运抵中国，其余 300 架分批于 8 月底前运抵中国。此外，中苏双方商定，中国从苏联军事贷款中按市场流通价订购苏联 6 000 辆汽车，1951 年下半年提供。

第七，组建游击支队，准备深入敌后作战。这样可以在敌后牵制、分散、消耗、打击敌军，在战略和战役上配合正面志愿军和人民军主力作战。

对这个问题，早在志愿军入朝第一次战役后就有考虑。彭德怀在 1950 年 11 月 13 日志愿军党委扩大会议上指出："游击战是当前我军作战不可少的部分。敌人有飞机飞到我军后方侦察我军情况，破坏交通，炸我物资，使我吃不上饭，得不到弹药补充，增加了我们的困难。我们现在没有飞机进行侦察和破坏敌人后方交通运输，因此，必须有积极的游击战，袭击和破坏敌后运输交通，分散敌人兵力，侦察敌情，直接配合作战。""到南朝鲜去开辟敌后战场的游击战争，那是具有重大战略意义的。如缩小敌占区，扩大我占区，也就保护了人力物力，积蓄了自己的力量；也就削弱了敌人的人力物力，从战略上分散敌人的兵力，配合主战场歼灭敌人。"①

经中朝双方协商，1951 年 5 月底联司发出指示，决定组建游击支队，深入到三八线以南开展游击活动。据此，志愿军和人民军从各部队中抽调军事素质和政治素质都较强的侦察骨干，于 6 月中旬组成了游击支队，共辖 6 个中队 2050 人。志愿军抽组 4 个中队，即第 3、第 9、第 19 兵团各抽组一个中队，原第 13 兵团各军合组一个中队。人民军组建 2 个中队。游击支队以志愿军第 40 军第 118 师政治部主任刘振华任司令员、第 42 军第 125 师副师长茹夫一任副司令员兼参谋长，人民军派出副司令员和副政治委员各一人。7 月中旬集中完毕，在沿岸半岛之信川地区从事清剿匪特和担负海防任务，待机深入敌后。（但停战谈判开始以后，战场上政治形势和军事形势都发生了重大变化，故游击支队一

① 彭德怀 1950 年 11 月 13 日在志愿军党委扩大会议上的报告。见《彭德怀军事文选》，第 337～339 页，北京：中央文献出版社，1988 年。

直没有深入敌后。1952年8月，游击支队撤销，志愿军的4个中队改编为志愿军司令部直属独立团。）

第八，构筑阵地工事。早在5月底、6月初，志愿军和人民军阻击"联合国军"反扑时，彭德怀就在三八线至三八点五度线地区部署了3道防线，并构筑工事。6月中旬以后，战线稳定，特别是6月下旬贯彻毛泽东关于坚持三八线至三八点五度线的指示，志愿军对原第一、第二两道防线作了调整，并以这两道防线为重点，进行了工事构筑。至8月中旬，第一线阵地全长250余公里的防御工事全部完成，有的部队还构筑了半永久性的"猫耳洞"（避弹洞）及坑道式的火器掩体，也构筑了第二线阵地。此外，还在战线后方修筑了一条纵向运输线，开始修筑两条横向运输线，并已修筑完成隐蔽的野战仓库200余个。

第九，调新的作战力量入朝。早在5月底，彭德怀为加强第一线的力量阻击进攻之敌，建议中央军委令已经完成入朝准备的第20兵团1个军入朝，接替修建机场的任务，将修建机场的第47军增加到第一线。中央军委决定第20兵团所属第67、第68两军全部入朝，增加战场机动力量。6月初以杨成武为司令员、张南生为政治委员兼政治部主任、萧文玖为参谋长的第20兵团，率第67军、第68军入朝。第50军于7月上旬第二次入朝，另有装甲兵4个团和经过改装的炮兵4个团入朝。

第十，在全国开展捐献飞机、大炮运动。为改善志愿军武器装备，增强作战能力，并动员全国各族人民帮助国家克服困难，6月1日，中国人民抗美援朝总会发出了《关于推行爱国公约、捐献飞机大炮和优待烈军属的号召》。《号召》指出：根据前线的报告，"我们中国人民志愿军和朝鲜人民军的战斗力，在一切方面都能完全压倒敌人，困难的只是我们的飞机大炮等武器还不够多。为了使我们英勇善战的志愿军，能够以更小的牺牲，消灭更多的敌人，早日取得战争的最后胜利，我们必须迅速以更多的飞机、大炮、坦克、高射炮、反坦克炮等武器供给前线。我们建议全国各界爱国同胞们，不分男女老少，都开展爱国的增加生产、增加收入的运动，用新增加的收入的一部或全部，购置飞机、大炮等武器，捐献给志愿军和解放军，来加强他们的威力，巩固我们的国防。""我们希望大家高度地发扬爱国主义的热忱，再接再厉地发展爱国公约运动、开展增产捐献武器和优抚运动，以便更加有力地支援前线，争取抗美援朝战争的最后胜利。"

同日，中共中央发出指示，指出："为了进一步普遍深入抗美援朝的运动和教育，中央决定，在全国普遍地开展爱国公约运动，开展增产、捐献武器运动和优待烈属军属及残废军人的运动，借以提高人民的政治觉悟和爱国热忱，借以鼓励前线的士气并解决一部分财政上的困难。现中国人民抗美援朝总会已发出具体号召，望即遵照执行。""捐献武器运动，必须与增加生产或其他增加收入运动结合起来。如果在今后半年内各界人民能够在自愿基础上，从努力增加的收入内，每人平均捐献五斤到十斤米，全国即可有几十亿斤米的收入，这对于前线和国家财政，将是一个很大的帮助。"

在中国人民抗美援朝总会、各总分会、分会的组织领导下，抗美援朝捐献武器运动迅速在全国展开。全国各地、各族、各界人民及机关团体、民主党派等采取多种方式，为捐献筹集资金。中国驻外使领馆工作人员、归国华侨和海外侨胞也积极作了捐献。截至 1952 年 5 月底，一年来全国各省市人民银行汇至抗美援朝总会的武器捐款，共为 55 650 亿余元人民币（旧币值），以每架飞机 15 亿元计算，共折合 3 710 架飞机。这次爱国捐献运动所获得的巨大成就，极大地加强了中国人民志愿军的威力，同时支援了国家的财政，加强了国家的建设和改善了人民的生活。

第十一，进行停战谈判的宣传教育。6 月 23 日，苏联驻联合国代表马立克，应联合国秘书处新闻部的邀请，在该部举办的"和平的代价"广播节目中发表演说，就和平解决朝鲜问题提出了建议，他说：为和平解决朝鲜问题，"第一个步骤是交战双方应谈

苏联驻联合国代表雅各布·马立克在联合国发表广播演说，建议朝鲜交战双方停火与休战

判停火与休战,而双方把军队撤离三八线"。24日,斯大林致电毛泽东告知:"您应当从马立克的发言中知道,我们关于提出停战问题的承诺已经兑现。可能停战问题会有进展。"25日,中国《人民日报》发表社论,表示"中国人民完全支持马立克的建议,并为其实现而努力"。美国为探明马立克演说是否表明苏联政府的观点,27日,指示其驻苏联大使艾伦·柯克求见苏联副外长葛罗米柯,得到证实,并确认谈判停战是由战争双方的军事司令部派出代表达成一项停战的军事协议,这只是和平解决朝鲜问题的第一步。28日,斯大林将这一情况向毛泽东和金日成作了通报。同时也获得消息说李奇微将奉命同志愿军和人民军的司令官进行谈判。6月29日,金日成致电毛泽东,征询一旦李奇微提出此项要求,将如何回答。毛泽东于同日复电金日成并告彭德怀,建议人民军和志愿军在积极注意作战,不使敌人乘机获逞的同时,"就停战谈判问题加以考虑,准备派出适当的代表……至于假如李奇微提出要求谈判的时候如何回答的问题,可待李奇微提出要求时再行考虑回答的内容和措词。"

随着停战谈判的即将开始,在国内和志愿军中也进行了关于停战谈判的教育。7月3日,中共中央专门发出了关于朝鲜停战谈判问题的宣传指示,对为什么赞成停战、为什么在三八线停战、谈判能否成功问题作了说明。指出:"我们向来主张以和平方法解决朝鲜问题,中国人民志愿军在朝鲜参加反侵略战争的目的亦在此。这是去年十一月四日各民主党派联合宣言和中央人民政府外交部迭次文告所解释过的。朝鲜人民打了一年,中国人民打了八个月,迫使美国承认了中朝人民的力量,放弃了原来的侵略计划,保障了朝鲜民主主义人民共和国和中华人民共和国的安全,这就是抗美援朝战争的直接收获。美国已在战争中感到极大困难,要求迅速停战,故在目前停战,对双方均属有利。"在三八线停战并只解决军事问题,是"实现朝鲜和平的最直接最迫切的问题,且易得双方同意和世界舆论的同情、拥护,……如任何一方提出过高条件,则谈判不能成功,和平不能实现"。"以前美国尚未遭到如此严重损失……故无意于真正的停战。此外,主张扩大战争的麦克阿瑟没有被撤职,也是美国谈和的一个阻力。敌人既然无意停战,而且仍然梦想占领全朝鲜并将战争扩及我国东北,则彼时谈判自然不可能。"谈判能否成功,"这要在谈判中看敌方诚意如何才能决定。如果敌方仍无诚意,则谈判不能成功,中朝人民必须继续作战。果尔,则对中朝人民不但毫无损失,且政治上占了更大的优势。"无论谈判成功与否,在停战实现以前,"前线作战和后方支援自应照旧进行,……不得有丝毫的松懈。"

在此前一天,彭德怀在向各兵团各军首长通报关于即将开始停战谈判的情况时,即指示各部："敌虽急于求和，但不会改变其帝国主义侵略本质。可能玩弄种种花样与欺骗阴谋，亦可能乘我麻痹之际，突然袭击，我军必须高度警惕，不准丝毫松懈。望转饬所属加紧战备工作，准备掌握情况，对进犯之敌，在充分准备下予以沉重打击。须知惟有经过坚决激烈的斗争，才能换得和平。也惟有持久作战的充分准备，才能获得较速的胜利。"7月9日，毛泽东在审阅中央军委总政治部关于纪念中国人民解放军建军24周年的指示稿时，特别加写一段话："我前方部队，必须鼓励士气，继续英勇作战，千万不可有丝毫松懈，不要作此次可以和下来的打算，而应作此次和不下来还须继续打、还须给敌人以大量的消耗和歼灭，然后才能和下来的打算。只有我们作了此种打算，才于争取最后胜利有益处，否则是没有益处的。"①

据此，在国内和志愿军中普遍进行了宣传教育。

这样，为志愿军坚持长期作战，作了各种准备。

---

① 见《毛泽东军事文集》第六卷，第295页，北京：军事科学出版社、中央文献出版社，1993年。

周恩来操作谈判指导

美国通过其驻苏联大使柯克从苏联政府探明马立克6月23日发表的演说代表的是苏联政府的观点后，指示李奇微于6月30日，在东京时间上午8时，以"联合国军"总司令的名义，通过广播向中国人民志愿军司令员和朝鲜人民军司令官发布了要求举行停战谈判的通知。通知中说："在接到你们愿意举行会谈的通知后，我将指派我的代表，并提出双方代表会晤的日期。我提议这样的会议在元山港内一艘丹麦的医疗船上举行。"

在李奇微发出广播通知之前，美国驻联合国代表即向苏联外交部通报了即将由李奇微发出的通知的内容，金日成获得这个通知内容后，于6月30日致电毛泽东，认为应通过广播答复李奇微，同意与其代表进行关于停战谈判的会晤，并拟制了答复通知的文稿，要求这个文稿由金日成和彭德怀两人共同签署，如果没有彭德怀的签署，美国人可能会认为这个答复没有任何意义。李奇微的广播通知发出后，同一天，毛泽东致电斯大林，发去了与金日成拟制的答复文稿大致相同的内容，征求意见，并请斯大林将意见直接告金日成并通报毛泽东。7月1日，以朝鲜人民军总司令金日成和中国人民志愿军司令员彭德怀的名义，对李奇微的广播通知作了答复："我们同意为举行关于停止军事行动和建立和平的谈判而和你的代表会晤。会晤地点，我们建议在三八线上的开城地区。"

此后，志愿军和人民军于7月初组成了停战谈判代表团，志愿军代表为副司令员邓华和参谋长解方，人民军代表为人民军总参谋长南日、情报局局长李相朝、第1军团参谋长张平山，以南日为人民军和志愿军首席代表。尽管这次停战谈判是双方司令官派出代表的军事谈判，但由于双方参战国之多和这场战争本身就是冷战背景下的产物，并且是在战场上力量旗鼓相当的形势下谈判，而志愿军和人民军谈判的主要对手又是推行强权政治、妄图称霸世界的美国军队的代表，这场谈判本身就具有极强的政治性，具有特殊的艰巨性和复杂性。因此，毛泽东和金日成极为重视这场谈判，经过协商，建立了三线谈判班子。第一线班子是由谈判代表团，在谈判桌上与"联合国军"代表团进行面对面的唇枪舌剑；第二线班子是中国外交部副部长兼中央军委情报部部长李克农和外交部国际新闻局局长乔冠华组成的停战谈判前线指挥部，坐镇前方直接指挥，对每日谈判提

朝中方面停战谈判代表团：左起中国人民志愿军参谋长解方、副司令员邓华，朝鲜人民军总参谋长南日、情报局局长李相朝、第1军团参谋长张平山

志愿军谈判代表团成员：李克农（前）、邓华（后左）、乔冠华（后中）、解方（后右）

出方案。并组成了以李克农为书记，邓华、解方、乔冠华等为委员的志愿军谈判代表团党委。李克农直接与毛泽东、周恩来、金日成、彭德怀联系，报告情况，获得有关指示。第三线班子是最高决策层，由毛泽东、周恩来、金日成、斯大林共同协商，并征求彭德怀的意见，确定谈判的总体方案、方针和原则，根据谈判具体进展情况及时发出指示。毛泽东曾建议由斯大林亲自领导，但最高决策层有关对谈判的指示绝大部分以毛泽东名义发出，小部分以周恩来名义发出，最高决策层的具体操作（主要是毛泽东与金日成、斯大林协商有关问题的电报，和给李克农及谈判代表团的指示）都是由周恩来负责。

战场双方经过协商，7月10日，朝鲜人民军和中国人民志愿军代表团（下简称"朝中代表团"）同"联合国军"代表团（下简称"美方代表团"）在开城开始了朝鲜停战谈判。美方参加谈判的首席代表为美远东海军司令特纳·乔埃中将，代表为美远东空军副司令劳伦斯·克雷奇少将、美第8集团军副参谋长亨利·霍治少将、美远东海军副参谋长阿尔林·伯克少将、南朝鲜第1军团军团长白善烨少将。

朝鲜停战谈判局面的出现，是战场上实际较量的结果。美国被迫谋求谈判解决问题，是美国当局承认朝战失败的一种表现。然而，这种承认是不干脆的，是羞羞答答的。美

美方谈判代表团，右二为首席代表、美国海军特纳·乔埃中将

国当局虽然谋求通过谈判实现朝鲜停战，但并不愿公平合理地解决朝鲜问题。正如彭德怀在朝鲜停战实现后的 1953 年 9 月所说的："朝鲜停战谈判是一次史无前例的停战谈判。它既不是帝国主义者征服了别的国家、强迫别国接受投降条件的停战谈判，也不是帝国主义者争夺火并、相持不决，只好以妥协瓜分殖民地谋得短暂和平的停战谈判，而是一个妄图独霸世界的帝国主义者，在侵略战争中遭受到年轻的新兴的人民民主国家的反抗并遏制之后，不得不罢手而勉强接受的停战谈判。很显然，帝国主义者对于这样的谈判是不会心甘情愿地接受的，他无时无刻不在力图翻案。"[1]美方代表团在谈判中无时无刻不表现出侵略者狂傲的姿态，因此，使谈判一开始就举步维艰。

在停战谈判开始前，毛泽东经与金日成、斯大林电报往来协商，于 7 月 5 日提出了实现朝鲜停战的 6 条协议草案，即：

1. 1951 年 × 月 × 日，双方同时发布停火命令，双方在朝鲜的陆海空军停止对对方的敌对行动；

2. 双方陆海空军力量从三八线各后撤 10 英里，在三八线南北各 10 英里的地区建立非军事区，非军事区的民政恢复到 1950 年 6 月 25 日以前的状态，非军事区三八线以北属朝鲜人民政府管辖，三八线以南属南朝鲜政府管辖；

3. 双方停止从朝鲜境外向朝鲜调运武器装备，调动或补充人员；

4. 在停止军事行动 3 个月内，双方分批全部交换战俘；

5. 非朝鲜的外国军队（包括中国人民志愿军）在 2～3 个月内分批全部撤出朝鲜；

6. 南北朝鲜难民在 4 个月内应返回原居住区。

根据这 6 条方案，李克农拟制了南日和邓华准备在第一次谈判会议上的发言稿，经金日成审改后，7 月 10 日，朝中代表团由首席代表南日在谈判第一次会议上的发言中，提出了其内容与上述 6 条方案大体相同的 3 项建议，即：

第一，在互相协议的基础上，双方同时下令停止敌对军事行动，陆军停止对对方的攻击、袭击与侦察；海军停止对对方的轰击、封锁与侦察；双方空军停止对对方的轰炸与侦察。显然，双方停火，不但可以减少生命财产的损失，

① 见《彭德怀军事文选》，第 447 页，北京：中央文献出版社，1988 年。

而且是扑灭朝鲜境内战火的第一步。

第二，确定三八线为军事分界线，双方武装部队应同时撤离三八线10公里，并于一定时限内完成之。以双方撤离的地区为非军事地带，双方皆不驻扎武装部队或进行任何军事行动。这里的民政，恢复到1950年6月25日以前的原状。与此同时，立即进行关于交换俘虏的商谈，使各国俘虏早日还乡与家人团聚。

第三，应在尽可能短的时间内撤退一切外国军队，外国军队撤退了，朝鲜战争的停止与朝鲜问题的和平解决，便有了基本的保证。

中国人民志愿军代表邓华发言完全支持南日提出的3项建议，指出："在朝鲜作战的双方停火、确定三八线为双方军事分界线及撤退一切外国军队，是符合朝鲜人民、中国人民以及世界人民的愿望和要求的。我们认为朝鲜人民军的代表所提出的三项建议，是停止朝鲜战争及和平解决朝鲜问题的前提与基础。"

美国当局对李奇微在战场上的谈判作了严格限制，要求李奇微要小心，不要涉及政治，不仅不要提到台湾的意向以及共产党中国在联合国的席位问题，而且也不要提到三八线，这些问题需在政治谈判时才能加以考虑。[1]因此，在南日、邓华发言后，美方首席代表乔埃在谈判会上反复声明，此次谈判会议只讨论与朝鲜有关的军事问题，不讨论政治问题和经济问题，也不讨论与朝鲜无关的军事问题，并说朝中方面的3项建议含有政治问题，但未具体指出。同时提出首先通过谈判的议程，并提出了他们事先准备好的9条议程方案，即：

1. 通过议程；

2. 战俘营的地点和红十字国际委员会访问战俘营的权利；

3. 谈判仅限于与朝鲜有关的军事问题；

4. 在足以保证在朝鲜不再发生敌对军事行动的条件下，停止朝鲜的军事行动；

5. 对横贯朝鲜的非军事区达成协议；

6. 军事停战委员会的组成、权力与职司；

7. 协议在停战委员会下设立军事观察小组，并在朝鲜视察的原则；

8. 军事观察小组的职司；

9. 关于战俘的安排。

---

① 参见沃尔特·G.赫姆斯《朝鲜战争中的美国陆军——停战谈判的帐篷和战斗的前线》，第19页，北京：解放军国防大学出版社，1988年。

美方谈判代表团，右二为首席代表、美国海军特纳·乔埃中将

　　朝中代表团认为美方所提9条议程方案，其第1条是个程序问题，第2条不属本次谈判讨论的范围，第3条没有实际意义，第4～9条是要讨论的内容，这已包括在朝中方面所提的3项建议中，但美方既未提三八线问题，也未提撤军问题。朝中代表团研究后，针对美方方案在南日所提3项建议的基础上，提出了包括5条内容的议程方案，即：

　　　　1. 通过议程；

　　　　2. 作为在朝鲜停止敌对行动的基本条件，以三八线为双方军事分界线并建立非军事区问题；

　　　　3. 从朝鲜境内撤出一切外国军队问题；

　　　　4. 在朝鲜境内停火与休战的具体安排问题；

　　　　5. 关于停战后战争俘虏的安排问题。

　　李克农将这5条议程方案的内容于当天中午电告毛泽东、金日成和彭德怀。朝中代表团于当日下午的谈判会上指出美方方案的混乱和主次不分后，提出了上述5条议程方案。

　　在随后关于议程问题的讨论中，美方代表团对他们自己所提的9条方案稍作辩解即改为 4 条。根据美国当局不讨论三八线的问题，也不讨论撤退外国军队的问题的既定方针，美方代表团以在议程问题上只提出一般性的问题，而不讨论具体的分界线，和撤退外国军队问题属政治问题为借口，坚决拒绝将撤出外国军队问题列入议程和在议程中出现三八线的字样。

毛泽东、周恩来和金日成均认为，以三八线为界实现朝鲜停战，是这次谈判要解决的根本问题，但可以在议程中不出现三八线的字样，而留待具体讨论军事分界线问题时再提，如果能够解决三八线的问题，那么，撤出外国军队的问题，可留待朝鲜停战后作为解决朝鲜和远东问题的第二步去解决。并于 7 月 14 日征得了斯大林的同意。

7 月 15 日，以毛泽东名义发出由周恩来起草的致李克农并告金日成、彭德怀的电报 ①指出：我方已在谈判中掌握了主动，再经过几次试探和争论后，就可提出我方新的 5 项议程方案（主要变化是不出现三八线字样），但必须在对方同意将一切外国军队撤出朝鲜列入议程的基础上，我方才同意对其他议程再加斟酌。16 日，彭德怀在致李克农、邓华、解方并告毛泽东和金日成的电报中指出："和谈中最基本的原则问题，是限期撤出朝鲜境内的一切外国军队；其次是以三八线为界，恢复一九五〇年六月二十五日前的状态。……我方坚持基本原则问题是'名正言顺，理直气壮'的，……坚持一切外国军队撤出朝鲜是有理的；以三八线为界是有节的；争取提早结束战争，与朝、中两国人民是有利的。但和谈并不一定是顺利的，可能遇着很多困难，甚至曲折过程，可能还需要经过严重的军事斗争。……不管在谈判中有多少困难，坚持和蔼的说理态度，使破裂责任归之于对方。"②

据此，在 16 日的谈判会上，朝中代表团同意在议程中只原则提出确定军事分界线以建立非军事区问题，留待具体讨论军事分界线时再提出以三八线为军事分界线，而将发言重点放在撤退外国军队问题上。但美方在谈判中对撤出外国军队问题毫不退让，使议程问题的谈判陷入僵局。

7 月 20 日，李克农将谈判情况电告毛泽东、金日成和彭德怀，并认为：从美方代表在前几次会议上的发言和 19 日艾奇逊声明说美国军队不撤出朝鲜的情况看，美方对从朝鲜撤出外国军队问题上作出让步的可能性不大。毛泽东和周恩来认为，从凯南与马立克的会谈，及停战谈判中美方的态度和整个远东局势看，"敌人只打算在朝鲜就地停战，避免在战争中继续损伤和拖延不决，至于其他一切问题包括从朝鲜撤出问题在内，敌人

① 停战谈判中，以毛泽东名义发给李克农及斯大林、金日成的电报，大部分是由周恩来起草或由周恩来主持起草的。
② 见《彭德怀军事文选》，第 413 ～ 414 页，北京：中央文献出版社，1988 年。

是打算继续目前紧张状况。"我们同意谈判在三八线停止军事行动，主要原因在于"我们的武装力量在今天只能将敌人赶出北朝鲜，却不能将敌人赶出南朝鲜。战争拖久了，可以给敌人以更大的消耗，但亦将给我们在财政上以很大危机，而国防建设亦将难于增长。设使再拖一个时期，假定半年至八个月，即可将敌人赶出南朝鲜，我们仍愿付出这个会有危机的代价，但现在我们看不出这种可能"。如果现在谈判破裂，我们再打几个月，我们有能力将敌人全部打到三八线以南，那时再谈，敌人仍可能拒绝从朝鲜撤出外国军队，如果谈判再破裂，战争的结束就更要长期拖延了。本来毛泽东、金日成已考虑将撤出外国军队问题留待朝鲜停战后去解决，这样，"与其将来为撤兵问题而进行难以得到结果的长期战，不如不以撤兵为停战谈判必须立即解决的条件，而照马立克同志所说以三八线撤兵停战为和平解决朝鲜问题的第一步，将从朝鲜撤兵问题保留到停战后去讨论。"于20日当天，周恩来起草发出了毛泽东给斯大林的电报，将上述考虑征求斯大林的意见。次日，斯大林回电，赞成中国的观点，并指出：在谈判中你们可以利用撤兵问题，一方面显示你们热爱和平，另一方面揭露敌方不想加快和平进程。22日，毛泽东致电征求了金日成的意见。金日成也表示同意。①

23日，毛泽东指示李克农并告金日成、彭德怀："此次停战谈判，仍应以争取从三八线上撤兵停战为中心，来实现和平解决朝鲜问题的第一步，至于从朝鲜撤退外国军队问题，可以同意留待停战后的另一个会议去解决而不将其列入此次会议的议程之内。"并指示，由代表团在谈判会议上发表声明，"说明我们坚持为保证在朝鲜不再发生敌对的军事行动而主张撤退一切外国军队及其与停战不能分开的道理，可是经过八次会议的协商，都得不到对方对这一问题的重视和同意，实在是万分遗憾。现在我方为求得早日达成停战协议，以实现世界爱好和平人民的初步愿望，并为各国参战士兵打开回家的道路，我们愿同意不将讨论撤退外国军队问题列入此次会议的议程之内，但我们提议在已协议的四项议程外，加入第五项'其他有关停战问题'"，请李克农拟好声明，电告北京。②

因当时朝鲜暴发洪水将板门店桥梁冲毁，谈判休会3天。朝中代表团于25日的谈判会议上发表了声明，同意不将撤出外国军队问题列入谈判议程，但增加议程第5条，即"向双方有关各国政府建议事项"。这样美方再无法反对。经过朝中方面的努力，历时半个月，谈判双方遂于7月26日达成了关于议程的协议：

---

① 参见《周恩来年谱》（1949～1976年）上卷，第161页，北京：中央文献出版社，1997年。
② 见《周恩来军事文选》第四卷，第204～205页，北京：人民出版社，1997年。

1. 通过议程；

2. 确定军事分界线以建立非军事区；

3. 实现停火休战的具体安排；

4. 关于停虏的安排；

5. 向双方有关各国政府建议事项。

关于军事分界线问题的谈判
会场和战场

谈判会场的唇枪舌剑

在达成关于谈判议程协议的同一天，谈判进入关于军事分界线问题实质性的讨论。

中朝方面把关于军事分界线问题的谈判，看成是谈判各项议程中的核心问题。根据美方在关于议程的谈判中毫无诚意并横生枝节的表现，估计到关于军事分界线问题的谈判会更加艰难，会有一场更为激烈的舌战。正像预料的那样，美方代表团完全不讲理，几乎不是在谈判，而是在炫耀武力。

在关于军事分界线的实质性问题谈判中，朝中代表团再次提出了以三八线为军事分界线的建议，并阐述了这一建议的合理性，指出：三八线是举世公认的军事分界线，是历史事实，也是停战谈判的基础；战争所以爆发，正是因为交战的一方首先破坏了三八线的分界线，要表明双方停战的诚意，就必须确定以三八线为军事分界线；1951 年 1 月以来，双方的战线 4 次摇摆于三八线南北地区，这表明该线基本上反映了双方的军事实力，目前双方在三八线南北所占地区略近相等，并且在实际停战以前，战线仍是不稳定的。因此，以三八线为双方军事分界线，是合理的，是符合历史和双方实际情况的。美国当局在谋求谈判时，也有过这样的表示。

然而，美方代表团认为朝中代表团在关于议程问题的谈判中一再让步是软弱的表现，因此显得更加傲慢无礼，不但置美国当局曾做过的表示于不顾，坚决拒绝朝中方面以三八线为军事分界线的合理建议，而且狂妄地炫耀其海空军"优势"，无理地要求这种优势要在军事分界线的确定上得到"补偿"。

美方首席代表乔埃，在 7 月 27 日的谈判会中说：地面部队的战线，不能反映双方军队的实际力量，"联合国军"具有海空军"优势"，"贵方对海空军的威力是充分领会的，因此，必须对海空军部队给予地区作战的影响以适当的估计"，"'联合国军'以其空军力量与海军力量所控制的广大区域，它包括了全部北朝鲜从目前军事接触线直至鸭绿江和图们江，你方在朝鲜没有可以相比拟的地位，……换言之，你方将部队撤到大致通过平壤与元山的线以北时，所放弃的优势将完全比不上'联合国军'将其空军与海军力量从北朝鲜撤退时你方所获得的优势"。28 日，乔埃在谈判会中又说："在选择非军事区时，我们必须要考虑地形和联合国陆海空军的潜力。但是，我方已经提议撤退我方的海空军，为了这些让步，我方应得到补偿。"为此，美方代表团还标定了一份他们所要求的军事分界线的地图，将军事分界线划在了志愿军和人民军后方数十公里的地区。按这条军事分界线，志愿军和人民军将从当时的双方实际接触线退出1.2万平方公里地区。

对此，28日，毛泽东致电李克农并告金日成、彭德怀，同时也通报给了斯大林，指出：

> 一、乔埃发言狂妄荒谬，完全是战场上的叫嚣，并非在谈判停战。你们准备的发言，必须首先质问其有无谋和诚意，是谈判停战，还是在准备扩大战争的根据，然后再痛驳其所谓海空军给予地面作战的影响及地面停战而海空不停战的奇谈。前者，有去年败退至大邱、今年败退至南汉江的两次战例，可证明海空军给予地面作战的影响如何；后者，如对方真有此想，宁复有丝毫谋和诚意。
>
> 二、从乔埃的发言看来，我方在目前必须坚持以三八线为军事分界线的主张，并以坚定不移的态度，驳回其无理要求，才能打破敌人以为我可以一让再让的错觉。对于这一点，可以让它争论下去，也许要僵持几天，敌人才会重新考虑。如果敌人决心在这个问题上破裂，发表出去，他将完全陷于被动。①

据此，在28日的谈判中，朝中代表团对美方的狂妄无理，进行了针锋相对的驳斥。8月1日，毛泽东再电李克农并告金、彭指出：这个问题双方争论已达六日之久，"我方理直气壮，已取得有利形势"，估计对方可能企图继续坚持下去，或逼我提议争论之外的另一条线，或他们提出先讨论下一项议程。"我们对此，应不管敌人企图如何，仍坚持依照程序首先解决以三八线为双方军事分界线的问题，即使继续僵持下去，也仍然对我有利。因我方主张以三八线为分界线是公开的、合理的，而且是这次停战谈判的基础，敌人却不敢公开自己的提议，而只能消极地反对三八线。如果僵持久了，敌人以原有阵地以北作为分界线的提议公布出去，极大可能会引起世界多数舆论的惊异和责难"。②

美方代表百般无理狡赖，8月11日，乔埃又荒唐可笑地提出了与其海空军"优势"自相矛盾的理由，来支持其关于军事分界线的主张。乔埃说：你方地面部队具有强大的优势，并且这种优势还会增加，而美方地面部队不具备这种优势，因此美方地面部队必须要有一定深度的天然防御阵地。乔埃这种理论简直不值一驳。南日一针见血地指出：你们用"两种互相冲突的理由来支持你的方案，难道你们不觉得滑稽可笑吗？你们说你

---

① 见《周恩来军事文选》第四卷，第207页，北京：人民出版社，1997年。
② 见《周恩来军事文选》第四卷，第209页，北京：人民出版社，1997年。

们海空军强，所以你们应有所补偿。现在你们承认你们陆军弱，但你们又说应有补偿。……不管你们强弱，你们都需有补偿，这不是一种失去理智的瞎说么？"

美方在谈判中不再提其原来对分界线问题的主张，并暗示对这个问题所提方案可以进行调整，乔埃表达了大体按当前战线确定非军事区的愿望。毛泽东、周恩来根据李克农的报告分析认为：如果对方放弃其原来关于军事分界线毫无根据和极不正确的主张，承认以当前战线作为划分军事分界线的基础并加以调整的情况下，则我方可以提出修正案，我方提出的三八线就是最佳调整方案，这一方案基本符合当前双方的军事实际。"将三八线定为双方军事分界线的基线，依此基线建立非军事地区，双方可不必一律向后各撤十公里。可依地形便利，'联合国军'在临津江东三八线以南后撤少于十公里，在临津江西三八线以南则仍后撤十公里；朝中部队在临津江西三八线以北后撤亦可少于十公里，而临津江东三八线以北仍后撤十公里。"毛泽东于8月11日7时电示李克农，在提出这一方案之前，只先表示我们愿作调整，观察对方对此的态度，再决定是否提出这一方案。①

然而，在8月12日的谈判会上，对方显得更加蛮横无理，不但拒绝以三八线为军事分界线的基线，而且企图将谈判陷于僵局的责任强加给朝中方面。李克农在当日给毛泽东的电报中对谈判发展形势和美方的基本底盘作了分析，并对朝中方面在分界线问题上的立场提出了建议。李克农在电报中说：

> 从开会以来对方所一再表示的态度及会外总的形势看，要对方接受三八线的方案是不可能的。这几天来，对方一方面固然在对我施行压力，企图压迫我方首先让步，但另一方面亦未尝不是为可能的破裂作准备。因此，我们觉得必须对三八线问题作一个决定，如我们的底盘是必须争到确定以三八线为军事分界线的原则，只容许在这个原则下作这种或那种调整，我们就必须作决裂的打算与准备。不然我们就应该有一个明确的妥协方案。我们过去所提的那个折中方案②，固然不能照顾目前情况的各种发展可能……
>
> 我们（李、邓、解、乔）估计对方最后的盘子是老实地就地停战加上若干不大的调整。因此我们就必须决定争三八线而准备破裂呢？还是为避免破裂争取停战而考虑就地停战加上若干不大的调整呢？我们根据有限材料考虑了总的世界情况、国家的需要以及朝鲜不能再打下去的实际情况，觉得与其争三八线而破裂，

---

① 见《周恩来年谱》（1949～1976年）上卷，第169页，北京：中央文献出版社，1997年。
② 指8月11日7时毛泽东致李克农并告金、彭电中提出的方案。

不如考虑就地停战加上若干可能争得到的调整而实现停战，从而争取三年至五年准备力量的时间。自然如果对方根本不放弃其现有荒谬方案，我们也觉得只有采取破裂之一途。我们几个人所见有限，考虑不周，请速予指示，以便遵循。①

13日，毛泽东在给李克农并告金日成、彭德怀的回电中指出：

一、根据敌人这些天在会内会外宣传的矛盾情形看来，敌人所不愿接受的是三八线，但他也不敢公开他所提议的深入我阵线以内的军事分界线及非军事区的具体主张，而只含糊其辞地表示愿就现有战线及军事形势讨论军事分界线及非军事区问题，并作可能的调整。由此可见，敌人原来的提案只是为的换取我在三八线的主张上让步。至于敌人的真正盘子，就地停战加上不大的调整固然是他所求，但如果依地形及军事形势划一条线在三八线南北附近，即临津江以东划在三八线以北，临津江以西划在三八线以南，南北地区大致相等，而名字就叫军事分界线，大概敌人也就有可能准备接受，不过敌人不会自己提出，总想引我方提出对三八线的修正案以利其讨价还价，故他在八月十日公报上，说我们拒绝讨论三八线以外的任何分界线，暗示他并不拒绝讨论。关于这样一种设想，现在还不能肯定，望我方谈判代表团加以研究，并请金首相予以考虑。

二、关于目前谈判的策略，你们应该针锋相对地将谈判的重点放在反对敌人的原有方案上头，而少提自己的主张，逼使敌人不能不答复你们的问题。在争论中，也可不再重复自己的主张，而着重批驳敌人的方案及其含糊其辞的主张。其目的，在引出敌人放弃或修改其原来的方案，并且只要对方再表示就现有战线讨论军事分界线及非军事区问题，我们就应指出敌人的原来方案已不能成立，要求敌人提出具体主张。不论敌人是承认放弃或修改其原来的方案或是更提出就现有战线划分界线的主张，到那时，你们就可提出我们八月十一日七时电告的方案。很可能，敌人仍不会接受，但我们在争论中就应该将三八线与现有战线联系起来，并将军事分界线与非军事区也联系起来，以便为下一个原先商定的折中方案做伏笔文章。采用这样谈判策略，引致敌人接近我方所设想的方案，敌人在宣传上将失去主动。②

---

① 参见《周恩来军事文选》第四卷，第215页注释［2］。
② 见《周恩来军事文选》第四卷，第214～215页，北京：人民出版社1997年。

朝中代表团向在开城中立区被美方枪杀的中国人民志愿军军事警察排长姚庆祥烈士遗体默哀

在以后的几天里，朝中代表团本此精神在谈判会上进行舌战。15日，美方建议双方各以1名代表和两名助手（含翻译）组成小组委员会就第2项议程（关于军事分界线和非军事区问题）交换意见，以摆脱在代表团大会上的僵局。朝中代表团准备同意。李克农将此报告了毛泽东、金日成和彭德怀，同时提议，在朝中方面对此作出答复时，宣布毛泽东11日7时电告的方案。代表团的提议获得批准。在16日的会上，朝中代表团继续驳斥了美方原有方案，指出如果美方不放弃原来方案和不研究朝中方面的方案，无论如何改变谈判的形式，都不可能取得进展，而后表示原则同意组成该项议程的小组委员会，并第一次宣布以三八线为界的非军事区可以根据地形和双方意见予以调整。17日，双方组成了第2项议程小组委员会，继续讨论军事分界线问题。

同日，毛泽东致电金日成并告彭德怀、李克农，就朝中方面关于军事分界线的立场，在13日致李克农电报的基础上，进一步提出了如何将三八线与现有战线联系起来，将军事分界线与非军事区联系起来的具体设想，指出：

　　　除非敌人决心破裂，否则，他只能在三八线和就地停战两个问题上得到一个让步。因此，我们设想，如果在三八线南北附近依地形及军事形势划一条线，即临津江以东划在三八线以北，临津江以西划在三八线以南，南北地区大致相等，而名字就叫军事分界线，不要提三八线；非军事地区也以这条线为基线，临津江以东敌人从现阵地退到这条线上不再后撤，我方停在现阵地上不后退也不前进，临津江以西我方从现阵地退到这条线上不再后退，敌人在现阵地上不后退也不前进。如此，从政治意义上说，这条线当然不是三八线，但仍然在三八线南北附近，而且双方保持的南北地区又大致相等，亦不束缚将来朝鲜问题的政治解决；从军事意义上说，敌人可以退守他所预定的堪萨斯防线[1]附近，而我们在临津江以东仍守住现阵地不动，在临津江以西无须后退至三八线，双方退出地区均成为非军事区，于是军事分界线与非军事区也就结合在一起了……

这样一个方案，敌人很难基本反对……

如你同意上述方案，则我方代表团在谈判过程中拟令其分三个步骤求得与敌人达成协议。[2]

因在6月上旬，金日成到北京与毛泽东确定与美方举行停战谈判时，就考虑过最终的结果可能就是现地停战[3]，因此，金日成表示同意。

然而，正如毛泽东在13日电报中所估计到的，在小组委员会的讨论中，美方得寸进尺，非但对朝中代表团宣布的以三八线为界的非军事区可以调整的提议不感兴趣，而且又重新提起了海空军优势"补偿论"。鉴于美方代表的这种态度，李克农决定朝中方面在谈判中也暂不作进一步退让。

18日，邓华以个人名义致电彭德怀并转毛泽东，对朝中方面关于军事分界线的立场提出几点考虑，认为：能争取和谈成功，是于全局有利的，而且是目前正确的实事求是的方针；达成协议要从实际出发，以公平合理为原则，能争取毛主席17日所示的底盘成交最好，但经谈判中观察，这一底盘恐难成交，对方的最低底盘可能就是现地停战。如此，则现地停战对我方也不吃亏，因临津江以西三八线以南面积虽小，但人口、财富俱较多，军事上敌阵地离元山近，有利其登陆进攻，而我方阵地离汉城更近，也易抚敌侧背；此种方案，对方说是现地停战，我方也可说是三八线地区调整的停战，因东面三八线及其

---

[1] "堪萨斯线"，是停战谈判开始后"联合国军"确定的主抵抗线，西起临津江口南岸，沿江而上，向东经积城、道城岘、华川湖南岸、杨口至东海岸杆城以北马达里一线，全长约220余公里。其临津江以西在三八线以南，临津江以东在三八线以北。

[2] 见《周恩来年谱》（1949～1976年）上卷，第172页，北京：中央文献出版社，1997年。

[3] 见《周恩来军事文选》第四卷，第250页，北京：人民出版社，1997年。

以北地区为敌所有，而西面三八线及其以南地区为我所有；总的方针既定，小的方面似可不必过于计较；我方虽考虑再经过两三个战役，将敌打过三八线，但一则根据我军现有装备状况能否打过去？二则即使打过去也要付出重大代价。因此，这次应尽可能谈好，除非敌人连现地停战也不接受，再坚决打下去。

22日，朝中代表团对谈判情况作了分析后，以代表团名义致电毛泽东、金日成和彭德怀，提出：对方反对三八线方案，主要原因是政治的，我方坚持三八线方案也是基于政治上的考虑，既然我们已准备放弃以三八线为严格的军事分界线的主张，也就允许对方部队留在三八线以北，这样我们提出并争取以三八线为基础进行调整的方案，从政治上说似也无大的意义，并且一旦对方提出就地停战，则我方将陷入被动。如此，我方似可不必待对方放弃原有方案，即可提出我方接近于就地停战稍加调整的方案，造成对方没有拖延的借口。这个方案我们在政治上、经济上、军事上都不吃亏，并同样可以说是以三八线为基础的方案，反正是各说各的，这样说那样说实际上只是个说法问题了。

然而，8月18日，李奇微为配合其代表团的谈判，对朝中方面施加军事压力，以其地面部队向在北汉江至东海岸一线防守的朝鲜人民军发动了夏季攻势，同时以其空军摧毁朝鲜北方铁路系统为主要目标发动了"绞杀战"，并连续在开城中立区制造破坏挑衅事件。19日，派遣武装特务进入开城中立区袭击警卫开城中立区的志愿军军事警察；22日夜，美军飞机扫射开城谈判会场区朝中代表团住所，而美方代表在调查中又百般否认。鉴于此，23日，毛泽东两次致电李克农并告金日成、彭德怀，指出：此次敌机夜袭，其意甚明，我必须不怕破裂，予以坚决回击。我方应于今日提出暂时停开谈判会议，以压敌人气焰。同时，我军在军事上应加紧准备迎击敌人的可能进攻。[1]据此，朝中方面宣布，从8月23日起，谈判会议停开，以待美方对其飞机8月22日扫射朝中代表团驻所事件作出负责的处理。

25日，毛泽东致电李克农并告金日成、彭德怀，指出"代表团的任务是谈判兼打文仗"，目前，无论对方是破裂还是拖延谈判，我都应从积极方面做文章，进行有利的宣传斗争，沉着应变，主动作战，以观其变化。27日，毛泽东致电斯大林，对以后的谈判形势作了估计，认为有两个发展可能："一个是拖延破裂。我们已在加紧准备迎接敌人可能的正面军事进攻，同时也严防敌人从朝鲜东西海岸的港口登陆"。"另一个可能是，敌人在拖延中寻找转弯的办法，并在军事分界线的问题上求得妥协。目前，我们准备在停会期间与敌人进行宣传战，以揭露敌人无耻下流的挑衅罪行"，待"敌人有意重开谈判的表示，我们拟主动提出一个转弯办法，促其接受"。[2]29日，斯大林复电，表示同意。

---

① 见《周恩来年谱》（1949～1976年）上卷，第175页，北京：中央文献出版社，1997年。
② 见《周恩来年谱》（1949～1976年）上卷，第176页，北京：中央文献出版社，1997年。

彭德怀为配合谈判的军事准备

1951年6月上旬，毛泽东和金日成根据战争形势的变化，确定了实行边打边谈的方针，一方面准备同美国方面举行停战谈判，争取以三八线为界实现停战撤军；另一方面对谈判成功与否不抱幻想，充分准备持久作战，并以坚决的军事行动，配合停战谈判的顺利进行。此后，志愿军和人民军在战场上的军事行动，都与谈判的形势密切相关。

经过第五次战役，彭德怀和毛泽东都更充分地看到了，在敌我武器装备优劣悬殊的条件下，战争不但是艰苦的而且是相当长期的，并且宜采取打小歼灭战的方针部署作战。在5月27日，毛泽东和彭德怀同时都提出了要在部队中进行持久作战的教育，树立长期作战的思想。6月初，金日成到北京与毛泽东讨论战争形势时，对这一点也表示了认同。6月11日，毛泽东致电彭德怀告知："已和金日成同志谈好，目前两个月内不进行大的反攻战役，准备八月份进行一次有把握的稳扎稳打的反攻。"[1]在不发生敌人登陆进攻的情况下，在6、7两月必须坚持三八线至三八点五度线，并完成一些必要的军事准备。在组织战役时，既要照顾到我军供应能力，又要考虑谈判的政治影响，打到三八线为止，不超过南汉江和昭阳江。6月下旬，邓华在志愿军党委会上也传达了这些精神。

在获知美国当局将对马立克6月23日演说作出反应后，6月29日，毛泽东致电金日成并告彭德怀，指出在准备同敌人谈判的同时，"人民军和志愿军应当积极注意作战，不使敌人乘机获逞"。

根据上述精神，彭德怀从7月1日即着手考虑第六次战役计划。彭德怀在当日致毛泽东的电报中指出："充分准备持久作战和争取和谈达到结束战争的方针是完全必要的。我能掌握和平旗帜，对朝鲜人民、中国人民均有利。坚持以三八线为界，双方均过得去。如美国坚持现在占领区，我即准备八月反击。在反击前，还须放他前进数十里，使军事上、政治上于我更有利些。"[2]

7月2日，毛泽东电示彭德怀、高岗并告金日成，"在和敌方代表准备谈判及实行谈判期间内……极力提高警惕。我第一线各军，必须准备对付在谈判前及谈判期内敌军

① 见《毛泽东军事文集》第六卷，第290页，北京：军事科学出版社、中央文献出版社，1993年。
② 见《彭德怀军事文选》第412页，北京：中央文献出版社，1988年。

可能对我来一次大的攻击，在后方，则举行大规模的空炸，以期迫我订立城下之盟。如遇敌军大举进攻时，我军必须大举反攻，将其打败。"①

7月8日，志愿军司令部下达了第六次战役的战术准备指示，针对"联合国军"已加强了防御工事，我军反击将是阵地攻坚的纵深作战，同时我军参战炮兵增多，并且有坦克部队参战等情况，要求部队组织攻坚教育和演习，组织步兵、炮兵、坦克协同战术教育和演习，在7月底或8月初教育准备完毕。停战谈判开始以后，7月16日，彭德怀将军事准备情况向谈判代表团作了通报，同时报告毛泽东、金日成，指出：政治斗争和军事斗争双管齐下，是当前在朝鲜同美国侵略集团作斗争的严重任务，"如果没有和平攻势（和谈）的政治斗争，只有单纯的军事斗争，要想迅速孤立美国，迅速结束朝鲜战争是不可能的。……但和谈并不一定是顺利的，……可能需要经过严重的军事斗争。再有两三次较大的军事胜利，才能使敌人知难而退。"②

正像预料的那样，在谈判一开始，美方就拒绝将以三八线为军事分界线和撤出一切外国军队列入议程，并在谈判中横生枝节。朝中方面为表示诚意，一再让步，但至7月24日，谈判已进行半个月，关于议程问题仍未达成协议。鉴于此，彭德怀于当日致电毛泽东，指出：

以目前情况来看，美国为维持其世界反动政治地位，信赖其装备优势还能够守住三面环海和狭长的朝鲜，且企图保持战争状态，……同时企图将我国拖入长期战争，推迟新中国的建设事业。……我再有几次胜利战争，打至三八线以南，然后我再撤回三八线为界，进行和谈，按比例逐步撤出在朝外国军队，坚持有理有节。经过复杂斗争，争取和平的可能仍然是存在的。如经过上述一切办法而不能达到和平，则继续打下去，在持久战中，我虽有许多困难，但可克服，最后赢得战争胜利是肯定的。从全局观点来看，和的好处多，战亦不怕……我于八月中争取完成战役反击的准备，如敌不进攻，则至九月举行。最好是待敌进攻，我则依靠阵地出击为有利。③

26日，毛泽东复电指出：

七月二十四电收到。敌人是否真想停战议和，待开城会议再进行若干次就

① 见《毛泽东军事文集》第六卷，第293页，北京：军事科学出版社、中央文献出版社，1993年。
② 见《彭德怀军事选》第413页，北京：中央文献出版社，1988年。
③ 参见《毛泽东军事文集》第六卷，第296页注释［2］；王焰主编《彭德怀年谱》，第510页，北京：人民出版社，1998年。

可判明。在停战协定没有签订，战争没有真正停止以前，我军积极准备九月的攻势作战是完全必要的。[1]

在停战谈判进入关于军事分界线问题的实质性讨论之后，美方代表不但粗暴地拒绝以三八线为军事分界线，而且更加狂妄地提出海空军优势"补偿论"，要求把军事分界线划在志愿军和人民军阵线纵深内，经数天争论，毫无让步表示。鉴于此，7月31日，志愿军谈判代表邓华和解方致电彭总指出：争取和谈来结束朝鲜作战的方针是正确的。但目前时机不恰当，加上我们在谈判中的某些让步使敌发生错觉，故谈判中敌之气焰甚高。"据我们估计，至多只能让到现地停战，如果没有外部的动力（如苏联压力、英法等国的矛盾，特别是我之战斗胜利等），要想敌人撤回三八线以南十公里是极端困难的。谈判需要战斗胜利配合，并须作破裂之军事准备。为此特建议：战役准备争取八月十五（日）以前完成，准备破裂后的反击以八月内动作为宜……以我军一部配合人民军来打击东部敌人，并收复东部三八线以北地区……争取两步来完成三八线的收复，再谈是有利的。……如谈判仍在继续，最好是乘敌进攻时予以有力的打击……或者我举行地区性的主动攻击敌人。总之，谈判需要政治攻势、特别是战斗胜利相配合才更为有利。"

8月1日，经周恩来批阅后，军委空军司令员刘亚楼致电彭德怀，告知空军为配合第六次战役的准备情况，如果9月份发起战役，空军共有8个团可以参战（其中4个喷气式和1个活塞式驱逐机团，2个冲击机团，1个轰炸机团），另有14个团技术还相当生疏，只能勉强可以参战。每团均以25架飞机计算。另朝鲜有100架飞机可参战。但朝鲜境内的机场有限，并且可能遭美机轰炸。如果机场情况允许，喷气式飞机和冲击机可活动到汉城之线，轰炸机可活动到大邱、釜山。作战时中朝空军联合司令部可设在平壤，前进指挥所与志愿军总部在一起。

8月8日，彭德怀将第六次战役部署设想电告毛泽东并高岗；8月17日，以志愿军司令部和联司的名义，向志愿军和人民军各部下达了战役预案并报金日成、中央军委和东北军区。总体设想是：以志愿军13个军分两个梯队，第一梯队8个军（第19兵团3个军、第20兵团2个军、第42军、第47军、第26军），以第42、第47两军围歼铁原地区的美第3师，第26军和第20兵团围歼金化地区的南朝鲜第2师和美第25师2个团，第19兵团在铁原西南地区担任牵制和阻敌增援任务；第二梯队5个军（第3兵团3个军、第38军、第40军），在第一梯队打完后，以第二梯队继续扩大战果；人民军在东线以4个军团分两个梯队，配合志愿军作战；预计榴弹炮3个师，战防炮和火箭炮各1个师，坦克3个团及

---

[1] 见《毛泽东军事文集》第六卷，第296页，北京：军事科学出版社、中央文献出版社，1993年。

空军 10 个团参战；以人民军 3 个军团担任东西海岸防御任务，并以志愿军第 9 兵团 2 个军和第 39 军为东西海岸防御的二梯队。要求各部队继续作好连续纵深攻坚的战术准备，于 9 月 10 日前完成一切作战准备，如无意外变故，拟于 9 月 10 日下午发起攻击。攻击发起后，在有充分供应和补充保障的基础上，打破以往只能打六七天的限制，实行连续攻击，两个梯队各打 20 天至 1 个月。如此，有可能使美国同意以三八线为界停战撤军。战役能否连续攻击的关键，在于物资供应和兵员补充是否有保障。在 17 日的预案中，还要求各部队根据实际情况提出补充和修改意见，并请金日成总司令提出意见。①彭德怀将 17 日下达的第六次战役预案，也通报给了在开城谈判的邓华和解方，征求他们的意见。

毛泽东接到彭德怀 8 日的电报后，批请周恩来、聂荣臻召集会议研究并提出意见。10 日夜，周恩来召集聂荣臻、刘亚楼、陈锡联、杨立三、李涛等，对彭德怀 8 日电关于第六次战役设想进行了研究，并将研究结果于 11 日早书面报告毛泽东。报告认为：

根据目前朝鲜雨季情况，九月份铁路、桥梁、公路不一定能完全修好，即使预计的九月份全月粮食能于八月中旬抢过鸭绿江，但不一定都能运过清川江（桥梁全断）。如果粮食不足，弹药有损（潮湿一部分是可能的，前方尚未查清），便决定大打，而空军又确定不能参加 ②，在敌人又已确定坚守的条件下，恐很难连续作战二十日至一个月。同时，在政治上，九月如仍在继续谈判，我便发动大打，亦不甚有利，如再不能大胜，则影响更不好。从种种方面看，我以加紧准备，推迟发动大打为有利。九月谈判如破裂，则十月便须准备大打；如敌不进，则九、十两月可在沿线寻找小战，不断给敌以杀伤，至十一月再大打，空军或有配合的可能。③

接到彭德怀 8 月 17 日下达的作战预案后，周恩来起草了中央军委给彭德怀并告高岗的电报，根据对战场内外形势的分析，提出对预计 9 月进行的第六次战役计划再行考虑，可否改为加紧准备而不发动。电报于 19 日发出，全文如下：

彭德怀同志并告高岗同志：

彭八月八日电及志司八月十七日电均悉。得彭电后因正在考虑空军参战

① 参见王焰主编《彭德怀年谱》，第 512 和 513 页，北京：人民出版社，1998 年；《周恩来军事文选》第四卷，第 212 页注〔3〕、第 219 页注〔2〕。
② 8 月 4 日、5 日周恩来、聂荣臻、刘亚楼、王琤同接替沙哈罗夫任苏联驻中国军事总顾问的克拉索夫斯基就中、朝、苏空军进驻朝鲜的时间和进驻前机场增建问题进行了研究，认为中心问题是要完成朝鲜境内机场的修建及飞机油料和弹药的准备，而机场的修建要到 11 月份才能完成，因此"我空军出动和作战必须推迟到 11 月才能实现"。周恩来将此报告毛泽东、刘少奇和陈云，毛、刘、陈表示同意。同时，征求斯大林的意见尚未得到答复。
③ 见《周恩来军事文选》第四卷，第 211 页，北京：人民出版社，1997 年。

须推迟到十一月事，并向菲利波夫同志征求意见，故未及复。现菲复电，亦认为在安东、平壤间增修三个机场并推迟空军出动是正确的（去电复电均已转你们），因之，对我军目前作战方针，不能不从各方面重加考虑。

敌人对于朝鲜谈判，只打算实现军事休战而不妨碍他的世界紧张政策，故他反对以三八线为分界线，政治原因大过军事原因。其拖延谈判，一方面企图以此逼我让步，另方面也为的拖过旧金山会议①及便利其国会通过预算和加税。敌人敢于这样拖延，自然是因为了解我们正在诚意谋和。但敌人也怕负起谈判破裂的责任，其原因由于他们了解我们在朝鲜的力量已在加强，如果破裂后大打起来，问题依然不能解决，如因此而将战火扩张至中国大陆，可能又遇到英、法的反对。现在美国已取得英、法等国同意不以三八线而以他所拟的堪萨斯线为非军事区的南线，也就是他所谓的防守线，并准备作若干调整，因此，敌人也就敢于在这一点上，与我们僵持起来。

为使休战谈判能得到公平合理的解决，并准备谈判不成，破裂的责任落到敌人身上，除对谈判的意见已见毛主席八月十七日致金日成同志的电报②外，在作战上，我们也应与谈判的要求相配合、相适应。在九月份，如果我们预拟的战役计划，确实能做到歼灭美三师、伪二师及其他敌人一部或只歼敌一个师，同时，又能迅速推进至涟川、铁原、金化地区或只推进一个地方，而不致为敌赶回原阵地甚至侵入我阵地，那么这个战役尚是有意义的。但从现在具体情况看来，不仅空军在九月份不能参战并也不能掩护清川江以南的运输，而且其他方面也不易使我们这次战役能达到预期的目的。首先，朝鲜雨季八月底才能结束，清川江、大同江、新成川、富城等几座桥梁尚未修通，清川江以北堆积的粮车最快恐需至八月底才能倒装完毕，因之，连续作战一个月的粮食在九月份得不到完全保证。弹药从现在前方储量计算可供一个月作战消耗，但雨水浸蚀的程度不知检查结果如何，有些仓库距离前线较远，尚不能供应及时。且战役发起后，不论胜利大小，均有使战役继续发展可能，我们粮弹储备只有一月，而后方运输又未修畅，设敌人窥破此点，我将陷入被动。次之，从战术上看，在九月份谈判中，敌人向

---

① 旧金山会议，是美英当局违背有关国际协议，排除中国参加，定于1951年9月4日至8日在美国旧金山召开的片面对日媾和的会议，片面签署《旧金山和平条约》。《和约》对战败国日本的武装未作限制，不提将台湾归还中国等。苏联、波兰、捷克斯洛伐克、印度、缅甸等国政府反对这个《和约》，拒绝在和约上签字或拒绝参加和会。朝鲜、越南、蒙古等国也被排斥在旧金山和会之外。9月8日，有48个国家在《旧金山和平条约》上签字，其中大多数国家实际上没有参加过对日作战。中国政府不承认这个和约，认为它是非法的、无效的。

② 毛泽东1951年8月17日致金日成的电报大致内容见本书第203页。

我进攻的可能是较少的，因此，我军出击必须攻坚，而作战正面不宽，敌人纵深较强，其彼此策应亦便。我第一线又只能使用八个军突入，敌人除麟蹄以东外有十六个师旅可供呼应，即使我在战役开始时，歼敌一部，但突入后迂回渗透，扩张战果及推进阵地，则须经过反复激战，时间拖长的可能极大，结果对谈判可能起不利作用。现在我们握有重兵在手，空军、炮兵逐步加强，敌人在谈判中对此不能不有顾忌。设若战而不胜，反易暴露弱点。如谈判在分界线及非军事区问题上，在九月份尚有妥协可能，亦以不发起战役为能掌握主动。据此种种，望你对九月战役计划再行考虑，可否改为加紧准备而不发动，如此，既可预防敌人挑衅和破裂，又可加强前线训练和后勤准备。你意如何，望即电告。

其他有关部队调动、机场修建、兵员补充、物资供应及运输等问题，当另电告①。

军委
八月十九日②

彭德怀接到中央军委的电报后，同意军委的分析和意见，复电军委并告高岗：同意将九月战役进攻，改为积极准备，防敌进攻，如敌暂不进攻，待十月再决。③邓华和解方于20日和22日对第六次战役预案也分别提出了补充完善意见，并根据对敌纵深阵地及部署尚不甚明了的情况，均建议在战役开始之前，选择一两个阵地进行攻击，取得经验。在接到军委19日的电报后，邓华建议根据谈判和我军战役准备情况，可于11月初举行战役。根据邓华的建议和毛泽东的意向，在不发起战役反击的情况下，继续进行战役准备的同时，在9月份应进行一些战术反击，收复一些地方，推前接触线，及更好地探清敌军阵地。

据此，志愿军在继续进行第六次战役准备的同时，以在第一线的5个军，于9月初，选择当面之敌数个要点发起了战术反击，歼敌数千人，并有力地配合了东线人民军的防御作战。

李奇微在东线人民军阵地发动的夏季攻势，持续了1个月，伤亡7万余人，才将阵地向前推进2～6公里。接着于9月下旬至10月下旬，又以志愿军防守的阵地为目标，发动了秋季攻势，又付出7万余人的伤亡，只在局部地区推进阵地3～9公里。"联合国军"在谈判桌上没有得到的东西，在战场上用飞机、大炮照样未能得到，付出如此重大的伤亡代价，只占领几个山头，得不偿失，遭到了美国国会和参谋长联席会议的非议，不得不再回到谈判桌上来谈判。

---

① 这些情况军委于8月21日电告彭德怀并高岗。
② 此电报见《周恩来军事文选》第四卷，第217～219页，北京：人民出版社，1997年。
③ 参见王焰主编《彭德怀年谱》，第513和514页，北京：人民出版社，1998年。

关于军事分界线问题的谈判达成协议

10月25日，停战谈判在新会址板门店复会，继续以小组委员会方式讨论军事分界线问题。此时，双方谈判代表团成员都有变化，志愿军方面，调第23兵团副司令员边章五接替邓华为谈判代表，同时调志愿军政治部副主任杜平为志愿军党委副书记。

美方从"联合国军"连续两个月的夏、秋季局部攻势中看到，依靠海空军优势并不能达到他们所要求的军事分界线。因此，在谈判恢复后，美方代表不再奢谈其海空军优势"补偿论"，放弃了要求志愿军和人民军退出1.2万平方公里的荒谬主张。在谈判恢复的当天，美方代表宣布了他们关于军事分界线的新方案，新方案的军事分界线基本与当时的战线重合，在东部和中部有些地方划在实际战线的偏南处，而在西部则将志愿军和人民军控制的开城划在军事分界线以南，非军事区的宽度为4公里。按照这个新方案，志愿军和人民军还要退出1 500平方公里左右的地区。

在谈判复会前的10月22～24日，李克农与毛泽东经过电报往来，反复协商，并征得金日成同意，确定在谈判恢复后的第一次会议上，朝中方面应建议，双方都放弃原来各自所提的方案，而各自提出新的方案进行讨论，如美方不同意，则我方也不提出新方案，如美方同意，我方可提出经过研究修改的新方案，即根据毛泽东于8月17日致金日成的电报中所提原则拟订的方案（第2方案），不再提以三八线为军事分界线，在临津江以东美方放弃1 944平方公里，在临津江以西我方放弃1 800平方公里，放弃的地区作为非军事区，其行政仍由双方各自管理。这一方案实际上是以双方接触线为基础加以调整的方案。同时也考虑了再经过一段争论，在对方向我方方案靠近的情况下，我方再提出第3方案，即就地停战稍加调整的方案。在10月26日的谈判会上，我方代表提出了第2方案。①

在谈判中，一方面，双方的接触线尚未经核实，另一方面，美方坚持其所提的方案，强调在东部和中部退出一部分地区，换取西部的开城地区。双方又进行了激烈的争论。朝中代表团分析认为，一旦双方的接触线核实明确后，美方方案就已站不住脚，如果美方仍不同意我方方案，我方似可直接提出就地停战，双方军队各后撤2公里作为非军事区，

---

① 参见《周恩来年谱》（1949～1976）上卷，第188、第190页，北京：中央文献出版社，1997年。

这样可以避免对方以在东、中部退出一些地区换取开城的无理要求，对方再无理由反对我方案。10月30日，李克农将这一考虑报告毛泽东、金日成和彭德怀。毛泽东表示同意这一考虑，并通报给了斯大林。

在战场上，早在"联合国军"的秋季攻势已成强弩之末，双方酝酿恢复谈判时，志愿军就估计到谈判恢复后，仍不会是很顺利的，为配合谈判作了部署。10月16日，彭德怀、陈赓、朴一禹、甘泗淇致电第19兵团司令员杨得志、政治委员李志民、副司令员兼参谋长郑维山，指出：虽乘敌疲劳之际，我举行战役反击为有利，但由于朝鲜洪水和美军飞机狂轰交通线，我军运输困难暂时难以克服，因此，第六次战役反击拟推迟到11月中旬。在目前，"为增加对敌方压力，促使谈判进展"，第19兵团指挥的各军应尽可能举行一些局部反击，集中一部分炮兵和适量坦克，在充分准备的基础上，每军每次以歼灭美军1个营为目标，如能在10月和11月中旬以前，举行两三次这样胜利的战斗，对谈判的促进会发生影响。24日至29日，志愿军总部多次致电第一线各部，指出："敌秋季攻势伤亡甚大，已呈疲惫现象，我为不给敌以喘息机会，选择敌之弱点，集中绝对优势火力和适当兵力，每次消灭敌一两个连至一个营为目的，得手后看情况再歼击另一点。大战役反击在无空军配合情况下暂不进行，为促进停战谈判，收复一些放弃的阵地，以正国际舆论，打击敌人气焰，请在最近连续打几次上述小反击战。"25日谈判复会，美方所提军事分界线"与目前敌我接触线相较，我还须撤出一千五百平方公里左右的地区，而敌方除所撤退的微小地区外，却还前进了六百多平方公里的地区，特别是把开城划在敌占区内无理要求。我第一线部队，应坚持现有阵地，并尽可能地举行局部反击，收回一些放弃的阵地，表示我力量，促进停战谈判，甚为重要。""十一月甚至今年底（除特别有利情况在外），拟不准备进行全线大反击战役，根据九、十月经验，采取积极防御方针，敌人消耗很大，敌对我亦甚恐惧，敌不前进，我采局部不断的小反击，每次以消灭敌一个营为标准。目前为促进停战谈判，乘敌伤亡甚大之后应有计划有准备在下月五号后举行数次上述小的进攻战是很需要的，如准备充分，能提早则更好。"[①]李克农和解方也希望这种局部反击"在充分准备的条件下尽可能早点发动，以期有助于目前的军事分界线之谈判"。

据此，自10月31日至11月底，志愿军第一线第64、第47、第42、第26、第67（11月7日为第12军接替）、第68军先后7个军，共选择"联合国军"营以下兵力防守的突出的、暴露的或较薄弱的26个阵地，攻击34次，攻克阵地21处，歼敌1万余人，巩固占领其

---

① 参见沈宗洪、孟照辉主编《中国人民志愿军抗美援朝战史》，第134页，北京：军事科学出版社，1990年。

谈判双方参谋人员标绘军事分界线地图

中 9 个阵地。与此同时，担负保卫开城任务的第 65 军进行两次扫荡作战，扩展 280 余平
方公里的地区。在西海岸的志愿军 50 军在志愿军空军直接支援下，攻取了鸭绿江口至清
川江口外被南朝鲜武装占领的 10 余个岛屿，人民军 2 个旅在大同江口外和瓮津半岛外也
收复数个岛屿。志愿军和人民军的这些作战，有力地打击了敌人和促进了停战谈判。

　　在朝中方面军事打击和谈判代表的有力舌战的斗争下，美方代表虽仍摆出一副流氓
的态度，并且扬言开城的所有权由武力来决定，但也不得不开始步步退让。为使其陷于
被动，毛泽东于 11 月 6 日电示李克农，我方可于 11 月 7 日的谈判中，主动提出就地停战
各后撤 2 公里作为非军事区的方案。同时指示彭德怀，对敌可能进攻开城，我必须有所
准备，在其进攻时，坚决歼灭之。

　　朝中代表提出上述方案后，美方代表再无反对的理由，但只同意就此签署原则协议，
而不愿确定具体的军事分界线，企图在所有谈判议程都达成协议后再确定具体的分界线，

以为他们依靠优势的武器装备还能得到便宜。朝中方面认为，这项议程讨论的就是军事分界线的问题，因此，必须确定一个事实上的分界线，同时对停战前军事分界线的变化也充满信心，认为美国人不会得到便宜，因此，提出在各项议程全部达成协议后，届时根据双方接触线的实际变化再对军事分界线加以调整。美方代表只好同意，经过双方参谋人员校订接触线后，双方代表团大会于11月27日批准了该项议程小组委员会于11月23日达成的关于军事分界线的协议：以双方现有实际接触线为军事分界线，双方各由此线后撤2公里以建立军事停战期间的非军事区。如果停战协定在本协议批准30天后签字，届时按双方实际接触线的变化修正上述军事分界线和非军事区。

停战谈判形势的出现，是志愿军和人民军胜利作战的结果。同样，关于军事分界线问题的谈判达成协议，也是志愿军和人民军作战有力配合的结果。历时4个月关于军事分界线问题的谈判充分表明，如果没有有力的军事打击相配合，同美国人讲和是不容易的，美国人是很傲慢不讲道理的，"要是讲一点理的话，那是被逼得不得已了"。①

此后，谈判双方仍以小组委员会的方式，于11月27日、12月11日和1952年2月6日，先后分别进入了第三项议程（关于实现停火休战的具体安排）、第四项议程（关于俘虏的安排）、第五项议程（关于向双方有关各国政府建议事项）的谈判。但美方仍是故伎重演，采取不讲理和拖延态度。

---

① 见《毛泽东军事文集》第六卷，第354页，北京：军事科学出版社、中央文献出版社，1993年。

志愿军越战越强，越战越主动

能不能守的问题解决了，办法就是钻洞子

早在第一次战役志愿军 2 个师在东线长津湖以南的阻击作战中，和第四次战役韩先楚副司令员指挥 2 个军和人民军 1 个军团在西线汉江南岸的阻击作战中，就已看出，志愿军武器装备落后，依托野战工事，面对"联合国军"飞机、大炮和坦克的猛烈火力攻击，组织坚守防御是相当困难的。"联合国军"在进攻中，对志愿军 1 个连至 1 个团防守的阵地，在 1 天之内即可发射炮弹和炸弹数百发（枚）至上万发（枚），志愿军伤亡极大，多数阵地只能坚持数小时，许多阵地在弹药耗尽，人员大部或全部伤亡的情况下失守。

但这时志愿军实行的是运动战，在战略全局上主要是反攻性质的战役作战，坚守防御属于局部性和辅助性的作战。停战谈判开始以后，双方在战场上都转入战略防御，实行的都是阵地战。在停战谈判形势出现时，志愿军根据中共中央确定的战争方针，和战场上大踏步进退的运动作战方式将大大减少，死守一地和攻击敌军坚固阵地也很不容易的形势，在作战指导上曾确定实行运动防御与反击相结合的拉锯战，也就是积极防御与短促突击相结合的作战方式。

随着停战谈判的开始，特别是随着关于军事分界线问题谈判的开始，形势的发展，已不允许志愿军进行运动防御与反击相结合的拉锯战，在战略上必须实行坚守性质的防御战。在 9 月上旬召开的志愿军党委扩大会议上，彭德怀指出：我们的方针是必须作持久战打，要学会阵地攻坚和阵地防御，这种阵地战争的形势一天一天的明显，在今后的防御作战中，应是积极防御，节节抗击，对每一阵地必须反复争夺，不得轻易放弃，采取阵地反击和小出击，多杀伤敌人。在进攻作战中必须稳扎稳打，就目前敌我装备条件没有改变以前，不宜进得太远。[①]在秋季防御作战开始后，10 月 8 日，志愿军司令部指示第一线各部，必须加强要点工事，所有重要之要点，必须准备坚守，不得随便放弃。志愿军的秋季防御和 10 月底开始的战术反击，就是本着上述方针和原则进行的。

10 月上旬，中共中央政治局召开扩大会议，根据朝鲜战局发展趋势和恢复国内建设的需要，确定了"精兵简政，增产节约"的方针，对志愿军在战场上也确定了"在现在

---

① 参见沈宗洪、孟照辉主编《中国人民志愿军抗美援朝战史》，第 128 页，北京：军事科学出版社，1990 年。

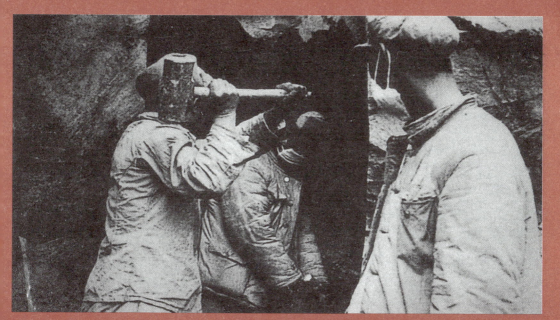
志愿军战士在构筑坑道工事

规模上进行持久的防御战，以大量消耗敌人，争取就地停战的胜利"的方针。毛泽东把中央的方针告诉来京请示汇报工作的邓华回志愿军中传达。[1]在11月14日以毛泽东名义就朝鲜停战谈判及中国关于国内建设和战场方针问题致斯大林的电报中，对战场方针作了如下表述："节约兵力、物力和财力，采取持久的积极防御的作战方针，坚守现在战线，大量消耗敌人，以争取战争的胜利结束。"[2]

在粉碎"联合国军"夏、秋季局部攻势的作战中，志愿军和人民军就实行了带有坚守性质的防御作战。但由于反击火力不强和野战工事经不起敌军火力攻击，因而还是丢失了一些阵地。随着关于军事分界线问题的谈判达成协议，解决依靠劣势的武器装备能不能守的问题，就成了能不能取得战争最后胜利的重大战略问题。

有的志愿军部队，在转入战略防御之初，就在第一线构筑了"猫耳洞"式的防炮洞，这种"猫耳洞"在"联合国军"猛烈火力攻击中，在减少伤亡、保存自己方面起了非常明显的作用。与此同时，有的志愿军部队又把这种"猫耳洞"创造性地发展为有2~3个进出口的小型坑道，不但可以利用其保存自己，而且可以利用其杀伤进攻的敌人。志愿军首长和领导机关，及时推广这些做法。9月16日以"联司"名义要求各部，"我重要阵地必须是隧道式的据点，特别是核心阵地"。[3]但这时，第一线部队正忙于作战，只能利用作战间隙构筑工事。在关于军事分界线的谈判达成协议后，战场相对平静。于是，从

① 参见《周恩来年谱》（1949～1976）上卷，第185、第187页，北京：中央文献出版社，1997年；《毛泽东军事文集》第六卷，第305页，北京：军事科学出版社、中央文献出版社，1993年。
② 见《周恩来军事文选》第四卷，第250页，北京：人民出版社1997年。
③ 参见沈宗洪、孟照辉主编《中国人民志愿军抗美援朝战史》，第129页，北京：军事科学出版社，1990年。

志愿军副司令员杨得志与金日成在一起

志愿军司令员彭德怀和副司令员陈赓（右）、邓华（左）在一起

1951 年 12 月开始，志愿军和人民军在第一线，全面展开了构筑以坑道工事为骨干的坚固阵地的大规模筑城活动。

志愿军司令部对构筑坑道工事提出了统一的战术要求和技术标准，要求每个阵地均要有坑道，坑道工事同野战工事相结合，坑道不但能防空、防炮，而且能防雨、防潮、防毒、防寒、防火，既有利于保存自己，又有利于发扬战术消灭敌人，既有战斗设施，也有生活设施，每个阵地均成为能防、能打、能机动、能生活的完整体系。

至 1952 年 5 月底，在正面 250 余公里、纵深 10 公里的第一线阵地上，志愿军共挖掘坑道 7 789 条，长 198.7 公里，修筑掩体 75 万个，露天及掩蔽式堑壕 3 420 余公里；人民军挖掘坑道 1 730 条，长 88.3 公里，完成各种掩体 3 万余个，堑壕 260 余公里。整个正面战线，基本上形成了以坑道为骨干同各种野战工事相结合的支撑点式的坚固防御阵地体系。这样，志愿军和人民军实行坚守防御，就有了比较可靠的阵地依托。据统计，4 月间"联合国军"以小部队向志愿军阵地攻击 60 余次，志愿军无一丢失阵地。1951 年夏、秋季防御作战时，"联合国军"平均发射 40～60 发炮弹即杀伤志愿军 1 人，而 1952 年 1～8 月，"联合国军"平均发射 660 余发炮弹，才能杀伤志愿军 1 人。

与此同时，在不进行战役反击的情况下，志愿军在战术上则采取了积极活动的方针，积极开展各种作战活动打击敌人，巩固战线和配合谈判斗争。尤其 1952 年 3 月中下旬以后，以坑道为骨干的阵地体系初具规模，3 月 19 日和 26 日，志愿军总部和彭德怀两次下达指示，要求第一线各军：在 3 月底 4 月间，每军组织一两次有准备、有计划、有节制的主动攻歼敌人的小战斗，以配合板门店的谈判。"我们目前作战方针，应采取积极手段，巩固现阵地，不放过任何有利战机，歼击运动的、暴露的敌人，相机挤地方。"据此，4 月，志愿军即开始依托已经完成的坑道工事，有组织、有计划地，开展挤占敌我中间地带和攻取敌军突出的个别连、排阵地的作战活动。这种活动取得了明显效果，仅 5 月和 8 月，即挤占阵地 20 余处，扩展阵地面积 30 余平方公里。还在第一线普遍开展了冷枪、冷炮狙击歼敌活动。将军事斗争的焦点推向敌方阵地。6 月，志愿军的坑道工事，还经受了"联合国军"营以上规模兵力反扑的考验，不但没有丢失阵地，而且依托坑道大量杀伤了敌人，和初步取得了坚守坑道作战的经验。

这样，正如毛泽东所说的，能不能守的问题也解决了，"办法是钻洞子。我们挖两层工事，敌人攻上来，我们就进地道。有时敌人占了上面，但下面还是属于我们的。等敌人进入阵地，我们就反攻，给他极大的杀伤。我们就是用这种土办法捡洋炮。敌人对我们很没有办法。""现在是方针明确，阵地巩固，供给有保证，每个战士都晓得要坚持到底。"① "我们在绵延几百公里、高数十丈的山下钻了几千个洞，我们的军队在洞的出口打击敌人。他们不论怎么轰炸，也打不垮我们的洞，即使发生原子战争，也打不垮我们的洞。这些坑道是互相连接起来的，在里面可以屯兵、开会、演习、宿营。"②

在第一线阵地基本巩固后，志愿军为更进一步贯彻坚守防御方针，于6月6日至9日召开了各兵团干部参加的会议。此时，彭总因头部长个小瘤子，在中央一再催促下，于4月上旬回国治疗，后留在国内，于7月上旬接替周恩来主持中央军委日常工作，仍兼中国人民志愿军司令员。彭德怀回国后，由陈赓主持志愿军的工作。这次兵团干部会议，是由陈赓和邓华主持召开的。邓华在这次会议上作了重要讲话。会议重点研究解决了如下三个问题。

第一，进一步明确了军事方针，并提出了新的战术要求。会议根据美方代表在谈判中的拖延态度和在战场上的表现，指出："我们在思想上、组织上必须坚决准备打下去。而我们的指导方针，就是坚持持久作战与贯彻积极防御的两条基本原则。"我军形成了以坑道为骨干的支撑点式的防御体系，装备有了加强，运输状况有了改善，部队也有了较丰富的防御作战经验，因此，我军"现在的积极防御，内容上是带坚守性的"，在不举行战役攻势的情况下，"必须在战术上采取积极活动的方针……总使敌人处于一种防我进攻的姿态，迫使敌人处于被动地位。"战争如果长期拖延下去，敌人可能向朝鲜大举增兵，有可能在东西海岸实施登陆进攻，并以正面进攻相配合，对此，我们必须要有充分的准备，要从敌人可能两侧同时登陆，再加上天上空降、正面进攻及使用细菌、原子弹等最严重的情况来作准备。我们就是要根据这些情况来调整部署和建立完整的防御体系。

第二，决定调整正面战线的部署，加强打击敌人的机动力量。由于第一线坚固阵地体系基本完成，防御能力增强，节约了第一线的防御兵力。因此，会议决定志愿军从第一线8个军中抽出1个军作为二梯队，并建议人民军抽出1个师加强东海岸海防（后人民军抽出1个军团）。同时决定调整战场各兵团指挥关系，志愿军各兵团入朝时对所属各军均是隶属关系，此时由于第一、第二线的换防，及在侧后海岸防御的部队与正面部队的换防，各兵团已不可能严格保持隶属关系，而对各军变成了指挥关系。正面战线和东西海岸各兵团和指挥部，均有1~2个军作为第二梯队，志愿军还有1个军作为总预备队。这样增大了机动兵力，正面和东西海岸均可较自如地应付可能发生的各种情况。

第三，决定加强海岸工事，完成整个防御体系。会议确定，建立一条从鸭绿江口，

---

① 见《毛泽东军事文集》第六卷，第317页，北京：军事科学出版社、中央文献出版社，1993年。
② 1957年11月8日毛泽东在莫斯科同英国共产党波立特和高兰的谈话。

韩先楚（左）与陈赓、甘泗淇在一起

志愿军代司令员兼政治委员邓华

沿朝鲜西海岸与正面战线衔接，再沿朝鲜东海岸直至图们江口的坚固的有纵深的防御阵地体系。阵地工事均由野战筑城向永久筑城发展，这种工事的构筑，不论停战谈判拖下去，或战争停下来，均要做。

会议决定的内容均获得中央军委的同意。这次会议的决定和部署，使贯彻坚守防御方针更为具体化和更臻完善。

会后，陈赓奉调回国筹建军事工程学院，中央军委决定由邓华代理志愿军司令员和政治委员，主持志愿军的全面工作。7月，毛泽东签署命令，任命杨得志为志愿军第二副司令员，协助邓华主持志愿军的工作；任命韩先楚接替杨得志任第19兵团司令员，第19兵团副司令员兼参谋长郑维山接替回国治病的杨成武任第20兵团代司令员。9月，又任命王建安接替回国任职的宋时轮任第9兵团司令员。

至1952年8月底，正面第二线的坚固阵地工事也大体完成，加之装备有所改善和运输问题基本解决，为改善防御态势，促进谈判，并为结合第一线部队换防，在换防之前得到作战锻炼，经报请中央军委批准，在邓华、杨得志组织指挥下，志愿军以第12、第39、第68军为主，第一线的第65、第40、第38、第15军配合，于9月中旬至10月底，进行了具有战役规模的全线战术反击作战。这次战术反击作战，利用已完成的坑道工事，根据敌军阵地情况，采取攻克阵地歼火守敌后立即撤回（抓一把就走）；攻克阵地歼灭守敌后与敌反复争夺，视情况决定弃守；攻克阵地歼灭守敌后坚决固守三种方式，共选择敌军营以下兵力防守的60个阵地，攻击77次（其中人民军选择3个阵地攻击3次），歼敌2.7万余人，几乎是攻则必克，攻则必歼，除几个阵地攻击未得手和1个阵地敌军撤

战后的上甘岭

逃外，其余全部攻克阵地全歼守敌。经过反复争夺后，巩固占领了其中 17 个阵地。"联合国军"在全线处于一种被动挨打的状态。

这次作战同以往作战相比，志愿军在使用兵力、火力的构成上有了很大的变化，一般攻击敌军 1 个连，使用步兵 1 个连，而支援炮兵则达 8～10 个连，火炮 30～40 门，炮兵火力有了大大加强。这是志愿军所以攻则必克、守则必固的重要因素。毛泽东在 12 月 16 日给斯大林的电报中指出："今年秋季作战，我取得如此胜利，除由于官兵勇敢、工事坚固、指挥得当、供应不缺外，炮火的猛烈和射击的准确实为制胜的要素。"①毛泽东对战术反击作战给予了高度评价，指出："此种作战方法，继续实行下去，必能致敌死命，必能迫使敌人采取妥协办法结束朝鲜战争。"②

在 10 月中旬至 11 月下旬的上甘岭战役中，"联合国军"对志愿军第 15 军 2 个连防守的不足 4 平方公里的阵地，先后动用 3 个多师的兵力、300 门大炮、近 200 辆坦克和 3 000 架次的飞机，发射炮弹 190 余万发、投掷炸弹 5 000 余枚，掀翻阵地土石 2 米多深，然而志愿军阵地岿然不动，第 15、第 12 军共 3 个多师，经过与敌 40 余天的争夺，歼敌 2.5 万余人，全部恢复阵地，创造了坚守防御的典范。

至此，志愿军不但解决了能不能守的问题，而且完全掌握了正面战场的主动权，而"联合国军"则全线处于一种无可奈何的被动挨打的状态了。对于这种战场态势，战后美国和韩国写的战史都是承认的。③

---

① 见《周恩来军事文选》第四卷，第 310 页，北京：人民出版社，1997 年。
② 见《毛泽东军事文集》第六卷，第 324 页，北京：军事科学出版社、中央文献出版社，1993 年。
③ 参见沃尔特·G. 赫姆斯《朝鲜战争中的美国陆军——停战谈判的帐篷和战斗的前线》，第 346 页，北京：解放军国防大学出版社，1988 年；韩国国防部编《朝鲜战争》中文版第四卷，第 5、第 308 页，黑龙江朝鲜民族出版社，1988 年 7 月。

打不烂、炸不断的钢铁运输线

美军在朝鲜战争中一直将轰炸破坏中朝军队的后方，作为其战略上的重要组成部分。在志愿军入朝参战的前期，美军依仗其优势的空军欺负志愿军没有空军，也没有高射炮部队，因此，其飞机活动肆无忌惮，非常猖狂，无论白天黑夜，成群结队在朝鲜北方上空活动，到处狂轰滥炸和扫射。整个朝鲜北方的城镇几乎变成了一片废墟，主要铁路车站和铁路、公路桥梁基本被毁，铁路时常处于瘫痪状态。朝鲜北方的上空，一度成了美军飞行员的自由天地，他们随心所欲，无所顾忌，几乎见到活动目标就打，甚至单个车辆、单个行人也不放过，飞行高度之低可使地面人员看到飞行员的眼睛和鼻子，经常擦房顶、掠树梢而过，甚至有的钻桥洞追打地面目标。也有的亡命之徒，因此而撞毁丧命。

朝鲜停战谈判开始以后，李奇微为配合谈判，对志愿军和人民军施加军事压力，在命令其地面部队于1951年8月18日发起夏季攻势的同时，也命令其空军（包括海军的飞机）发动了大规模的"空中封锁交通线战役"，以摧毁朝鲜北方铁路运输系统为主要目标，集中在远东的全部轰炸机和绝大部分的战斗轰炸机，在战斗截击机的掩护下，每日出动数百架次至上千架次，对朝鲜北方铁路分区分段进行毁灭性的轰炸，并派有专门的巡逻飞机，在夜间追打铁路和公路上的运输车辆。计划以90天的时间摧毁朝鲜北方的铁路系统，"尽可能做到使其铁路运输陷于完全停顿的地步"，企图以此来"窒息"志愿军前方部队，在谈判中接受他们提出的无理条件。美国空军将这次"空中封锁交通线战役"称为"绞杀战"。①

9～12月，美国空军集中轰炸破坏清川江以南、平壤以北的铁路。在地图上，这一地区的铁路近似于三角形，因此，这一地区铁路被称为"三角铁路"，是朝鲜北方铁路咽喉地段。据中朝联合铁道运输司令部的统计，9～11月，美国空军对三角铁路的轰炸，逐月加剧。9月出动飞机3 027架次，破坏线路和车站648处次，破坏桥梁57座次；10月出动飞机4 128架次，破坏线路和车站1 336处次，破坏桥梁53座次；11月出动飞机8 343架次，破坏线路和车站1 937处次，破坏桥梁77座次；12月略有减轻，

---

① 参见美国空军大学著《朝鲜战争中的美国空军》一书第14章。

但仍出动飞机 5 786 架次，破坏线路和车站 1 697 处次，破坏桥梁 101 座次。三角铁路总长为 180 公里，只相当于当时志愿军和人民军管区可用铁路 960 公里的近 1/5，而遭受破坏的总量却占管区被破坏总量的 50% 以上。4 个月中，美国空军在这一地区投弹 63 515 枚，合 31 755 吨，平均每公里落弹 350 余枚，合 170 余吨。

本来志愿军没有空军掩护和运输能力弱，战场运输就相当困难。而 7 月下旬至

中央军委代总参谋长聂荣臻

8 月底，朝鲜暴发了 40 年来罕见的特大洪水，铁路桥梁被冲毁 94 座次，朝鲜北部清川江、大同江和沸流江上的主要铁路桥梁均被冲坏，处于全面不能通车状态，公路桥梁被冲毁 50%。在这种情况下，美军空军发动"绞杀战"，无疑给志愿军的运输是雪上加霜，造成了志愿军运输的极大的困难。9 月初，志愿军前线部队出现了饿饭现象，并且冬寒将至，棉衣尚未运到。9 月 7 日，彭德怀在给聂荣臻的电报中有一段话反映了前方的困难："早晚秋风袭人，战士单着，近旬病员大增，洪水冲，敌机炸，桥断路崩，存物已空，粮食感困难，冬衣如何适时运到，实在逼人，马克思在天不灵，望兄良策教我。"[1]当时计划的第六次战役一再推迟发动，这是重要的原因之一。能不能战胜美军的空中封锁，根本解决战场运输问题，扭转运输补给一直处于被动的状态，成了志愿军能否坚持胜利作战的又一个重大战略问题。

中央军委把志愿军能不能有饭吃，一直是作为能否取得战争胜利的重大战略问题来解决的，对志愿军的后勤保障极为关心。政务院总理、主持中央军委日常工作的副主席周恩来，亲自过问和解决志愿军的战场运输问题。正如聂荣臻在回忆录中所讲的，"整个后勤工作，当时都是在周恩来同志的领导关怀下进行的。""恩来同志对志愿军的后勤保障费尽了心血，作出了宝贵的贡献。"[2]除本书前边已经讲到的，以东北行政区为总后方基地，全力支持总后方基地的工作，指导东北军区专门在沈阳召开志愿军后勤工作会议解决运输问题，成立志愿军后方勤务司令部专事负责战场后勤保障外，在接到彭德怀 9 月 7 日给聂荣臻的电报前，8 月下旬，以洪学智为司令员、周纯全为政治委员的志愿军后方勤务司令部，以贺晋年为司令员、张明远为政治委员的中朝联合铁道运输司令部，即

① 见《抗美援朝战争史》第三卷，第 149 ～ 150 页，军事科学出版社，2000 年 9 月。
② 见《聂荣臻回忆录》下册，第 749 和第 750 页，北京：解放军出版社，1992 年。

采取了紧急抢修、抢运措施。同时建议增加防空力量和铁路抢修力量。中央军委同时命令志愿军空军以师为单位，以安东地区的机场为基地，出动作战，掩护平壤以北朝鲜境内的铁路运输和机场修建。

9月，中央军委已判明美军"绞杀战"的企图（当时尚不知美军对朝鲜北方铁路的大规模轰炸称为"绞杀战"），指出："敌人对我铁路轰炸是作为战略企图来打算盘的"，"窥其企图，一为在军事上造成我持久作战的困难；二为配合开城谈判对我施用压力。"在接到彭德怀的电报后，中央军委为解决运输问题又作出几项重要决策，并派军委运输司令员吕正操到沈阳专门主持召开运输会议，具体研究解决战场运输问题措施。

9月15日，聂荣臻复电彭德怀，告知：除吕正操已去东北参加运输会议，负责具体解决朝鲜的抢修、抢运等问题，一二日内即可将结果电告外，军委决定：1.充实铁道兵团，现已拨补新兵9 000人，另临时配属5个新兵团；2.保证桥梁材料，现已将修建黄河铁桥30孔北运入朝，从苏联订购的桥梁材料9月20日前可到2 000余吨，10月初还可到一批，用于朝鲜铁路桥梁抢修；3.加强倒运力量，除已商东北在朝民工延期换班外，各渡口须就地编筏抢渡；4.加强铁路及江桥防空力量，已令空军出动作战，另苏联有1个高炮师到清川江桥附近。

9月24日，中央军委致电彭德怀，决定在朝鲜境内划分4个防空区，出志愿军指定在朝鲜的高炮部队专门负责掩护铁路运输。

9月26日，聂荣臻致电彭德怀，告沈阳运输会议决定的各种事项。除军委已决定的事项外，会议根据周恩来指示，决定正待入朝的特种兵部队缓运入朝，并减少弹药和杂品的运输，主要保证粮食、被服和汽油的运输，将原计划9月下半月至10月底一个半月时间内，运过清川江志愿军第四季度所需物资不少于10 000车皮，压缩至不得超过7 000车皮。运输会议决定所有车皮增载1/10，多用装载40吨的大型车皮，并改善包装办法；铁路抢修，尽量就地取材，节省运输车辆，抢运急需物资；建议统一运输指挥，由联合运输司令部统一下达运输的命令，组织联勤，统一调配物资；由联合运输司令部副司令员兼铁路管理总局局长刘居英统一布置落实。①

从此，志愿军后方部队全面展开了反"绞杀战"斗争。

12月，根据反"绞杀战"斗争的需要，经中朝双方协商批准，组成了以刘居英兼任司令员和政治委员的前方铁道运输司令部，隶属于以贺晋年为司令员的联合铁道运输司令部，统一指挥、协调朝鲜北方铁路系统的抢修、运输和高炮部队的对空作战。

---

① 参见《聂荣臻军事文选》第356～358页，北京：解放军出版社，1992年。

志愿军防空哨

志愿军二线部队抢修公路

在铁路战线上，以李寿轩为副司令员和崔田民为副政治委员的志愿军铁道兵团，共4个师零1个团和1个铁路援朝总队，昼夜奋战，在反"绞杀战"期间，根据敌机轰炸特点，采取以集中对集中、以机动对机动的抢修方针，保证抢修。当敌集中力量轰炸平壤以北三角铁路时，志愿军铁道兵团则集中1/2以上的抢修力量，保证这一地区的抢修。当敌机在这一地区遭到苏联空军、志愿军空军和高炮部队的严厉打击后，改取不定区的机动轰炸时，志愿军铁道兵团在保证三角地区抢修的同时，则集中一定兵力，作为机动，以便其他地区随炸随修。为保证道路畅通，多运物资，则群策群力，千方百计克服困难，采取了许多创造性的措施，提高抢修速度。在重要车站，均修筑了迂回线，在重要桥梁地区均修筑了简便桥。为提高抢修速度，多抢通车时间，夜间抢修时，均在道钉上涂抹白灰，并采取枕木排架法代替大弹坑的填土等，提高抢修效率。为迷惑敌机，尽量减少桥梁被炸，则采取了架设活动桥梁的办法，拂晓前拆除几孔桥梁，使敌机以为是坏桥，而不必轰炸，黄昏后再将桥梁架好，保证夜间火车通行。

铁道兵不但抢修任务重，而且除了防敌空袭外，还要冒着生命危险，排除美机轰炸时投下的未爆炸的炸弹，其中大量的是定时炸弹。这些定时炸弹，深入地下几米深，并且随时都有爆炸危险。铁道兵官兵以不怕牺牲的革命精神和科学态度相结合，及时排除这些定时炸弹。仅1951年10月，在平壤以北三角铁路几十公里的路段上，就排除定时炸弹108枚。铁道兵涌现了许多排弹能手。

志愿军铁道兵抢修能力之强，就连美国空军也无可奈何地表示叹服："共军抢修部队填补弹坑的速度可以和……F-80飞行员的轰炸速度匹敌。共军从我'绞杀战'一开始就能迅速地抢修被炸断的铁路。共军修路人员和修桥人员，已经粉碎了我们对平壤以北铁路线的封锁，……并赢得了使用所有铁路线的权利。"[1]

志愿军铁路运输也采取了许多特殊措施：在桥梁、线路被炸断，不能通车的地区则采取以汽车分段倒运的办法，将可用铁路衔接起来；临时架设的桥梁，承受不了机车的重压，则采取将车皮顶过去，而机车不过桥，由对面机车接运的办法，所谓"顶牛过江"；为充分利用夜晚的通车时间，则采取集中向前突运，再寻机向后排回空车的办法，所谓"片面运输"。从而提高了铁路运输效率。

在公路战线上，在以洪学智为司令员的志愿军后方勤务司令部统一组织下，志愿军工兵部队和在后方休整的各军及各兵团直属队，加宽加固了公路，并新修了数百里的公路；沿途修筑了许多水下桥和汽车掩蔽所；以1个公安师和志愿军后勤各分部的警卫团营，

[1] 参见美国空军大学著《朝鲜战争中的美国空军》一书第14章。

在主要公路干线上设置了防空哨，为行驶的汽车防空报警，并指挥交通。当敌机来临时，立即鸣枪或发射信号弹报警，汽车立即闭灯行驶。汽车司机遇敌机轰炸扫射时，或突然刹车，或猛踩油门，躲避轰炸扫射，有的在敌机轰炸扫射后，立即在汽车附近点燃早已准备好的破油桶或破旧衣布，假示汽车被炸中燃烧，以迷惑敌机，保护车辆。采取这些措施，既大大减少了汽车的损失，又大大地提高了公路运输效率。季度汽车损失率由入朝初期的近50%，降到1952年第一季度的2.3%，公路运输能力，1951年9～12月比4～8月提高95%，1952年1～4月比1951年9～12月，又提高19.8%。

毛泽东在1953年9月讲到抗美援朝战争的胜利时，高度赞扬了志愿军这些群众性的创造，指出："我们的干部和战士想出了各种打仗的办法。我讲一个例子。战争的头一个月，我们的汽车损失很大。怎么办呢？除了领导想办法以外，主要是靠群众办法。在汽车路两旁用一万多人站岗，飞机来了就打信号枪，司机听到就躲着走，或者找个地方把车藏起来。同时，把汽车路加宽，又修了许多新汽车路，汽车开过来开过去，畅行无阻。这样，汽车的损失就由开始时的百分之四十，减少到百分之零点几。"[1]

在美军实施大规模"绞杀战"时，志愿军共有高炮部队4个野战师、4个城防团和50余个独立营，总计有85和37毫米口径的高炮800余门，还不及侵朝美军用于朝鲜战争飞机数目的一半。独立营多数配属了各兵团各军，野战师大部分在掩护机场修建。为粉碎美国空军的"绞杀战"，1951年9月底，志愿军总部根据中央军委指示，将朝鲜北方铁路划分为4个防空区，指定1个团又12个营的高炮部队，分区担负对空作战，掩护铁路运输。同时还有城防高炮部队掩护重要铁路桥梁。这些高炮部队，积极作战，予前来轰炸的美空军飞机以严厉打击。美国空军战史承认，志愿军高射炮火使担负轰炸朝鲜北方铁路的美第5航空队的战斗轰炸机遭受了很大损失，"9月，被击落32架，击伤23架；10月，被击落33架，击伤238架；11月，被击落24架，击伤225架。"美军舰载航空兵更惧怕部署在平壤至元山铁路线新成川至高原段上的高炮部队，他们称这里的高炮火力猛烈，射击准确，称这一地区为"死亡之谷"，而惧怕去那里攻击铁路。[2]

10月以后，美国空军对平壤以北、清川江以南的三角铁路轰炸加剧时，11月，根据联合铁道运输司令部的建议，中央军委和志愿军总部将掩护机场修建的3个高炮师和1个城防团，全部抽出集中用于掩护铁路运输，并以高炮第64师司令部为基础，组成了铁道高射炮兵指挥所，统一指挥掩护铁路运输的高炮部队作战。1951年12月，这些高炮部队采取了"集中兵力、重点保卫"的方针，将70%的兵力、火力部署在三角地区铁路沿线，

① 见《毛泽东军事文集》第六卷，第354页，北京：军事科学出版社、中央文献出版社，1993年。
② 参见美国空军大学著《朝鲜战争中的美国空军》一书第14章。

志愿军高炮兵部队掩护铁路运输

志愿军高炮击落美军飞机

中国人民志愿军空军

中国人民志愿军空军

打击敌机。仅12月一个月，即击落敌机38架、击伤68架。美军飞机惧怕这一地区的高射炮火，不得不改变轰炸战术，寻找志愿军高炮火力较弱的地区机动突击。

魔高一尺，道高一丈。敌变我变。由于美军轰炸范围扩大，重点不固定，而志愿军高炮部队少，不敷使用。为解决这个矛盾，高炮部队则采取了"重点保卫、高度机动"的作战方针，以一部兵力重点保卫一些桥梁和车站，而以主要兵力实施机动作战，将铁路沿线划分为几个作战区，每区以高炮师为单位统一指挥该区高炮部队机动作战，减少了掩护的空白区，有力地掩护了铁路运输，严厉地打击了敌机，1952年1～6月，共击落敌机198架，击伤779架。

整个反"绞杀战"斗争中，志愿军高炮部队充分发挥了威力，共击落敌机260余架，击伤1000余架，对粉碎美国空军的"绞杀战"起了重要的作用。

志愿军空军于1951年9月中旬起，在刘震司令员的指挥下，以师为单位轮番出动作战，与苏联空军在平壤以北（主要是清川江以北）地区上空，打击美军入侵的飞机，掩护铁路运输和机场修建。在中国人民抗美援朝战争期间，苏联空军保持2～3个歼击机师，共4～7个团，飞机120～210架，在清川江以北地区上空作战，当时处于秘而不宣的状态，20年以后公开。

当时志愿军空军歼击机部队，装备的多是苏联制造的米格-15型歼击机，这种飞机的作战性能，与美军最先进的F-86飞机相当，飞行性能略优于F-86飞机。每师两个团共装备50架。志愿军飞行员在这种飞机上的飞行经历只有几十小时、最多不过100小时，既谈不上空战经验，也缺乏飞行经验。这同美军飞行员多数有参加过第二次世界大战空战的经历无法相比。但志愿军飞行员多数有陆军生活战斗的经验，政治素质强，具有顽强的战斗作风，在朝鲜战场上同美国空军展开了较量，表现出了不凡的身手。

志愿军空军首先出动的是第4师，该师早在1950年12月至1951年4月，即在苏联空军的带领下完成了实战练习。这次出动后，从9月20日至10月19日，一个月内，共出动508架次，在苏联空军带领下，进行大小空战10余次，其中敌我双方共200架飞机的大空战7次，击落敌机17架，击伤7架，自己损失飞机14架。第4师为志愿军空军作战打出了良好的开端。毛泽东在10月2日看到第4师的空战报告后，欣然挥笔写下了"空四师奋勇作战，甚好甚慰"的赞语。①

紧接着，志愿军空军第3师出动，接替第4师作战，第4师转入休整。第3师打得更漂亮。在10月21日至1952年1月14日的86天中，出动2391架次，进行大小空战23次，

---

① 见《当代中国丛书·当代中国空军》，第146页，中国社会科学出版社，1989年10月。

击落敌机 54 架，击伤 9 架。该师仅损失飞机 16 架。许多飞行员创造了突出的战绩，战绩最佳的飞行员击落敌机 6 架，击伤 2 架。1952 年 2 月 1 日，毛泽东看到了第 3 师的作战报告，又欣然挥笔写下了"向空军第三师致祝贺"的批语。

志愿军空军出动后，与苏联空军并肩作战，有力地打击了美国空军的嚣张气焰，给美国空军造成了巨大的威胁。美国空军参谋长惊呼，中共在一夜之间就成了空军强国之一。美国空军战史说："共军米格由于占有数量上的优势，所以 11 月份在平壤以北他们到处取得了主动地位，而'联合国军'所有的飞行员则只能对共军飞行员发动的进攻进行抵抗而已。"第 5 航空队只好决定，"他的战斗轰炸机以后不在米格走廊（美国空军称鸭绿江和清川江之间地区为'米格走廊'——本书作者注）内进行封锁交通线的活动，此后只能对清川江与平壤之间地区的铁路交通线实施攻击"。美国远东空军司令官奥托·威兰将军也被迫下令，取消 B-29 轰炸机在昼间的轰炸活动，于 10 月底起，全部转为夜间活动。[①]

志愿军空军第 4、第 3 师经受锻炼取得经验后，从 1952 年初起，轮番担负了带领新部队作战的任务。从 1951 年 11 月起，志愿军空军其他部队也陆续参战，根据第一线机场（均在中国境内）的容纳限度，保持 2～3 个师作战，每师作战 3 个月左右，经受锻炼取得经验后，即行轮换。到 1952 年 6 月，先后参战的又有志愿军空军第 2、第 6、第 14、第 15、第 12、第 17、第 18 师。这些部队大部分是在第 4、第 3 师带领下进行实战的。1952 年 1～5 月，志愿军空军共击落敌机 53 架，击伤 16 架。

到 1952 年下半年，志愿军空军已有 9 个师经受了作战锻炼，各师均可独立担负作战任务，并且主要是同美军的 F-86 飞机作战。志愿军空军司令部的成员也进行了调整，由华东军区空军司令员聂凤智接替刘震任志愿军空军代司令员。1953 年 1 月，志愿军空军第 16 师也参加了作战。这时，志愿军空军已能进行夜间作战，并取得夜战战果。

在整个抗美援朝战争中，志愿军空军共击落敌机 330 架，击伤 95 架；被击落 231 架，被击伤 151 架。新生的中国人民空军，在抗美援朝战争的空战中经受了锻炼，迅速成长壮大起来。

在志愿军空军和高射炮兵作战的有力打击下，加上铁路、公路抢修运输部队及后方其他部队的艰苦努力，志愿军作战物资源源不断地运往前线。志愿军的战场运输，从 1951 年底起即扭转了被动局面。美国空军战史称，整个"绞杀战"期间，仅远东空军的飞机（不计海军飞机）执行这一任务，就出动了 8.755 万余架次，平均每天 300 余架次。

---

① 参见美国空军大学著《朝鲜战争中的美国空军》一书第 14 章。

但"共军还是能够为他们在前线的军队进行补给,并在前方地域建立后勤补给品堆集所。……共军在整个战线的火力比过去强大得多了"。"事实很明显,对铁路线进行的历时十个月的空中封锁,并没有将共军挫伤到足以迫使其接受'联合国军'方面的停战条件的地步"。美军的"绞杀战",不但未能"窒息"志愿军前线部队和迫使朝中方面在谈判中接受其无理要求,而且还损失了大量的飞机。据美国空军战史称,尽管不断补充,但有的战斗轰炸机大队的飞机损失仍相当严重,只剩下 75 架编制数的一半左右。①

李奇微在总结这场战争的教训时曾说:"在朝鲜战争期间,有些人认为,以空军来切断已投入战斗的敌军所有增援和补给,就可以创造截断敌人的奇迹。空军并不能创造这种奇迹。……空军力量确实存在一定的局限性。"②

至 1952 年 6 月,美国空军的"绞杀战"终于以失败而宣告结束。经过国内和志愿军在战场上的共同努力,志愿军建成了以铁路运输和公路运输相结合,以抢修、抢运和防空斗争相结合,从后方基地到第一线各军的前后贯通、纵横交错的交通运输网络,形成了"打不烂、炸不断的钢铁运输线",从而改变了战场上运输一直被动的局面,解决了能不能有饭吃的重大战略问题。

---

① 见美国空军大学著《朝鲜战争中的美国空军》一书第 14 章。
② 见〔美〕马修·李奇微《朝鲜战争》,第 257 页,北京:军事科学出版社,1983 年。

周恩来领导反细菌战

美国当局为了挽救在战场上的不利局面，增加对朝中方面的压力，以影响停战谈判，并为了试验其细菌武器的性能，于1952年初违反国际公法，不顾人道主义，在继续实施"绞杀战"的同时，在朝鲜北方及中国的部分地区实施了大规模的细菌战。美国为了掩盖罪行，其细菌战是在秘密状态下进行的。

沃克·麦·马胡林，1951年10月以前曾在美国空军部长办公室任职，后任美侵朝第5航空队上校大队长，1953年5月13日被击落俘虏；小安德烈·杰·爱文斯，1952年11月前曾在美国空军参谋长办公室任职，后任美侵朝第5航空队上校副联队长，1953年3月26日被击落俘虏。他们在美空军部长办公室或空军参谋长办公室任职期间，均接触过有关美军在朝鲜实施细菌战的一些内幕情况，并都在朝鲜执行过细菌战任务。据他们被俘后的供述，早在1950年12月，美军在遭到中国人民志愿军第二次战役的打击，从清川江向三八线撤退时，美国参谋长联席会议就希望用细菌武器挽救朝鲜战场上的败局。参谋长联席会议的主要成员，都认为细菌武器有效而便宜，应加以发展，并批准了在朝鲜使用细菌武器的准备工作计划，限令1951年底以前完成准备。1951年冬，参谋长联席会议决定在朝鲜实施细菌战。

马胡林在其1953年8月10日的供词中说：1950年11月，我奉我的上级空军部长办公室副主任蒂尔的指示，参观了马里兰州佛里德里克的狄特里克兵营，空军方面正在这里试验用飞机携带及投掷细菌武器的最好方法。蒂尔告诉我，高级军事领袖们，如参谋长联席会议主席布莱德雷将军、陆军参谋长柯林斯将军、空军参谋长范登堡将军、海军作战部长谢尔曼将军，都认为细菌武器既有效，又便宜，故应该加以发展，使这种武器在战争中占有一定的地位。1951年10月的最后一个星期，掌管空军作战部的萨韦尔少将召见我，他说，空军参谋长命令将75架F-86E型飞机运往朝鲜，以替换第51战斗截击机联队的F-80型飞机，你马胡林将负责此项计划。这些飞机的用途与在朝鲜进行的细菌战计划有关。已接到国防部和参谋长联席会议的指示，要在朝鲜进行一次有限度的细菌战役，细菌战役的目标，是要在朝鲜战场试验其效果，使用的规模，也可能根据战争的实际情况予以扩大，不同类型的飞机所能携带的容器均将予以试验，在各种不同的地形和不同气候下试验，有人也希望谈判可能会受此影响，而产生一个满意的结果。马胡林说，12月18日下午，远东空军司令威兰将军会见我们，他说，他已接到参谋长联席会议关于细菌战计划的命令，在初期，将由F-86型飞机，在较小的规模上进行细菌战，以后有可能予以扩大，其他类型的飞机也将进行参与。威兰会见后，我接到了被调到第5航空队去的命令。12月20日，我们到汉城，见了第5航空队司令埃弗勒斯特，他告诉我们，第5航空队将开始一个有限度的细菌战役，这关系到第5航空队的战斗机和轰炸机，这种攻击将在一种试验的基础上，但有可能扩大。[①]

爱文斯在1953年8月18日的供词中说，我第一次接触到细菌战及其可能在朝鲜被使用的事实是在1951年1月，当时，我任空军参谋长办公室主任格鲁森道夫准将的助理。某日，他同我谈论在朝鲜发生的事情，当朝鲜形势由于中国军队参战以致逆转时，他告诉我，虽然如此，但参谋长联席会议已于上月批准在朝鲜可能使用细菌战及其准备工作计划，研究与发展指挥部已奉命在1951年底完成这个计划，也许这个计划会对战争前途有所影响。[②]

除他们两人之外，还有1952年7月8日被击落俘虏、任美国海军陆战队第1航空联队参谋长的费兰克·赫·许威布尔上校，在1952年12月的供词中，也供述了他的前任于1952年4月下旬向他讲述的有关细菌战的背景情况。这个背景情况与马胡林、爱文斯所谈的情况大体相同。[③]爱文斯和许威布尔以及其他一些执行过细菌战任务被击落俘虏的美国飞行员在供词中都说，美国在远东的所有作战飞机，包括战斗截击机、战斗轰炸机、B-26轻轰炸机、B-29战略轰炸机以及海军陆战队的飞机都执行过细菌战任务。

美国在朝鲜实施细菌战，使用的病菌、病毒都是经过精心培殖的，有鼠疫、霍乱、伤寒、痢疾等烈性传染病的病菌、病毒，将其制成细菌弹或细菌粉剂，有的附在其他媒介物上，利用飞机进行投掷和布撒。为保密，而对他们的飞行员诡称"宣传弹"或"不爆炸的炸弹"，一般在夜间或夹杂在轰炸任务中进行。其布撒的范围包括整个朝鲜北方，主要是平壤以北几条铁路干线的沿线及城镇。在中国东北地区也投撒了细菌。仅1952年1月28日至3月31日两个月时间内，在朝鲜北方就发现美军布撒的带有病菌、病毒的昆虫等804次之多，2月底以后，在中国边境地区也有发现。多年没有鼠疫、霍乱流行的朝鲜北方，受到侵害而又感染流行。

① 马胡林的供词，见1953年11月14日《人民日报》。
② 爱文斯的供词，见1953年11月13日《人民日报》。
③ 许威布尔的供词，见1953年2月24日、25日《人民日报》。

美国飞机在朝鲜战场上投下的细菌弹

美军飞机在朝鲜战场投下的带有病菌、病毒的昆虫

1952年1月底和2月初，在朝鲜冬季最冷的月份，在美军飞机过后，志愿军多次在野外发现在这个季节里不能生存的昆虫和小蜘蛛，并且密度较大，有的竟达一平方米1 000多只。中共中央和中央军委接到志愿军的报告后，极为关注，处理也非常慎重。指示志愿军继续收集有关情况，采集标本培养化验，以作出判断，同时采取有力措施扑灭这些昆虫，以防扩散。总参谋部和总后勤部还派出有关专家前往了解情况。到2月中旬，志愿军又连续多次在美军飞机过后发现上述昆虫和小蜘蛛等。17日，中朝联合司令部向志愿军和人民军各部，作了通报，并指示各部严加注意，警惕敌人的阴险图谋。

2月18日，聂荣臻代总参谋长就美军投撒带菌昆虫及处理意见，向毛泽东并刘少奇、朱德、周恩来、林彪作了呈报，报告中说：朝鲜前方敌人投撒昆虫有三种：一为蜘蛛、二为苍蝇、三为跳蚤，投撒面积其大，第20、第26、第39、第42军防区均有发现。"除已派专家前往现地了解外，现已将各种昆虫送往北京，进行培养化验，究竟带何种病菌，尚须两日后得出结论。据专家估计，以霍乱、伤寒、鼠疫、回归热四种之可能性较大。如化验证实，防疫与灭疫工作，即须火速以大力进行（总后卫生部正计划中），并需要苏联在人力物力予以援助。"至此，中共中央和中央军委已判明，美国在朝鲜投撒各种昆虫，系进行细菌战的行动。毛泽东看到这个报告后，于19日批示："请周总理注意此事，并予处理。"

接到毛泽东的批示后，当晚，周恩来即拟出了反细菌战工作要办的事情，并呈报毛泽东："主席批示已悉，现在计划要办的事情为：一、加紧试验前方业已送回的昆虫细菌，据初步化验含有鼠疫、霍乱及其他病菌，一二日内当可全部判明；二、前送防疫队和疫苗、粉剂及其他器材；三、先请朴宪永发表声明（即电告），中国外长继起向全世界控告，以新闻舆论配合，并要美国对后果负责；四、由和大向世界和大 ①建议，发动世界反对美国进行细菌战罪行的运动；五、电前方进行防疫动员，东北亦加戒备；六、将此事电告苏联政府，请其予以帮助。"②此6项措施，得到毛泽东的批准。此后，即按此展开了揭露、控诉美国细菌战罪行和进行战场防疫的反细菌战工作。

21日，中共中央向各中央局发出了反对美帝细菌战的宣传工作指示，指出："朝鲜前线我军阵地及后方，自一月二十八日起，连续发现美帝侵略者用空军大量施放和传布细菌。这是美帝国主义者所加于中朝两国人民的新的灭绝人性的罪行。对于美帝国主义这一新的罪行，必须加以揭露和打击，动员全国人民加强抗美援朝工作，支援中国人民志愿军。中央已决定由新华社于二十二日起，发布新闻和人民日报社论；我国外交部和

---

① "和大"，指中国人民保卫世界和平反对美国侵略委员会；"世界和大"，指世界和平大会理事会。
② 见《周恩来年谱》（1949～1976）上卷，第217页，北京：中央文献出版社，1997年。

朝鲜外交部均将就此事发表声明，向全世界提出控告；中国人民保卫世界和平反对美国侵略委员会亦将就此事向世界和平大会提出控诉，并建议世界和大发起反对美帝进行细菌战罪行的运动。各地党委在新华社发布这一新闻之后，即应发动一个控告和反对美帝这一新罪行的宣传运动。"中央在指示中，对各地开展这一运动也规定了若干办法。

同一天，中央军委发出了由周恩来起草的给志愿军和东北军区的指示，指出："据许多征候看来，敌人最近在朝鲜散放的各种昆虫显系进行细菌战的行动，应引起我们各级领导的高度注意。现在虽然还不能最后确定敌人所散放者为何种病菌（因需经过培养和反复检验，故时间上需两日），但事不容迟。为争取时间，除已令贺诚与苏联顾问和其他专家务于今日（廿一）提出防疫计划外，并自昨日（廿）起已将现有鼠疫疫苗三百四十万份、消毒粉剂九千磅及喷雾器、防疫衣物等，分三日用飞机运到安东，由志愿军留守处速转前方。此外，在国内再赶制一千万份鼠疫疫苗，分批送入朝鲜。防疫人员除部队的防疫队和卫生人员应进行紧急动员外，已令东北防疫队待命出动，并已电请苏方派遣专家指导。现在的重要问题是必须抓紧每一分每一秒钟的时间，进行细菌散布区的消毒和隔离，克服麻痹大意和侥幸心理。但在部队中则亦应特别注意不要造成惊慌和恐怖。为便于掌握敌人继续散放细菌和我们防疫的情况，请志司务应每日作一简报。至于前方尚需何种药品和用具，亦望随时电告，以便筹送。"同日，将这一电报有关内容，以毛泽东名义发给金日成和李克农。[1]

23日，周恩来审阅总后卫生部拟制的反细菌战防疫计划大纲，认为"原则可用"，同时呈报毛泽东，建议反细菌战工作可分两阶段实施：第一阶段为准备和预防阶段，即在目前病菌尚未发展的情况下，中央先在中央军委机构内部组织总防疫办公室，领导后方进行防疫准备和在前线采取防疫措施（战区先由联司组织防疫指挥处，东北军区组织防疫办公室，各大军区由军区卫生部负责此项工作），目前尚不忙在国内作大规模动员和边境检查。如果美国在我公开控诉后仍继续进行细菌战，则我将立即进入全面采取紧急措施的第二阶段。当日得到毛泽东的批准。[2]

25日，中央军委再次给志愿军发出防疫指示，指出：

目前在朝鲜的防疫工作，首先应是统一对敌人进行细菌战的认识，克服各种右倾思想（大意麻痹、侥幸和不相信敌人会撒放细菌等）。各级领导干部和机关，必须把防疫工作当做目前部队和居民工作中的首要任务。为此除在外交

---

[1] 参见《周恩来年谱》（1949～1976）上卷，第218页，北京：中央文献出版社，1997年。
[2] 参见《周恩来年谱》（1949～1976）上卷，第219页，北京：中央文献出版社，1997年。

上、宣传上中央另有布置外，现将有关前方防疫工作的具体措施规定如下：

（一）防疫工作分两个步骤进行。第一阶段即在目前前线病菌不发展的情况下，中央先在军委机构内部由总参、总政、公安部、卫生部等派代表组成中央防疫办公室，战区则由联司组织防疫指挥处，东北先由军区组织防疫办公室，以便分别掌握防疫的情况，交换疫情，研究和指导前方的防疫工作和后方的支援工作。如果敌人在我公开控诉它的罪行后，仍继续散下细菌昆虫，而前方化验中又更加证实为传染病菌，并不断发现病员和死亡，且数目又日益增多，则我们便应宣布进入第二阶段紧急措施阶段。那时战区和国内都必须组织包括各方面的防疫委员会，以加强对防疫工作的全面领导。

（二）立即动员前方的防疫队和卫生人员速将已送到前方的三百四十万份鼠疫疫苗在部队和防疫区居民中进行强迫接种，并进行疫区的消毒和隔离工作，此事应毫不犹豫地进行。五联疫苗（霍乱、伤寒、副伤寒A、B及破伤风混合疫苗）现正开始包装，约于三月中旬可送去二百五十万份（供党、政、军工作人员用），及霍乱疫苗五百万份（疫区和交通要道居民用）。鼠疫疫苗仍在按计划赶制中，防毒口罩亦在布置赶做。

（三）应加强防疫的情报工作，除各级防疫组织和卫生机关必须随时将防

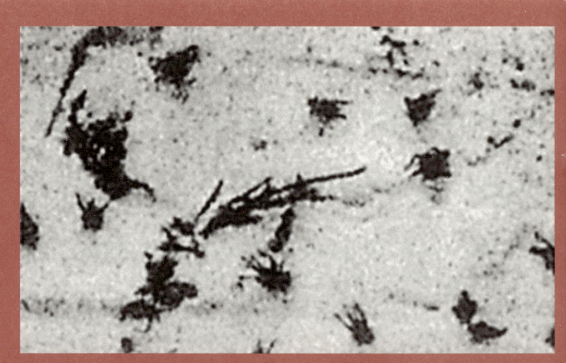

朝中军民在扑杀美军投下的带有病菌、病毒的昆虫

疫情况报告外，在战区的适当地点必须组织若干化验室与检疫站，并由志卫①组成若干机动的化验组和防疫队。为此中央正在组织京、津及其他大城市的化验专家成立若干化验组前往志司。东北防疫队已抽一百五十人分赴安东、长甸河口、辑安、临江、图们设站外，另三百五十人已集中长春训练待命入朝。

（四）指定几个专门医院作为防传染的预备医院，准备收容和隔离病人。

（五）部队中和居民中的防疫教育极为重要，必须认真地进行，但同时应特别注意不要造成惊慌和混乱。

总之，我们不管敌人的细菌战进行到何种程度，也不管有无病员发生，都必须迅速而坚决地进行防疫工作，不容有任何的犹疑和动摇，否则即易发生损失，陷于被动。至于具体措施，则请彭酌情处理并告。

根据上述决定和指示，在国内和在志愿军中全面展开了反细菌战斗争。2月底3月初后，美国将细菌战的范围扩大到中国东北地区后，3月14日，成立了以周恩来为主任，郭沫若、聂荣臻为副主任和以贺诚为办公室主任的中央防疫委员会，统一领导反细菌战的全面工作。

在朝鲜民主主义人民共和国政府外相发表声明抗议美国细菌战暴行后，2月24日，周恩来以外长名义发表声明，支持朝鲜外相的声明，并表明中国政府和人民坚决粉碎美国细菌战罪行的决心。同时，全国的新闻舆论工具密切配合，揭露控诉美国细菌战的罪行。中国人民保卫世界和平反对美国侵略委员会主席郭沫若致电世界和平理事会主席约里奥·居里，各民主党派、各人民团体、著名民主人士纷纷发表声明和讲话等，揭露、控诉美国细菌战的罪行。世界各民主组织和各民主国家人民，也纷纷发表声明或举行集会，抗议美国细菌战暴行。

对此，美国当局开始时表示沉默，直到3月4日，美国国务卿艾奇逊才发表声明，予以抵赖和否认。6月18日，当苏联代表在联合国安理会提出"号召各国参加批准1925年签订的禁止使用细菌武器的日内瓦议定书"这一提案时，美国代表又无理予以否决。

为向全世界揭露和公布美国细菌战的罪行，3月中旬，由中国人民保卫世界和平反对美国侵略委员会决议发起，由中国红十字总会、各人民团体、各民主党派、基督教界、新闻艺术界的代表和有关方面的专家、学者组成"美帝国主义细菌战罪行调查团"，于3月下旬至4月上旬，到朝鲜和中国东北地区进行了现地调查；3月上旬至8月中旬，中朝

---

① 志卫，即志愿军卫生部。

两国政府还先后接受了"国际民主法律工作者协会调查团""调查在朝鲜和中国的细菌战事实国际科学委员会"，到朝鲜和中国东北地区，调查美国细菌战罪行。这3个调查团先后公布了调查报告，经过法律和科学的步骤，调查了大量事实，分别得出了美国在朝鲜和中国东北地区实施了细菌战的结论。

在此期间，中国还在北京和沈阳举办了揭露美国细菌战罪行的实物、图片展览。

自5月上旬至1953年11月下旬，中国新华社又陆续公布了执行过细菌战任务、被击落俘虏的25名美国飞行员关于他们执行细菌战任务情况的供词，这些供词的共同特点是，他们都讲述了执行细菌战任务的详细情节及大体相同的官方有关保密规定。3名被俘的是上校飞行员，由于他们职务较高和有在美国空军高层机关任职的经历，还分别供述了情节基本相同的美国参谋长联席会议关于在朝鲜进行细菌战的决策和计划情况。

尽管美国官方一直抵赖和否认，并直到战后的现在也未公布其有关在朝鲜战争中实施细菌战的档案。但事实胜于雄辩，美国实施细菌战的罪恶行径和丑恶嘴脸，在世人面前已暴露无遗，其细菌战的罪行在世人面前昭然若揭，遭到了国际舆论的谴责。

当时加拿大的和平大会主席、曾在中国当过22年传教士的文幼章博士，访问中国时在沈阳附近进行了现地调查了解后，用他亲眼所见事实，于4月25日在伦敦记者招待会上说，美国不但在朝鲜，而且在中国进行了细菌战，并声援中国人民的反细菌战斗争。几十年后，在他过世之前，嘱托他的儿子、加拿大约克大学历史系退休教授史蒂芬·艾迪科特（中文名字：文忠志），写一本有关美国在朝鲜战争中进行细菌战的书。史蒂芬·艾迪科特（文忠志）自费到美国和中国收集有关资料和访问当事人，并通过中国有关部门特找本书作者，就美国在朝鲜战争中的细菌战事进行了座谈。他告诉本书作者，他到美国去收集这方面的资料，"虽然没有抓住老虎，但已抓住了老虎尾巴"，得知美国官方的档案部门有十几箱与美军在朝鲜进行细菌战有关档案没有解密。他遵从父亲的嘱托，根据收集到的有关材料和访问，撰写完成《美国与细菌战：来自冷战早期和朝鲜的秘密》一书，1998年11月由加拿大印第安纳大学出版社出版。

在抗议、揭露和控诉美国细菌战罪行的同时，在国内和战场上进行了科学有效的反细菌战防疫工作。根据中央军委的指示，首先在志愿军和东北行政区成立了反细菌战防疫委员会，部署和指导志愿军的反细菌战防疫工作，和在东北地区准备对志愿军防疫的支援工作。2月底3月初，美国将细菌战的范围扩大到中国东北地区，继3月中旬成立了以周恩来为主任的中央防疫委员会后，至3月底，除西南地区外，全国各大行政区和沿海各省市，也都成立了防疫委员会；除志愿军已组织防疫队外，在国内共组织129个防疫大队，2万余防疫人员；国内先后3批共50余人的检疫专家到朝鲜和东北现场检疫；在沈阳、北京、天津、青岛等地设立了细菌中心研究机构；苏联派来流行病学、细菌学、昆虫学、动物学等专家9人，在东北协助检疫工作；在东北地区国境线上、海港、交通要道设立检疫站66个，并在山海关设立了防疫总指挥部，负责过往人员、车辆、物品的检疫和消毒；国内共为战场提供1598.3万人份鼠疫疫苗，651万人份四联疫苗，284.5万人份五联疫苗，32.3万人份斑疹伤寒疫苗，80万余人份痢疾疫苗，滴滴涕和六六粉共38万余公斤；其他消毒粉剂4.29万公斤；在志愿军中已全部完成了鼠疫疫苗的注射，并在朝鲜美军布撒细菌地区和主要交通线两侧地区的450万居民中，完成了注射。4月中旬，在东北地区完成480万人的疫苗注射，在北京、天津、河北、山东、华东、中南、华南地区，也进行了重点注射。这种大规模的反细菌战防疫工作，到1952年11月底告一段落。

国内还结合反细菌战防疫工作，开展了全国性的防疫爱国卫生运动，并于5月开展了全国卫生防疫突击月。开展这一活动，大大提高了中国人民的卫生和健康水平。

针对美国实施细菌战，采取上述决策和措施，有力地粉碎了美国的企图。美国细菌战不但未能达到军事上的目的，而且在政治上和道义上也遭到了可耻的失败。

抗美援朝战争到了这时，正如毛泽东所说的："我们方面发生的问题，最初是能不能打，后来是能不能守，再后来是能不能保证给养，最后是能不能打破细菌战。这四个问题，一个接着一个，都解决了。我们的军队是越战越强。"①

---

① 见《毛泽东军事文集》第六卷，第353页，北京：军事科学出版社、中央文献出版社，1993年。

朝鲜战场锻炼部队，比办军事学校好

早在1951年春，中央军委决定在朝鲜采取轮番作战的方针后，邓华就曾向彭总、中央军委、毛泽东建议，"由于战争长期性，部队应轮番与换班相结合"。邓华指出，采取轮番作战、轮番休整的方针是很好的，但如果部队在朝鲜作战伤亡大，体力消耗很严重，尤其是伤了元气的部队短期休整很不容易恢复，长期坚持下去是很困难的，再则"与这种高度现代化装备的敌人在朝鲜作战是有许多新的经验（的），故全国军队和干部来轮流实践学习，根据今后形势的发展和我军建设来说，都是很必要的。同时照顾运输情况，故建议在朝部队，视情况每满十月至一年则大换一次，干部亦应如此，这样各方面都有好处"。①

1951年6月，中共中央确定在朝鲜实行边打边谈的方针，中央军委和志愿军同时也确定了在兵力使用上采取"轮番与换班相结合"的方针。当时，志愿军入朝作战才8个月，时间并不算太长，加之7月10日开始了停战谈判，因此，中央军委没有立即作出部队轮换的计划。

停战谈判开始以后，毛泽东、周恩来、金日成认为，这次谈判的核心问题，是关于军事分界线的问题。1951年7月中旬和下旬，在讨论谈判议程问题时，金日成就曾告知李克农，在议程问题上，只要双方同意以三八线为界停战撤军，其他均可让步。在征得金日成同意后，周恩来起草以毛泽东名义发给李克农的电报中，也指出：此次停战谈判，"应以争取从三八线上撤兵停战为中心，来实现和平解决朝鲜问题的第一步"。②

在关于军事分界线问题的谈判即将达成协议时，11月中旬，周恩来起草以毛泽东名义给斯大林的电报中，指出："谈判的中心问题，是确定军事分界线"，虽然谈判双方对这个问题还有争论，但估计不会争得很久。对于其他议程的谈判，争取年内达成协议，但也准备敌人拖延甚至破裂，因此，我们准备"朝鲜战争拖延半年甚至一年"。③鉴于这种估计，加之没有进行像停战谈判开始前那样大规模的战役，因此，这时中央军委也没

---

① 参见《抗美援朝战争史》第三卷，第306页，北京：军事科学出版社，2000年9月。
② 见《周恩来军事文选》第四卷，第204页，北京：人民出版社，1997年。
③ 见《周恩来军事文选》第四卷，第249、250页，北京：人民出版社，1997年。

有作出部队轮换的计划。

然而，1951年11月27日，在关于军事分界线问题的谈判达成协议，其他3项议程的谈判相继开始以后，美方代表仍是蛮不讲理，百般拖延，不时表现出霸权主义和强权政治的嘴脸。按美国当局的意图，美方代表在第三项议程（关于实现停火与休战的具体安排问题）的讨论中，竟然干涉朝鲜内政，限制朝鲜在停战后修建机场；在第四项议程（关于战俘的安排问题）的谈判中，又打着保护战俘人权的幌子，违反有美国签署的1949年日内瓦《关于战俘待遇之公约》中战争结束后全部遣返战俘的规定，提出所谓"自愿遣返"，并荒唐地提出"一对一"交换战俘的原则，企图强行扣留志愿军和人民军被俘人员。而在战俘营中，他们又粗暴地完全践踏战俘的人权，采取屠杀、殴打、恐吓、强行刺字、侮辱等种种法西斯手段，强行"甄别"战俘，威迫他们放弃回国或回家的意愿。

由于朝中方面本着早日实现朝鲜停战的愿望，以极大的耐心和努力，进行驳斥和斗争，使谈判于1952年2月17日和5月2日，先后就第三、第五项（关于向双方有关各国政府建议事项）议程达成了协议。至此，停战谈判的5项议程，已有4项议程达成了协议。在关于军事分界线和关于实现停战的具体安排的谈判中，美方均未能实现其无理要求，而在关于战俘问题的谈判中，则大做起文章。美方顽固坚持所谓"自愿遣返"原则，企图强迫扣留朝中战俘，致使这个问题经5个月的谈判没有明显进展，4月底以来美方代表在谈判中的态度更加变坏，在4月28日的谈判会上，美方提出了解决战俘的所谓"一揽子"方案，即在停战后只遣返经过"甄别"以后愿意遣返的战俘，宣布美方收容的11万战俘中，只有7万战俘愿意遣返。美方代表并开始以一种流氓无赖的态度对待谈判。因此，谈判实际上已陷于停顿状态。从美方在谈判中的这种态度看，停战何时能实现还难以判定，战争可能要长期拖延下去。中共中央对谈判已作拖过1952年底的准备，并决心坚守已巩固起来的前线阵地，加修第二线工事，准备应付敌人在夏、秋季发动新的攻势。[①]

此时，志愿军在朝鲜作战已19个月，入朝较晚的部队，在朝鲜作战也已近一年。这些部队长期过着艰苦紧张的战争生活，已很疲劳，需要很好休整，同时也需按国内国防军的整编方案进行整编。而国内执行中央军委精简整编方针，完成整编并统一改装苏联装备的部队，也需经受现代战争的锻炼，取得经验。

在这种情况下，5月15日，由周恩来主持中央军委会议，讨论了战争拖到年底需解决的问题，其中包括部队的轮换问题，并责成总参谋部与在北京治病的彭德怀研究后提出方案。16日，代总参谋长聂荣臻、副总参谋长粟裕，向毛泽东、朱德、刘少奇、周恩

---

① 参见《周恩来年谱》（1949～1976）上卷，第239页，北京：中央文献出版社，1997年。

来、彭德怀、林彪作出了报告。提出"为了使参战部队能得到较好的休整条件，并给国内部队以实战锻炼的机会，除决将 26 军调回山东休整外，今后拟有计划地抽调参战较久的部队回国休整（每次抽一两个军），而同时国内已改装的部队则可入朝接替（因弹药补充等限制，数目不能太大。未改装的部队尚不宜轮换），具体计划则由总参谋部与志司具体商定之。""为了国内的部队和机关的干部能及时得到朝鲜作战的经验，遵照主席的指示，已组织了全国两批干部入朝参观。唯因人数太少和许多业务单位尚未组织，故今后拟据彭总意见，再有计划地组织全国部队团以上主要干部和参谋、后勤、政工、铁路等机关干部轮流入朝参观，俾使朝战经验能普及全军。另在朝干部因长期得不到休息，住宿营养等条件限制，故许多干部身体很差，不能持久，应调回国内休息治疗。因此需要组织干部的轮换。此事应由总干部管理部拟订具体方案，交军委审查批准后执行。"

总参提出的方案经军委批准后，6 月 29 日，制订了第一期部队轮换计划，以国内华东军区的第 23、第 24 军和中南军区的第 46 军轮换在朝鲜的第 20、第 27、第 42 军，对入朝部队的编制人数、武器配备以及入朝和回国部队的交接，都作了明确规定。这一计划于 9 月上旬开始实施。

7 月 22 日，志愿军代司令员邓华致电彭德怀（时彭已接替周恩来主持军委日常工作）并转呈毛泽东主席和中央军委，建议如战争拖延下去，为使全国部队都取得朝战经验，在不减弱战斗力的原则下，应采取分期达成全部轮换的方针，这对国防建设有利。邓华提出了轮换的三条原则：（一）照顾战场情况，轮换与战场第一线的换防相结合；（二）新入朝部队的战斗力不弱于被轮换回国的部队；（三）在朝部队，以入朝时间先后为轮换回国顺序的先后，特殊情况另行考虑，被换部队均留顾问。根据这三条原则，邓华又提出了从 1952 年 9 月至 1953 年底分四期全部轮换在朝部队的方案，每期轮换时，到第一线接防的部队为 3～4 个军，入朝部队为 4 个军，回国部队为 4 个军。还提出了各特种兵、各特种兵指挥所、各兵团指挥员和兵团机关的轮换设想。[①]中央军委原则同意了全部轮换的设想。

8 月 6 日，粟裕副总参谋长从朝鲜作战、国内防务和整编的情况全面考虑，对步兵的轮换提出了三个方案，呈报彭德怀并毛泽东，供中央军委研究选择：第一方案，以军为单位轮换，志愿军除尚有两个军暂时无部队轮换外，其余均可于 1953 年底前轮换回国。此方案更适合于国内部队整编的情况，但入朝各军的兵员及武器补充有困难，可以采取将回国部队武器留一部分在朝鲜的办法，以用于补充。第二方案，以师为单位轮换，即

① 参见《抗美援朝战争史》第三卷，第 308～309 页，北京：军事科学出版社，2000 年。

以国内整编好的师逐一入朝，先配属被换的军指挥，国内的军部一般随第二个师入朝，待第三个师入朝后，指挥权移交入朝的军部。实行这一方案对朝鲜作战及国内防务均无影响，又适应国内部队及回国部队的整编，其坏处是配属关系乱，指挥员不熟悉部队情况，不利作战指挥。第三方案，即邓华所提方案，该方案很具体，朝鲜战场可控制强大预备队，但对国内整编改装和国内防务均有影响。同时对高级指挥机关和指挥员的轮换也提出了建议。①

7日，彭德怀将粟裕的报告转报毛泽东。毛泽东于11日批示，此事由彭德怀处理，开会讨论一下，然后再作决定。"关于轮换问题，整个时间似不宜延长到明年下半年才毕，似应从今年八月起，在十二个月内轮换完毕。轮换办法似以军为单位为宜。"②彭德怀主持军委开会研究后，出访苏联（粟裕也出访苏联），8月30日，聂荣臻代总参谋长向毛泽东呈报了轮换计划，除第一期轮换计划9月初开始执行外，再将国内的第11军编为两个师换回在朝鲜的第50军，也作为第一期计划。待第二期轮换时，将国内的第16军和在朝鲜的第60军各编为两个师，将第11军的两个师分别编入第16、第60军。第二期轮换7个军，即以国内的第1、第16、第45（后第44、第45两军合编为第54军）、第23兵团（3个师）、第21兵团（3个师）、第21、第41军入朝，分别换回在朝鲜的第38、第39、第40、第63、第64、第65、第47军。为免冬装改换的困难和浪费，拟于1953年3月开始，每月轮换2个军，6月底前轮换完毕。这样将在朝鲜的16个军分两批共轮换12个，还有4个军入朝较晚，暂不轮换。由于第二期轮换时，将第11军分别编入第16、第60军，所以在朝鲜的实际有15个军。③毛泽东于9月2日作出批示，同意这个计划，但"明年三至六月四个月内换七个军，似觉得太紧一点，而需延长时间，可到那时再定"。

此后，第一期除第11军与第50军未轮换外，其余于9月按计划执行。第二期轮换，则由于进行反登陆作战准备，防备美国进行最后军事冒险，而提前于1952年12月开始执行，至1953年3月，第1、第16、第21、第54军和第11军的第33师先后入朝，担负反登陆作战准备任务，准备轮换回国的第38、第39、第40军，推迟到反登陆作战准备完成后再回国。1953年7月27日，朝鲜停战实现，轮换计划即停止。

志愿军空军和各特种兵也进行了轮换。空军自参战以来，一直以师为单位轮番作战，炮兵、装甲兵、工兵、城防高炮部队、在志愿军后勤系统担负警卫和防空哨等任务的公安部队，也由总参谋部作出计划，以师或团为单位进行了轮换。

① 见《抗美援朝战争史》第三卷，第309～310页，北京：军事科学出版社，2000年。
② 参见《抗美援朝战争史》第三卷，第310页，北京：军事科学出版社，2009年。
③ 参见《聂荣臻军事文选》，第374～375页，北京：解放军出版社，1992年。

1952 年 12 月 9 日和 18 日，总参谋部和总政治部分别作出了以国内机关干部轮换志愿军总部及各兵团司令部、政治部的计划，经中央军委批准后，于 1953 年初开始实施。即以总参谋部、总政治部和东北军区政治部组织轮换志愿军司令部、政治部；以西南军区司令部、政治部组织轮换第 3 兵团司令部、政治部；以华东军区司令部、政治部组织轮换第 9 兵团司令部、政治部；以中南军区司令部、政治部和西北军区政治部组织轮换第 19 兵团司令部、政治部；以华北军区司令部、政治部组织轮换第 20 兵团司令部、政治部。

1953 年 4 月 18 日，毛泽东签署命令，"为普及全军抗美援朝战争经验，将国内与志愿军部分高级干部实行轮换"。调李达接替解方任志愿军参谋长；许世友接替王近山（第 3 兵团副司令员）任第 3 兵团司令员；黄永胜接替韩先楚任第 19 兵团司令员；杨勇接替郑维山（第 20 兵团代司令员）任第 20 兵团司令员。要求赴朝干部于 5 月上旬到职。后又任命王平接替张南生任第 20 兵团政治委员，张南生调任志愿军政治部副主任。在此前的 1952 年 9 月，已任命王建安接替回国任职的宋时轮为第 9 兵团司令员；1953 年 1 月，任命第 19 兵团政治委员李志民接替回国任职的甘泗淇为志愿军政治部主任。

志愿军空军、炮兵、装甲兵、工兵指挥机构和主要指挥员也进行了轮换。1952 年 10 月，聂凤智接替刘震任志愿军空军代司令员（后为司令员）；1953 年初，高存信接替匡裕民任志愿军炮兵指挥所主任、刘何任政治委员；1952 年 6 月，赵杰接替黄鹄显任志愿军装甲兵指挥所主任；谭善和接替陈正峰任工兵指挥所主任。总参谋部和各大军区还组织人到志愿军中代职和参观见学。

这样轮换，既解决了作战部队的休整问题，也使更多的部队和高级指挥员得到了朝鲜战争的锻炼，积累了现代条件下作战和指挥的经验。1952 年 8 月 4 日，毛泽东在政协常委会上的讲话中曾经指出："我们过去打了二十几年仗，从来没有空军，只有人家炸我们。现在空军也有了，高射炮、大炮、坦克都有了。抗美援朝战争是个大学校，我们在那里实行大演习，这个演习比办军事学校好。如果明年再打一年，全部陆军都可以轮流去训练一回。"[①]这一做法是在抗美援朝战争中的一个创造。在后来的保卫国防作战中，也借鉴了这一经验。

---

① 见《毛泽东军事文集》第六卷，第 316 页，北京：军事科学出版社、中央文献出版社，1993 年。

实现停战的决策

美国在战俘问题上做文章

1952 年 4 月，美国总统杜鲁门任命李奇微接替宣布退出现役、参加竞选美国第 34 届总统的德怀特·艾森豪威尔，任北大西洋公约组织武装部队总司令，由美国陆军野战司令马克·克拉克，接任侵朝"联合国军"总司令。5 月中旬，克拉克到达东京接替了这一职务。

克拉克在其回忆录中说：这时美国关于朝鲜战争的政策，"不是寻求一次决定性的军事胜利，不得已而求其次。最好的办法是使僵持对共产党比对我们更不合算，打击他们的弱点，困扰他们的心志，迫使他们相信停战对他们的价值是在上涨而不会降低。"克拉克说：

> 我决定尽我力之所及这样的去做，心里总是记着我们在韩国作战的基本军事与政治条件，这些条件影响我的计划作为。
>
> 在军事上，我们是与共产党的次等伙伴作战，人力是他们之所长，技术是我们的优越。我不会也不能以"联合国军"的生命，一个对一个地去交换共产党人的生命……
>
> 政治上，我是以我使命的基本条件为依据，即采取守势。政府既没有授我权力，也没有给我军事资源以获致胜利，却训令我尽一切努力尽速实现停战。

克拉克到任后，根据政府给他的指示，计划了他在朝鲜的行动措施。他在回忆录中写道：

> 军事上，在已有的权力范围之内，我发现我可以：
>
> 一、轰炸尚未遭战火触及之水电区，水丰水坝及发电机①除外，后者供应共产党在东三省战争机器所需之大部分电力，及维持北韩之剩余工业。华盛顿保

---

① 水丰电厂是朝鲜北方最大的一个发电厂，位于朔州以西鸭绿江边，距鸭绿江口约 50 公里。

留攻击水丰之最后决定权。这些水坝与发电机之所以能获幸存，首先是因为我们在仁川登陆后，直趋北韩，希望利用它们，后来则因为停战谈判似乎即可实现之效。

"联合国军"第三任总司令、美国陆军上将马克·克拉克

二、轰炸北韩首都平壤之军事目标，那里已有一年没有受到攻击了。我们获知共产党在那里驻满部队及存储作战物资，并把那里作为最高司令部及通讯中心。

三、轰炸共产党的主要补给线，从平壤一直到开城，后者是共产党停战谈判代表团本部的所在地。在停战谈判的头一天，我们曾同意对有适当标志运送人员与补给至共产党停战谈判代表团本部之车队，不予空中攻击，但是实际上我们几乎已完全停止对该公路之轰炸。

四、轰炸无数小的目标物，这些目标加起来，成为一个很可观的数量，有各种的装备，修好的车头，载重车与战车，小型疏散有掩盖的军事器材库与隐蔽的部队，以及军官训练学校等。

另有其他四项挑战性的行动，不完全是军事性质的，我相信我可能获得允许去实施它们。

一、释放反共战俘，尤其是韩国人……

二、假若事态变得很明显，停战谈判没有进展，而共产党只利用谈判作为一个宣传的论坛时，我希望以眼还眼，有权停止会议。

三、建立大韩民国之陆军，使它成为一个较大及较有效率之战斗部队。

四、请蒋总统派两师陆军到韩国来参战，向共产党表示我们的决心。

我完全赞同这八项措施，因为我相信惟有借有力的行动，才能使共产党同意一项美国认为光荣的停战。我也不真的希望这些行动的本身已够使共产党屈从，但是它们至少使共产党明了我们已准备采取有力行动，因为有力行动才是共产党所了解的唯一事物。[①]

---

① 见 [美] 马克·克拉克《从多瑙河到鸭绿江》，第63～65页，台北：（台湾）黎明文化出版公司。

克拉克的八项措施，除请蒋介石军队到朝鲜作战一项始终未得到批准，和加强南朝鲜陆军一项晚些时候被批准外，其余均迅速得到美国当局的批准，并允许其轰炸水丰电厂。

根据被美国当局批准的克拉克的行动措施，美方代表在谈判中，拒绝讨论他们所谓"一揽子"方案以外的任何提议。5月22日，美方代表陆军少将威廉·哈里逊接替乔埃任美方首席代表，其在谈判中更是一种流氓无赖的表演，要么到会一言不发，甚至在会场打瞌睡，要么一到会就提议休会3天，甚至不待朝中方面作出答复，便退出会场。实际上在美方战俘营控制下的朝中战俘，在美方用法西斯手段的"甄别"下，也不止7万人愿意遣返，美国人写的《朝鲜战争中的美国陆军——停战谈判的帐篷和战斗的前线》一书中说，"6月底，最后一个战俘营的审讯工作结束，总共大约分离出83 000名遣返者"。对于是否向朝中方面公布这一新数字，美国五角大楼和"联合国军"总部有许多考虑，但"华盛顿的首脑为了避免日后由中立国出面审讯会有更多的战俘要求遣返，他们最后也会同意公布数字"。于是，7月13日，美方将这一新数字通知了朝中方面，在83 000人中，有朝鲜人民军战俘76 600人，中国人民志愿军战俘6 400人，并声称这是美方最后的、坚定的、不可更改的方案。[1]

在此之前，克拉克为了配合停战谈判，则按其制定的军事行动措施，对朝鲜北方实施了一系列大轰炸。6月23和24日，美军出动飞机对水丰电厂进行了大规模轰炸，仅23日就出动飞机305架次，投下炸弹145吨；7月11日，出动飞机1250余架次，对平壤实施了一天的疯狂轰炸（8月29日，出动飞机1400余架次，再度对平壤实施一天的疯狂轰炸）；这期间，还对其他城市和工厂区等数十个目标，以及从平壤到开城的交通线进行了轰炸，企图以此压迫朝中方面接受其关于战俘遣返的方案。与此同时，不经双方谈判协议，美方还单方面释放了2.7万名由美方收容的朝鲜平民，朝中方面对此提出了强烈抗议和谴责。

本来朝中方面为打破战俘问题谈判的僵局，于7月3日对遣俘问题提出了新的方案，即"双方所俘获的外国武装人员即'联合国军'或中国人民志愿军被俘人员应全部遣返回家；双方所俘获的朝鲜武装人员即南朝鲜军或朝鲜人民军的被俘人员，其家在原属于一方地区者应全部遣返回家，其家在收容一方地区者，可以允许其就地回家，不必遣返"。朝中方面甚至考虑，如果美方真愿停战，那么在其承认收容的11.6万战俘中，至少应提出遣返9万上下的数字。"这个数目虽还不是全部遣返，但已经是绝大部分遣返。""我

---

① 参见沃尔特·G·赫姆斯《朝鲜战争中的美国陆军——停战谈判的帐篷和战斗的前线》，第301～304页，北京：解放军国防大学出版社，1988年；《周恩来军事文选》第四卷，第290～291页注［1］。

们准备与其达成协议,而将其余两万多人保留到停战后继续解决。"①但美方对朝中方面的方案不屑一顾,竟以其空军优势向朝中方面施加军事压力,并提出了所谓最后方案。在美方的这个方案中,遣返朝鲜人民军的人数占应遣返人数的近80%,而遣返志愿军的人数则只占应遣返人数的32%。

当李克农将美方13日的方案电告毛泽东并请示我方对策后,毛泽东、周恩来经两日考虑,由周恩来起草了以毛泽东名义致金日成并告李克农的电报,指出:"此间同志一致认为在目前接受敌人这一挑拨性引诱性的并非真正让步的方案,并在敌人的狂轰滥炸之后接受,显然对我极为不利。""故在现时形势下,接受敌人这一方案必然要长他人志气来灭自己威风。"我们不能因此一着错而满盘输。这个电报于7月15日发出。②

同日,毛泽东将对这一问题的分析电告斯大林,并指出:美方宣布的遣返人民军和志愿军战俘的数字,"两者比例极不相称。敌人企图以此来挑拨中朝人民的战斗团结"。"在这种形势下,我们认为绝对不应接受敌人这种具有挑拨性和引诱性的方案,而且在敌人压力之下屈服,对我极为不利。""如果敌人拒不让步,继续拖延,我们即扩大宣传,揭破敌人企图破坏停战谈判,扩大侵略战争的阴谋,动员世界人民舆论,并配合我们在朝鲜前线的坚持,使敌人不断损伤,以逼使敌人最后让步。如敌人竟敢于破裂谈判,扩大战争,我们亦有所准备。因为这个问题是个政治问题"。16日,斯大林复电,认为"你们在和平谈判中所持的立场是完全正确的"。③

这期间双方参谋人员草拟了朝鲜停战协定草案,共5条63款,至8月5日,除其中第51款,即"本停战协定生效时各方所收容的全部战俘须尽速予以释放与遣返"的规定,由于美方坚持所谓"自愿遣返"原则企图扣留朝中被俘人员,而未达成协议外,其余已全部达成协议。

8月15日至9月22日,周恩来率中国政府代表团出访苏联,主要讨论中国第一个五年计划问题。这期间多次与斯大林讨论了朝鲜的形势问题,9月初,金日成、朴宪永和彭德怀也前往莫斯科,中、朝、苏三国领导人共同讨论了朝鲜的形势和停战谈判问题,并取得了一致的意见。

在板门店的谈判桌上,从7月下旬开始,美方代表由每次到会提议休会3天,变成每次到会提议休会一周。美国五角大楼授权克拉克和哈里逊,"假如他们两人认为有必要,只要时机成熟,随时可以在全体会议上宣布休会"。9月下旬,杜鲁门写给克拉克一封信,在这封信里,他希望"联合国军"司令部的提案,必须"措词最强硬不留任何讨价还价的余地"。

---

① 见《周恩来年谱》(1949~1976)上卷,第249页,北京:中央文献出版社,1997年。
② 见《周恩来军事文选》第四卷,第289~290页,北京:人民出版社,1997年。
③ 见《周恩来年谱》(1949~1976)上卷,第250页,北京:中央文献出版社,1997年。

如果共产党不接受,"联合国军"司令部代表将无限期休会,最重要的是"不能减少军事压力"。①

9月28日,哈里逊在谈判会上作了最后摊牌,宣布了经杜鲁门批准的"自愿遣返"战俘的三种选择:①将所有战俘送到非军事区,由国际红十字委员会和联合军事代表团,对他们审核后作遣返处理,他们愿到拘留一方,可以允许。②将愿意遣返的战俘进行交换;将不愿遣返的战俘分批送到非军事区,由非参战国代表审讯,红十字国际委员会和联合军事代表团可以参加也可以不参加监督这一行动。③将愿意遣返的战俘进行交换;将所有不愿遣返的战俘送到非军事区,不必进行甄别,在军事管辖范围之外的地方释放,由他们自由选择去向,这一行动可在军事或非军事观察员监督下实行。然后哈里逊建议休会10天。②

事实上美方提出的这三种选择纯属欺骗,因为在美方控制下的朝中被俘人员,在美方用法西斯手段的"甄别"下,根本不可能表达遣返的意愿(这在停战后的遣返中更得到了证明)。在10月8日的会议上,南日根据周恩来起草以毛泽东名义发给代表团的发言大纲,对美方所谓"自愿遣返"原则三种选择作了揭露和驳斥,提议在停战后将所有战俘送到非军事区由对方接管,然后对战俘进行访问,按国籍、地区进行分类和遣返。但美方代表对这一努力不予理睬,哈里逊宣读了早已准备好的发言稿,把谈判僵局的责任强加于朝中方面,然后宣布了早在5月克拉克和乔埃就主张宣布的无限期休会,不等朝中方面作出发言,就退出会场。从此,停战谈判再次中断。

对此,10月9日,中国《人民日报》发表社论,谴责美方断然拒绝协商、破坏谈判,片面宣布无限期休会的行为,并指出,美方必须对拖延和破坏谈判的行为负严重责任。中朝人民绝不会为美帝国主义的任何威胁所吓倒。我们将继续坚持谈判,为粉碎美方的破坏阴谋,实现朝鲜停战奋斗到底。

10日,毛泽东致电李克农并告金、彭,指出:应揭露对方"蛮不讲理地坚持其所谓自愿遣返实即强迫扣留我方战俘的险恶用心的原则,拒绝协商,中止谈判,企图以此压迫即将开会的联合国大会③赞同其破坏谈判、扩大战争的阴谋"。同时说明我方将继续坚持日内瓦公约和业已达成的停战协定条文,"对双方遣返全部战俘的原则绝不放弃,对释放和遣返的方法和步骤从来就主张可以协商,而这一次我方所提建议,就采纳了对方关于全部战俘送至非军事区实行交换的意见。"因此,"对方应负拒绝协商、破坏谈判的全部责任"。④

① 见沃尔特·G.赫姆斯《朝鲜战争中的美国陆军——停战谈判的帐篷和战斗的前线》,第306、第312页,北京:解放军国防大学出版社,1988年。
② 见沃尔特·G.赫姆斯《朝鲜战争中的美国陆军——停战谈判的帐篷和战斗的前线》,第312~313页,北京:解放军国防大学出版社,1988年。
③ 第七届联合国大会于10月14日开幕。
④ 见《周恩来年谱》(1949~1976)上卷,第263页,北京:中央文献出版社,1997年。

志愿军准备 "过关仗"

美方片面宣布无限期休会后，于10月14日，即对中国人民志愿军防守的上甘岭阵地，发动了所谓 "摊牌作战"（也称 "金化攻势"），出动3个多师的地面部队，在飞机、大炮和坦克火力的支援下，进攻40多天，不但未能占领阵地，反而付出2.5万余人的伤亡。克拉克把这次攻势称为 "挽救面子的恶性赌博"，并承认 "我认为这次作战是失败的"。①

虽然美军具有武器装备上的巨大优势，但是在正面战线，对已构筑以坑道为骨干的坚固阵地防御体系的志愿军和人民军，已无可奈何，实施 "绞杀战" 和细菌战，也未达到预期的军事目的和政治目的。到了这时，美国在朝鲜战争中几乎到了黔驴技穷的地步，除了原子弹以外，美国在战争中已使用了他们当时所有的现代化战争武器。然而，战争却总是同美国当局开玩笑，一点也不按美国的愿望发展。相反，却距离美国的愿望越来越远。克拉克说，自停战谈判开始以来，"联合国军" 在战场上只是不断增加伤亡和丢失阵地，而毫无收获。②战争拖的时间越长，美国在这场战争中的 "体面" 丢失得将越多。不但美国人民和在战场上的美国士兵早已厌倦和不满，而且美国当局也认为，不能再这样令人难以忍受地无限期地拖下去了。要么通过谈判，老老实实地按照国际法和国际惯例解决战俘问题，要么孤注一掷，不惜进行最后的军事冒险。何去何从，美国决策当局必须做出选择。

然而，停战谈判由于美方代表团于10月8日单方面宣布无限期休会，而处于中断状态。10月14日第七届联合国大会召开，美国把朝鲜问题搬到联合国大会上，企图通过联合国对中国和朝鲜施加压力。参加大会的美国国务卿艾奇逊，仍然顽固坚持美国的所谓 "自愿遣返" 原则，10月24日，他在联合国政治委员会上说：只要共产党方面接受 "自愿遣返" 原则，美国随时都可以恢复板门店的谈判。同一天，美英等21个国家提出了他们坚持 "自愿遣返" 原则的提案，提请大会通过。这个方案遭到苏联的反对。苏联于11月10日提出一个方案，建议先在朝鲜停战，然后，由美国、英国、法国、苏联、中华人民共和国、印度、缅甸、捷克斯洛伐克、朝鲜民主主义人民共和国和南朝鲜，组成 "和平解决朝鲜问题委

① 见马克·克拉克《从多瑙河到鸭绿江》，第72页，台北：（台湾）黎明文化出版公司。
② 见马克·克拉克《从多瑙河到鸭绿江》，第62页，台北：（台湾）黎明文化出版公司。

员会"，责成该委员会采取措施，本着由朝鲜人民自己统一朝鲜的精神来解决朝鲜问题，包括依照日内瓦公约的原则"尽量协助双方遣返全部战俘的措施在内"。16日，印度提出了一个所谓"折中"的方案。这个方案几乎是美国方案的翻版，因此在辩论中，遭到苏联等民主国家的反对，但得到美国的支持。12月3日，美国操纵联合国大会通过了这个提案。这表明美国并没有恢复谈判的愿望。

时值美国第34届总统大选。如何解决朝鲜战争问题，是这次大选活动中的突出内容。10月24日，共和党候选人德怀特·艾森豪威尔在竞选演说中公开许诺，如果他当选总统，便亲自前往朝鲜，以结束这场战争。这一许诺对他击败对手当选美国总统起了关键的影响。

艾森豪威尔于11月当选为美国第34届总统后，12月初到朝鲜进行了视察，与克拉克、范佛里特等侵朝美军高级将领及南朝鲜李承晚举行了一系列的会谈。美军的高级军官们都主张，在一定时间内，谈判还不成功，唯一的办法是全力发动一场进攻。李承晚更是竭力主张如此，并且要把战争扩大到鸭绿江以北，对中国境内的补给基地进行攻击。艾森豪威尔虽然没有作出决定，但他在回国以后，于12月14日举行的记者招待会上声称："对我们所面对的一个敌人，我们不能期望用言语打动它，无论言语是怎样娓娓动听；而只能用行动——在我们自己选择的情况下实行的行动。"艾森豪威尔就职后，又宣布解除了所谓"台湾海峡中立化"，怂恿将介石集团向大陆发动进攻。被解职的麦克阿瑟此时积极向艾森豪威尔建议使用原子弹。在朝鲜战场上，早在10月间，克拉克就有计划地组织海、陆、空军联合登陆演习，并且制定了包括联合登陆进攻在内的大规模军事冒险计划。

此时，采取大规模军事冒险行动，是美国当局考虑的一个重要方案。艾森豪威尔后来在回忆中说：由于中国志愿军和朝鲜人民军在战线上建立了犬牙交错的坚固的地下工事，并有纵深防御阵地，"联合国军"如果发动正面进攻，"金化攻势"的失败已表明，突破阵地"是战术上的大问题"。此外，志愿军和人民军克服了后勤补给上的缺陷，前线物资充足，军队数量占有很大的优势。"联合国军"从正面发动"任何这类进攻都将付出极大的代价"。当然，如果配合以两栖登陆，也有将战线推进到朝鲜蜂腰部的可能，但这不具有"决定性作用"，因为战线靠近中国东北地区，会使"联合国军""处于极端困难的境地"。因此，这类进攻是"最不诱人"的方案。除此，就是不惜进行一次大规模的军事冒险，把战争扩大到朝鲜以外，"同时打击中国在满洲的机场，封锁中国海岸，还要采取其他类似措施"。这需要增加至少3个美国师的兵力，和再扩充南朝鲜军两个师的兵力。为了"避免进攻时付出过分高昂的代价"，还要使用原子弹。但是原子弹对于具有坚固地下工事的中朝军队作用不大，还必须取得盟国主要是英国的赞同，否则会"和盟国之间造成分裂情绪"。最担心的是苏联会做出反应，苏联有原子弹，尤其美国占领的日本可能会遭到苏联的攻击。[①]

对于美国可能进行大规模军事冒险的企图，主持中央军委日常工作的彭德怀，在上甘岭战役即将结束时就有所判断，11月23日，在给志愿军副司令员杨得志的电报中指出：敌军秋季损失较大，冬寒逼临，美国新旧总统正在交接时期，今冬大举进攻的可能性较少。朝鲜战争拖延下去，美军重点陷在东方，时间愈长对其愈不利。过去美国多次妄想以军事压力逼我就范，企图达到他们期望的"光荣停战"，但均遭到失败，最近向五圣山前沿进攻（即"金化攻势"）也系此种企图。敌人不会因此次失败而死心。我们必须预防来春敌人从我翼侧登陆配合正面进攻。[②]

此时正在北京请示志愿军1953年在朝鲜作战方针的邓华也判断认为，美军如果进行军事冒险，只有两种选择，一是使用原子弹，一是实施大规模的侧后登陆。并且认为美国不敢轻易使用原子弹，那么美国可能使用的最后一手，就只有进行登陆冒险。而登陆也有两种可能，一是战术性的登陆，一是战略性的登陆，而在西海岸的战略性登陆对我威胁最大，因志愿军和人民军的主要交通运输线都经过这一地区。登陆的时间可能在1953年春季，也可能在2月份。毛泽东同意这种判断，并要志愿军做好防敌在西海岸实施战略性登陆的准备。毛泽东指示邓华："应估计敌已决策在汉川至鸭绿江线登陆，并在积极准备中，我方必须火急准备对敌，粉碎其登陆计划。"并在邓华1952年12月4日的报告上批注："应肯定敌以五至七个师在汉川、鸭绿江线大举登陆，并在我后空降。时间应准备在春季，也可能更早些。我们应十分加强地堡和坑道，部署五个军于这一线，其中要有四个有经验的军，划定防区，坚决阻敌登陆，不可有误。""决不能许敌在西海岸登陆，尤其不能许其在汉川、鸭绿江线登陆。"[③]

1952年12月16日，毛泽东发给斯大林一份电报。在这份电报中，对朝鲜战争形势作了分析，指出：

> 朝鲜战局由于停战谈判已告停顿，而美军在朝鲜的损失还没有达到它非罢手不可的程度，估计今后一定时期内（假定为一年），会趋向于激烈化。艾森豪威尔正为其上台后的朝鲜军事行动做准备。单就朝鲜战场的军事行动做估

---

① 参见[美]德怀特·艾森豪威尔《白宫岁月（上）——受命变革（一）》，第210~213页，北京：生活·读书·新知三联书店，1978年。
② 参见王焰主编《彭德怀年谱》，第537页，北京：人民出版社，1998年。
③ 见《建国以来毛泽东文稿》第三册，第633、第638页，北京：中央文献出版社，1989年。

计，敌人从正面向我较坚固的纵深工事施行攻击的可能性不如向我后方两侧进
行登陆作战的可能性大。各种迹象证明，目前敌人正在以大力加强和扩编李承
晚伪军，敌海军不断在北朝鲜海面进行演习，敌特亦积极在北朝鲜东西海岸收
集情报。……战术性的登陆地点，可能在东海岸的通川及西海岸的瓮津半岛和
梦金浦里半岛。战略性的登陆地点，可能在东海岸的元山和咸兴及西海岸的镇
南浦、新安州地区和铁山半岛。对我威胁最大的是西海岸的战略性登陆，因为
我主要运输线是经过这个地区的。登陆作战的时间可能在明年春季，但也可能
提早在明年二月开始。为配合这一登陆作战计划，敌人可能采取对中国大陆的
牵制行动，例如，轰炸中国安东地区的机场，纵容台湾蒋介石匪军侵扰中国沿
海地区，协助在缅甸的中国李弥匪军窜扰中国边境。但战争的关键仍在朝鲜，
我如能坚守北朝鲜东西海岸，使敌人的登陆计划失败，并以正面战线的战术出
击作配合，给敌人以更多更大的杀伤，那么朝鲜战局就能更加稳定，而向着更
加有利于我们的方向发展。[①]

为保证在朝鲜把仗打好，尽一切力量赢得战争，中共中央把抗美援朝战争，作
为1953年国家二大任务的第一项任务，并请求苏联提供各种火炮和不同型号的炮弹，
苏联政府根据可能，同意于1953年1～2月提供火炮332门，1～4月提供各种炮弹
60万发。

12月15日，总参谋部向各大军区发出了指示，指出：来自各方的情况以及敌方的
公开舆论，均显示敌人似正在准备明年春季向朝鲜我军侧后进行冒险登陆。有消息说，
台湾蒋介石集团已叫嚣定明年为"反攻年"，逃往缅甸的李弥残部也令其部队12月积
极准备，明年1月开始行动等。据此，台湾蒋介石集团"有极大可能为配合美帝在朝鲜
登陆之行动，于明年向我沿海某些地区实施突袭"，"各大军区应严密注意敌可能进犯
之沿海及滇缅边地区，以及内部潜伏特务趁机活动，均应作一详细研究，作出预定的作
战方案"。各大军区根据这一指示，作了研究部署。28日，中共中央和中央军委，还
发出了由毛泽东起草的给华东局、华东军区、福建省委、福建军区的电报，指示：福建
军区必须准备以现有兵力，不要依赖任何外援，粉碎台湾、金门的国民党军可能以1个
军，向福建沿海岛屿和福建大陆的进攻。在必守岛屿上，必须做永久的坚固的工事，预
储粮弹饮水，准备长期坚守，并做好增援计划。抽出叶飞专任军事，全神贯注于对敌作

---

① 见《周恩来军事文选》第四卷，第308～309页，北京：人民出版社，1997年。

西海岸指挥部司令员邓华视察海防

战方面。从目前起两个月内是最关键的时机。①此外,毛泽东还指示加强上海的防空部署,确保上海一带的安全。

因为志愿军和人民军没有海军参战,空军力量也很弱,因此,防备美军侧后登陆,一直是战略指导上的一个大问题。1951 年 9 月,经与金日成协商,在朝鲜东、西海岸分别成立了志愿军和人民军联合指挥部,部署了海岸防御部队,并确定了坚决阻止敌人上陆,坚决放弃让敌登陆或诱敌深入尔后歼之的海岸防御方针。但当时直至 1952 年秋,志愿军和人民军重点解决的,主要是正面战线能不能守的问题,还没有可能彻底解决海岸防御的问题(海岸坚固防御体系问题)。经过 1952 年秋季战术反击和上甘岭防御作战,证明正面战线已经巩固,已有可能集中精力彻底解决侧后东西海岸的防御问题了。只要这一问题解决了,志愿军和人民军就解除了后顾之忧,在整个战场上就完全处于主动地位了。中央军委和志愿军将解决这个问题,称为抗美援朝战争的"过关仗"。

为解决这个问题,毛泽东起草了中共中央发给志愿军的指示,于 12 月 20 日发出。电报全文如下:

志愿军党委各同志并告东北局、东北军区,军委各部门首长:

关于准备一切必要条件,坚决粉碎敌人登陆冒险,争取战争更大胜利的指示:

① 见《毛泽东军事文集》第六卷,第 335 ~ 336 页,北京:军事科学出版社、中央文献出版社,1993 年。

（一）根据种种情况（艾森豪威尔登台，谈判的中断，联合国通过印度提案），判断敌人有从我侧后海岸线特别是西海岸汉川江、清川江、鸭绿江一线以七个师左右兵力举行冒险登陆进攻的充分可能。

（二）我志愿军协同朝鲜人民军有坚决粉碎敌人登陆进攻、争取战争更大胜利的任务。

（三）为此目的，我军必须：

甲、尽一切可能的力量去极大增强海岸及其纵深的坚固防御工事；同时增强三八线正面的纵深防御工事以为配合。

乙、在对我侧后威胁最大的海岸线及其纵深部署充分的兵力和火力，保证粉碎敌人从海上的进攻及其大量空降部队的进攻。在其他可能遭受敌人登陆进攻的地区（通川、元山地区，瓮津半岛地区，镇南浦、汉川江地区及咸兴以东地区）则部署可能有的兵力和火力，同样要用其全力争取粉碎敌人的进攻。

丙、坚决地迅速地采取加修新铁路线、改善旧铁路线（满浦球场间），加宽许多公路线，加设仓库场站以及预先运储大量粮弹物资等项措施，保证不论在何种情况下我正面侧面全军（包括人民军）的运输畅通，供应不缺。

丁、我正面各军过去作战成绩很大，在一九五三年应争取更大的成绩，消灭更多的敌人。

戊、政治工作保证全军指战员都具有粉碎敌人进攻争取更大胜利的坚强斗志和高昂士气。

己、特别注意从目前起到一九五三年四月这一段时间内的准备工作，这是战胜敌人的关键所在。

庚、以代理司令员和政治委员邓华同志兼任西海岸指挥部司令员和政治委员，以梁兴初同志为西海指副司令员，西海指的其他干部应予加强。

（四）两年多以来，我志愿军协同朝鲜人民军，在对美帝国主义及其帮凶军的英勇顽强的战斗中，取得了伟大的辉煌的胜利，已经摸清了敌人的底子，克服了很多的困难，积蓄了丰富的经验。美帝国主义采取了很多办法和我们斗争，没有一样不遭到失败。现在剩下从我侧后冒险登陆的一手，它想用这一手来打击我们。只要我们能把它这一手打下去，使它的冒险归于失败，它的最后失败的局面就确定下来了。中央坚决相信我志愿军协同朝鲜人民军是能够粉碎敌人的冒险计划的。希望同志们小心谨慎，坚忍沉着，动员全力，争取时间，完成一切对敌登陆作战的准备工作，只要准备好了，胜利就是我们的了。

中共中央

一九五二年十二月二十日①

据此，从 1952 年 12 月下旬起，到 1953 年 4 月，邓华、杨得志组织志愿军协同人民军进行了规模巨大的反登陆作战准备，在全面深入进行思想政治动员的基础上，主要进行了如下各项准备：

加强了东西海岸的指挥机构。除中央已任命邓华亲自兼任西海岸指挥部的司令员和政治委员、梁兴初为副司令员外，经与人民军商定，方虎山（人民军）和吴信泉亦为副司令员，杜平为副政委兼政治部主任，王政柱为参谋长，并将志愿军司令部、政治部约一半的人员，加强到了西海岸指挥机关。为协调指挥各特种兵的作战，在西海岸指挥部下，设置了空军前方指挥所、海军作战办公室、装甲兵第二指挥所和炮兵主任办公室。东海岸指挥部，由志愿军第 3 兵团部兼，王近山为代理司令员、金雄（人民军）兼副司令员、杜义德兼副政治委员、王蕴瑞兼参谋长、刘有光兼政治部主任。确定反登陆作战的指导方针是，"积极防御，坚决歼灭"，坚决阻止敌人上岸，上岸后坚决歼灭，先歼灭空降之敌，再歼灭上陆之敌。

以西海岸为重点，全面调整了战场部署。为加强反登陆作战力量，原计划 1953 年 3 月开始入朝轮换的第 1、第 16、第 21、第 54 军，提前于 1952 年 12 月开始入朝，另有地面炮兵 6 个团 4 个营、高射炮兵 1 个团又 1 个营、坦克 3 个团入朝。空军有 14 个师，海军 2 个岸炮连和 1 个鱼雷快艇大队，也准备参加反登陆作战。为使新入朝的部队能得到正面作战的锻炼，并部署在朝鲜较有作战经验的军担负东西海岸的反登陆作战任务，志愿军全面调整了部署。调整后的部署情况是，担任西海岸防御的有志愿军 6 个军（其中有 3 个军较有朝鲜作战经验）、地面炮兵 14 个团另 9 个营、高射炮兵 2 个团又 13 个营、坦克 6 个团；人民军 1 个军团和 1 个旅。担负东海岸防御的有志愿军 2 个军又 1 个师（其中有 2 个军较有朝鲜作战经验）、地面炮兵 2 个团又 3 个营、高射炮兵 5 个营、坦克 1 个团；人民军 2 个军团又 2 个旅。担负正面战线防御的有志愿军 10 个军、地面炮兵 14 个团又 28 个营、高射炮兵 24 个营、坦克 4 个团；人民军 3 个军团又 2 个旅。其中第一线有志愿军 7 个军，人民军 2 个军团。作为战场总预备队的有志愿军 2 个军，地面炮兵 4 个团又 2 个营。各部队均制定了作战方案和进行了战前训练。国内为战场补充新兵 9 万人，

---

① 见《毛泽东军事文集》第六卷，第 331～333 页，北京：军事科学出版社、中央文献出版社，1993 年。

第一线部队基本达到了齐装满员。此时，志愿军在朝鲜的兵力达到最高峰，为135万人。

以东西海岸为重点，全面加强防御工事。中朝两国政府和人民，为构筑防御工事筹集了大量器材和物资。国内提供为志愿军构筑工事所用物资，据不完全统计有：水泥2.8万吨、钢筋4 200余吨、木料33万余立方米、炸药360万公斤等。共挖掘坑道8 090余条，总长720余公里，挖堑壕、交通壕3 100余公里，还构筑永备工事600余个和大量火器掩体。连同以前构筑的工事在内，坑道总长约为1 250公里，堑壕、交通壕总长为6 240公里，比中国的万里长城还长。东西海岸同正面战线一样，均构筑两道防御阵地，使朝鲜东西海岸和正面战线绵亘1 130余公里的弧形防线上，形成了以坑道和永备工事为骨干的支撑点式的完整防御体系。

进一步改造和完善了朝鲜北方的交通运输网络，大量储备了作战物资。1953年1月，先后从国内抽调铁道工程部队6个师和5 000名铁路员工，和朝鲜铁道工程部队1个旅，在以郭维成为局长的新建铁路指挥局的领导下，新建了从龟城至德川的横向铁路和满浦线从价川至殷山段的纵向辅助铁路；抽调1个步兵师会同工兵部队新建和改建了公路，新建了纵横各4条公路线。极大地改善了朝鲜北方的交通状况。至1953年2月，囤积弹药12.3万余吨（后来的金城战役才消耗1.9万余吨），粮食总囤积量24.8万余吨，可供全军食用8个月。

此外，正面部队积极进行了作战活动，1953年1～4月，歼敌1个排至1个连的进攻战斗即达47次，3月和4月即歼敌3万余人，有力地配合了东西海岸的战备工作。

至1953年4月底，反登陆作战准备工作基本完成，从而完全解除了后顾之忧，掌握了整个战场上的主动权。美国大规模军事冒险的最后一手也难以显灵了，只好胎死腹中。

这次反登陆作战准备，不仅仅是为了解决燃眉之急的一次直接战役准备，而更重要的是为了从根本上掌握整个战场主动的重大战略措施，是抗美援朝战争发展到这时的必然步骤，是抗美援朝战争战略指导不可缺少的重要环节和英明一招，为抗美援朝战争的最后胜利铺平了道路。

中、朝、苏协商排除实现停战的最后一个障碍

在志愿军进行反登陆作战准备的同时，中国政府仍然希望通过谈判结束朝鲜战争，并一再表明了这种态度。在 1952 年 11 月 28 日，周恩来以外长名义代表中国政府发表了声明，12 月 14 日，周恩来又以外长名义致电第七届联合国大会主席，均表明，如果联合国大会愿为朝鲜带来和平，那么，就应该坚持日内瓦公约和国际公法的战俘遣返原则，严正地要求美国方面立即恢复板门店谈判，并根据苏联政府所提方案，首先依照双方业已获得协议的朝鲜停战协定草案，实现交战双方的完全停火，而将全部战俘的遣返问题与和平解决朝鲜问题一起交由苏联提议的"和平解决朝鲜问题委员会"去解决。

1953 年 1 月 20 日，艾森豪威尔就任美国总统，并于 2 月 2 日发表国情咨文，继续鼓吹全球侵略政策和叫嚣战争，并唆使台湾的蒋介石集团进攻中国大陆。对此，在 2 月 4 日至 7 日召开的中国人民政治协商会议第一届第四次全体委员会上，毛泽东和周恩来再次表明了中国政府的态度。毛泽东在 2 月 7 日的讲话中指出：

> 我们是要和平的，但是，只要美帝国主义一天不放弃它那种蛮横无理的要求和扩大侵略的阴谋，中国人民的决心就是只有同朝鲜人民一起，一直战斗下去。这不是因为我们好战，我们愿意立即停战，剩下的问题待将来去解决。但美帝国主义不愿意这样做，那么好罢，就打下去，美帝国主义愿意打多少年，我们也就准备跟它打多少年，一直打到美帝国主义愿意罢手的时候为止，一直打到中朝人民完全胜利的时候为止。

2 月 4 日，周恩来在会议上的报告中也指出：

> 中国人民爱好和平，但是并不惧怕战争。如果美国新政府还有意于用和平方法结束朝鲜战争，那么它就应该无条件地恢复板门店谈判。中朝方面准备按照已经达成协议的朝鲜停战协定草案，立即先行停战，然后再由"和平解决

239

朝鲜问题委员会"去解决战俘全部遣返问题。因为这样，既可迅速满足有关战争各国人民及全世界人民对于立即停止现行战争的热望，又可为和平解决朝鲜问题及远东其他有关问题开辟道路。如果美国新政府仍然执行杜鲁门政府的政策，仍然无意于恢复板门店谈判而继续和扩大朝鲜战争，那么，中国人民在这方面也将继续斗争下去，并且是有了充分准备的。

这时中共中央对朝鲜停战谈判形势的分析认为：美国在朝鲜战场上耍不出什么花样来，解除台湾海峡中立化，只是自欺欺人的拙劣把戏；两栖登陆困难更大。艾森豪威尔欲吓人，殊不知人未吓倒反吓倒自己。但面孔已板起来，要就此转弯，尚非其时。美国搁起板门店而转到联合国，本想借此压我们，但联大压不成，战场上又无多少办法。美国对联大尚未死心，在战场上也未完全绝望，因此，虽有的国家主张回到板门店试试，美国现在还不愿意。如果我方正式提出在板门店无条件复会，美方的态度将是拒绝的可能性为大。如此，一动不如一静，让现状拖下去，拖到美国愿意妥协并由它采取行动时为止。①

中国政府一再表明的态度，不能说对美国当局没有影响。加之志愿军和人民军进行了充分的准备，美国的军事冒险企图只好化做泡影。因而，不得不在谈判问题上试探转弯。在4个月之前，是美方代表在谈判会上单方面宣布无限期休会，此时美国想恢复谈判，但碍于政治脸面，还不便于直接向朝中方面提出。美国当局遂指令克拉克，以"联合国军"司令官的名义，致函朝鲜人民军最高司令官金日成和中国人民志愿军司令员彭德怀，建议双方派出联络官进行协商，先行遣返病伤战俘。克拉克于2月22日发出信函，建议"按照日内瓦公约第109条的规定 ②，立即遣返那些身体适于旅行的重病重伤被俘人员"。艾森豪威尔政府的国务卿约翰·杜勒斯，1953年4月18日在美国报纸编辑协会发表的演说中，明确道出了克拉克建议的用意，他说："我们在2月22日为了设法探测朝鲜敌人的心理，曾不声不响地建议交换伤病战俘。"

对于克拉克的建议，毛泽东和志愿军代表分析认为，一方面，可能是美国为了配合将于2月24日开始的联合国后半期会议，而在政治上对朝中方面施加压力，另一方面，也可能是艾森豪威尔政府企图从杜鲁门政府的束缚中解脱出来，争取主动，"有意在板

① 柴成文、赵勇田《抗美援朝纪实》，第147页，北京：中共党史资料出版社，1987年。
② 1949年在日内瓦签署的《关于战俘待遇之公约》第109条规定：在战事期间，"经过治疗后适于旅行之重伤与重病之战俘，不论其数目或等级如何，遣返其本国。"

门店转弯的一个试探行动"。为稳妥起见，"在观看发展后再行决定是否予以答复。"①

此时的战场军事形势对志愿军和人民军很有利，如果再打几个月，军事形势会更加有利，这样就有可能迫使美国在遣俘问题上有所松动。但3月5日，斯大林病逝。苏联要解决内部问题，不想朝鲜战争再打下去了，朝鲜也有这种愿望。中国派出了以周恩来为团长的代表团，于7日前往莫斯科参加斯大林的葬礼。3月11日至21日期间，苏联领导人马林科夫、贝利亚、莫洛托夫、赫鲁晓夫等，多次就朝鲜问题同中国代表团进行了讨论，并征求了朝鲜方面的意见，确定在遣俘方式上作一让步，尽快实现朝鲜停战，并确定由金日成、彭德怀对克拉克的建议作出答复；接着由中华人民共和国的权威代表发表声明；随后朝鲜政府发表声明，支持中国政府的声明；再后，苏联外交部发表声明，支持中朝两国政府的态度。3月19日，苏联部长会议就此作出决定，批准将上述方案致函毛泽东和金日成。

周恩来于24日起程返回北京，26日，将在莫斯科与苏联领导人共同协商的关于解决朝鲜停战问题的方案向毛泽东作了汇报。27日，毛泽东致电金日成，指出："现拟以金、彭名义复克拉克一信，表示我方完全同意关于在战争期间先行交换双方病伤战俘的建议，以重开谈判之门，然后再由北京、平壤、莫斯科相继发表声明，准备在遣返战俘问题上作一让步，以争取朝鲜停战，但也准备在争取不成的情况下继续打下去。"②

3月28日，朝鲜人民军最高司令官金日成和中国人民志愿军司令员彭德怀致函克拉克，阐明了对克拉克2月22日来函的态度，指出：

　　关于优先遣返双方重病重伤战俘问题，双方谈判代表本已根据人道原则达成停战协定草案第五十三款的协议。只因朝鲜停战谈判中断，此项协议无法实现，致双方重病重伤战俘至今未能遣返。

　　现在你方既然表示准备对双方收容下的病伤战俘实施日内瓦公约的规定，我方为表示同一愿望起见，完全同意你方所提出的关于在战争期间先行交换双方病伤战俘的建议。这个建议应按照日内瓦公约第一百零九条的规定处理。同时我们认为关于在战争期间交换双方病伤战俘的问题的合理解决，应当使之引导到全部战俘问题的顺利解决，使世界人民所渴望的朝鲜停战得以实现。因此，我方建议：双方谈判代表应即恢复在板门店的谈判，我方联络官并准备与

---

① 参见1953年2月24日丁国钰致毛泽东、金日成、彭德怀关于如何复克拉克来函的请示电；1953年3月23日毛泽东致志愿军代表团的电报。
② 见《周恩来年谱》（1949～1976）上卷，第291页，北京：中央文献出版社，1997年。

你方联络官进行会晤，以商定恢复谈判的日期。

3月30日，周恩来以政务院总理兼外长的名义，关于朝鲜停战谈判问题发表声明。声明内容如下：

中华人民共和国中央人民政府和朝鲜民主主义人民共和国政府在共同研究了"联合国军"总司令克拉克将军于一九五三年二月二十二日提出的关于在战争期间先行交换双方病伤战俘的建议之后，一致认为根据一九四九年日内瓦公约第一百零九条的规定，这一问题完全可以得到合理的解决。关于交换病伤战俘问题的合理解决，对于顺利解决全部战俘问题显然具有极重大的意义。因之，我们认为，解决全部战俘问题以保证停止朝鲜战争并缔结停战协定的时机，应当说是已经到来了。

中华人民共和国政府和朝鲜民主主义人民共和国政府一致主张，朝鲜人民军和中国人民志愿军的停战谈判代表应立即与"联合国军"停战谈判代表开始关于在战争期间交换病伤战俘的谈判，并进而谋取战俘问题的通盘解决。

过去一年多的朝鲜停战谈判，已经奠定了在朝鲜实现停战的基础。在开城和板门店的谈判中，双方代表除对战俘一项问题外已对所有问题达成协议。首先，举世关心的朝鲜停火问题，双方已经同意，"双方司令官命令并保证其控制下的一切武装力量，包括陆、海、空军的一切部队与人员，完全停止在朝鲜的一切敌对行为，此项敌对行为的完全停止自本停战协定签字后十二小时起生效。"（朝鲜停战协定草案第十二款）其次，双方还曾商定各项重要停战条件。在关于确定军事分界线和建立非军事区问题上，双方已经同意，以停战协定生效时双方实际接触线为军事分界线，"双方各由此线后退二公里，以便在敌对军队之间建立一非军事区……作为缓冲区，以防止发生可能导致敌对行为复发的事件。"（草案第一款）在关于监督停战协定的实施及处理违反停战协定事件的问题上，双方已经同意由朝鲜人民军最高司令官与中国人民志愿军司令员所共同指派的五名高级军官和由"联合国军"总司令所指派的五名高级军官组成军事停战委员会，负责监督停战协定的实施，包括对于战俘遣返委员会的督导，并协商处理任何违反停战协定的事件（草案第十九、二十、二十四、二十五、五十六各款）；双方同意由朝鲜人民军最高司令官与中国人民志愿军司令员所共同提名的波兰、捷克斯洛伐克指派两位高级军官作代表和由"联合国军"总司令所提名的瑞典、瑞士指派两位高级军官作代表组成的中立国监察委员会，并在其下配备由上述各国派出的军官为组员组成中立国视察小组，分驻于北朝鲜的新义州、清津、兴南、满浦、新安州和南朝鲜的仁川、大邱、釜山、江陵、群山各口岸，以监督与视察双方对于停止自朝鲜境外进入增援的军事人员和作战飞机、装甲车辆、武器与弹药的条款的实施（条款中准许轮换和替换者除外），并得至非军事区以外据报发生违反停战协定事件的地点进行特别观察与视察，以保证军事停战的稳定（草案第三十六、三十七、四十、四十一、四十二、四十三各款）。此外，双方还商定"双方军事司令官兹向双方有关各国政府建议在停战协定签字并生效后的三个月内，分派代表召开双方高一级的政治会议，协商从朝鲜撤退一切外国军队及和平解决朝鲜问题等问题"（草案第六十款）。

如上所述，在朝鲜停战谈判中，只有一个战俘问题阻碍着朝鲜停战的实现。而且就在战俘问题上，除战俘遣返问题外，双方在停战协定草案中对于有关战俘的安排问题的一切条款亦均已达成协议。如非朝鲜停战谈判中断五个多月之久，则这个战俘遣返问题可能早已找出解决的办法来了。

现在"联合国军"方面既然建议按照日内瓦公约第一百零九条的规定，解决在战争期间先行交换病伤战俘问题，我们认为，随着病伤战俘问题的合理解决，只要双方都真正具有互相让步以促成朝鲜停战的诚意，全部战俘问题的顺利解决，是完全应当的。

关于战俘问题，中华人民共和国政府和朝鲜民主主义人民共和国政府一向认为、现在仍然认为，只有根据一九四九年日内瓦公约的规定，特别是该公约第一百一十八条的规定，停战后战俘即予释放并遣返，不得迟延，才是合理的解决。但是鉴于双方在这个问题上的分歧是目前达成朝鲜停战的唯一障碍，并且为满足世界人民的和平愿望，中华人民共和国政府和朝鲜民主主义人民共和国政府本着一贯坚持的和平政策，本着一贯努力于迅速实现朝鲜停战，争取和平解决朝鲜问题，以维持和巩固世界和平的立场，准备采取步骤来消除在这个问题上的分歧，以促成朝鲜停战。为此目的，中华人民共和国政府和朝鲜民主主义人民共和国政府提议：谈判双方应保证在停战后立即遣返其所收容的一切坚持遣返的战俘，而将其余的战俘转交中立国，以保证对他们的遣返问题的公正解决。

必须指出，我们这一提议，并非放弃了日内瓦公约第一百一十八条关于停战后战俘即予释放并遣返，不得迟延的原则，也非承认了"联合国军"方面所说的战俘中有所谓拒绝遣返的人，只由于终止朝鲜流血战争及和平解决朝鲜问题是关系到远东及世界人民的和平与安全问题，所以我们才采取这一新的步骤，准备将在对方恐吓和压迫下心存疑惧、不敢回家的我方被俘人员，提议在停战后转交中立国，并经过有关方面的解释，以保证他们的遣返问题能得到公正解决，而不致因此阻碍朝鲜停战的实现。

我们相信，中华人民共和国政府和朝鲜民主主义人民共和国政府为了结束朝鲜战争所采取的这一新的步骤，完全符合于有自己子弟在朝鲜作战的双方人民的切身利益，也完全符合于全世界人民的根本利益。如果"联合国军"方面对于谋取和平具有诚意的话，我方这个建议是应该能够被接受的。

周恩来就这个声明，于4月3日政务院第173次政务会议上作了说明，指出：停战谈判进行快两年了。美方在谈判中采取拖延政策，凡是对他有利的就谈，不利的就拖。而我们在全部谈判中一贯坚持了和平解决朝鲜问题的方针。因为美方蛮横无理地坚持其"自愿遣返"的原则，所以我们不能与他妥协。当他虚张声势，吓唬人的时候，我们必须坚决地顶回去。我们坚持原则是对的，但是不能老僵着，因此在时间上让了一步，分成两个步骤来实现。我们提出的这个遣俘方案，与美国方案和印度方案不同，我们这个方案是交中立国。在这种情况下恢复谈判是定了的，结束战争的可能性是大大增强了，但打的可能性还存在。我们还是两句话，争取和平，但是也不怕战争。①

周恩来的声明，在坚持全部遣返战俘原则的前提下，在遣返方式上表明了灵活性，提出在停战后立即遣返一切坚持直接遣返的战俘，而将其余战俘转交中立国，以保证对他们遣返问题的公正解决。这样就排除了实现朝鲜停战的最后一个障碍，打破了双方在战俘遣返问题上的僵局。

3月31日，金日成发表声明，完全支持周恩来提出的建议。4月1日，苏联外长莫洛托夫发表声明，支持周恩来、金日成的声明。

周恩来的建议，得到了包括英国、法国在内的国际舆论的支持。美国也就此下了台阶。4月20日，谈判双方开始交换病伤战俘。4月26日，被美方单方面中断6个月之久的停战谈判重新恢复。志愿军以丁国钰接替边章五、柴成文接替解方为谈判代表。

① 见《周恩来年谱》（1949～1976）上卷，第292～293页，北京：中央文献出版社，1997年。

邓华请示以打促谈

虽然这次谈判恢复后，朝鲜战争停下来的可能性比过去增大，但拖的可能性还是存在的。艾森豪威尔登台后，积极扩充南朝鲜军，实行亚洲人打亚洲人的政策，实际上就是一种拖打的措施。一旦停战，美国的扩军备战计划就要松弛下来，经济上也会发生恐慌。据外电报道，由于朝中方面提出立即恢复谈判的建议，3月末至4月初，美国的股票市场出现了跌风，从事军火、战争物资生产的企业及其他有关企业的股票连日下跌。英国、日本的股票市场也出现了跌风。如此，战争拖延下去的可能性仍然不小。即使美国迫于形势不得不停下来，但谈判中也还有许多具体问题需要解决，停下来也还需要相当的时间，其间仍可能节外生枝。

此外，南朝鲜李承晚集团一直不愿实现停战，而仍企图以武力统一朝鲜。李承晚本人及其政府的主要官员，在许多场合公开表示，当前"最紧要的课题，是北进统一"，"韩国军可以独自采取北进行动"。根据艾森豪威尔回忆录，4月9日，李承晚在写给艾森豪威尔的信中说：如果达成一项容许中国人留在朝鲜的和平协议，则南朝鲜将认为有理由要求，除了那些愿意参加把敌人驱逐到鸭绿江以北的国家外，所有盟国都要离开这个国家。如果美国武装部队要留下，那么他们就得跟随前沿阵地的战士，支持他们，并用飞机、远程大炮和在朝鲜半岛两边的舰炮来掩护他们。已经退休的美第8集团军司令官范佛里特和美国其他一些好战分子，仍在积极主张在朝鲜取得军事上的胜利。

因此，谈判恢复以后，志愿军和人民军只有以有力的作战相配合，才有可能顺利进行。

此时"联合国军"在正面战场上，已是只有招架之功，而无还手之力了。志愿军同人民军基本完成了反登陆作战准备，解除了后顾之忧，正面部队可以放胆作战。此外，自1952年9月以来，新入朝的7个军又1个师，多数尚未得到朝鲜实战的锻炼，一旦停战，便失去了这个机会。

随着对克拉克来函的回复及恢复谈判建议的提出，3月31日，志愿军第9兵团司令员王建安致电邓华、杨得志并报军委，认为，正面敌军守备兵力分散，以一个排至一个营守备的阵地最多，我一个军打敌一个营的阵地是有条件和有把握的。因此建议：如果

4月份敌军不发动登陆进攻，我正面全军应在有充分组织准备和周密计划部署的情况下，于5月份统一动作进行一次战役性的反击；如4月份敌在东西海岸登陆，则我正面全军进行一次战术性的出击，以打击敌人，造成其内部的慌乱。当时邓华集中精力于西海岸的战备工作，志愿军总部的工作由杨得志主持。杨得志同意经军委批准后进行一次反击作战，认为一个军一次打敌一个连的阵地有把握，一次歼敌一个营的战例还不多。将王建安的建议转报军委，并建议，4月底以前还是以反登陆备战为中心，5月上旬进行反击作战的准备，最早5月下旬发起反击，届时志愿军将专门开会研究。军委接到上述建议后，由彭德怀起草了复电，经毛泽东审阅后，于4月3日发给杨得志并王建安，指出：根据日前情况，在确有充分准备下，举行小规模的歼灭战，每次歼敌一两个排至一两个连，使我第9兵团及其他兵团取得新的战斗经验，及促进停战谈判均有利。如确有把握，发动时间亦可提早，战役性的反击则待5月中旬或下旬为宜。[1]

4月20日，双方开始交换病伤战俘。同一天，主持西海岸指挥部工作的志愿军代司令员兼代政治委员邓华，致电杨得志、崔庸健（1953年2月接替朴一禹任中朝联合司令部副司令员）、解方、李志民并报军委，对谈判恢复后战场形势的可能发展作了分析后，提出"我们必须遵照主席指示的方针：'争取停，准备拖，而军队方面则应做拖的打算，只管打，不管谈，不要松劲，一切仍按原计划进行。'所以，我们仍应加强各种准备，不能麻痹松懈，要继续完成东西海岸防御工事，要能随时粉碎敌人的任何登陆与进攻。同时，我们必须采取'针锋相对的方针'，以积极行动来配合谈判，也只有胜利才能推进谈判……如果敌人拖延讹诈，而五月又不登陆的情况下，我们就应该举行像去秋那样战役性的反击，给敌人以更严重的打击。并可锻炼部队，吸取经验，还可部分地改善阵地"。并在电报中提出了以打促谈的具体设想方案，请军委指示，并请杨、崔、解、李修正补充，发各兵团领导研究，提出具体意见，而后召开会议决定。[2]

毛泽东见到邓华的建议电报后，于4月23日，批转彭德怀，指出："此件似可批准，使他们好作攻击准备。至于停战得早，或不要打以利谈判，可则于五月间适当时机再行决定。"[3]

邓华的建议经批准后，志愿军党委于4月30日至5月4日，召开了有各兵团首长参加的会议，对反击战役问题作了专题研究，于5月5日向各部下达了补充指示并报军委。确定：

---

① 参见王焰主编《彭德怀年谱》，第547页，北京：人民出版社，1998年。
② 参见《毛泽东军事文集》第六卷，第347页注［2］。
③ 见《毛泽东军事文集》第六卷，第347页，北京：军事科学出版社、中央文献出版社，1993年。

一、战役的目的主要是消灭敌人，锻炼部队，吸取经验，以配合板门店谈判，同时适当改善现有阵地。战役指导的基本精神是"稳扎狠打"。"狠打"，是在侧后已作好了准备，正面可以应付敌军的任何进攻的情况下，正面反击可以放手作战，狠狠地打击敌人，打击的重点是美军和其他"联合国军"。"稳扎"，一是仍掌握持久作战，不能急于求成，不能轻敌急躁草率，必须有周密细致的准备，必须确有把握然后攻击；二是在反击开始后，要准备敌人在全线进行两至三个"上甘岭"规模那样的报复，军师两级必须掌握一定的预备力量和机动炮火，反击目标以不超过一个营，最好两个连为宜，一定做到"不打则已，打则必歼，攻则必克，守则必固"。

二、对攻击目标的选择和对不同目标的不同作战方式。攻击目标的守敌以不少于两个排、不超过一个营为限，既利于我隐蔽接敌，又便于兵力展开和发挥炮火威力。冲锋出发地距攻击目标不超过200米，并挖好防炮洞，其数目要能容纳第一梯队人数1/3以上。敌军阵地有坚固工事，有坑道，地形有利的，我攻克后要坚决固守，与敌争夺到底，直到敌无力再攻或不再来攻为止；敌阵地工事坚固，但无坑道或地形不十分有利，攻克后，要立即改造工事，利用第二、第三梯队与敌进行拉锯式的反复争夺，直打到敌人不再来攻为止；敌工事不强，地形不利，又非要点，则采取攻克后即撤离（所谓"咬一口"的方式），然后，另选其他目标攻击。第一、第二种目标，每军各选择一个，第三种目标，每军根据情况自定；如敌反扑兵力达到一个师时，则每军只保留一个重点目标进行攻击，敌反扑兵力达两个师时，则每个兵团只保留一个重点目标进行攻击，如敌反扑规模再大时，则全线只保留两个重点目标进行攻击。

三、兵力的调整。第一线除第65军因在板门店附近，且地形不利不参加攻击，第1军第一步攻击任务不多，不再增加兵力外，其余从西至东第46、第23、第24、第67、第60军各从第二线部队中增加1个师；第19、第9、第20兵团各掌握1个师作为兵团预备队；志愿军总部掌握2个军为总预备队。第一线各兵团除原已配属坦克和炮兵不变外，为第一线各兵团共加强野炮和榴弹炮兵8个营、火箭炮兵4个团、反坦克炮兵1个团、高射炮兵1个师又2个团、工兵6个营；志愿军总部掌握榴弹炮兵1个团又3个营、火箭炮兵1个团作为机动。

四、各军在战役开始之前，仍积极进行小型攻点作战，吸取经验，创造条件，并掩护战役企图。各部选择目标后，由兵团统一报志司审核，各兵团首长及司令部切实掌握战役准备，这是战役胜利的关键。5月底前完成一切准备，预定6月初开始战役反击，至7月上旬结束。整个战役分两至三个阶段，每阶段打10天，休息准备5天，第一阶段全线统一动作，第二、第三阶段，视情况由全线统一动作，或由兵团统一动作。

　　五、反击开始时，组织第二线部队的主要指挥员到第一线参观；高级指挥员的轮换，入朝的5月上旬到达部队，回国的主持反击，待反击结束后再走。

志愿军总部还对战术问题、炮弹的使用及保密问题作了规定。①

根据志愿军党委确定的方针和部署，第一线各军认真进行了准备，共选择"联合国军"营以下兵力防守的阵地56个，作为攻击目标。由于第20兵团准备较早，经志愿军总部批准后，于5月13日晚，即开始了对敌连以下兵力防守的阵地的攻击，15日晚，第9兵团也开始了攻击。

5月16日，中央军委对志愿军5月5日的电报作了批复，同意对夏季战役各项积极准备措施，同时指出：目前停战谈判仍在拖延，何时能停尚难判定，因此，我们在朝鲜的作战方针仍然是坚持过去所提出的"长期的稳扎稳打"的方针，鉴于苏制炮弹补充较难，虽已向苏联提出了5、6月份的进口数目，至今未见答复，6、7、8月能进口多少，尚无把握，因此，为避免反击时开口过大，持续时间拖长，弹药发生困难，陷于被动，最好将战役反击分为三个步骤进行，每一步骤大体以一个兵团为单位，于当面之敌选择数点攻击之，时间7～10天，然后视情况再动，如敌不进行大的反扑，则以另一兵团在另一地段上反击，敌若反扑，我则集中优势兵力大量歼灭消耗之。这样打法，我们可更加主动些，更加持久些。同日，志愿军总部鉴于板门店谈判正在进行，并且战役第一阶段的小打业已开始，为避免国际舆论，决定将原拟6月1日统一开始战役，改为不统一开始，各部准备好后，可继续打下去，因第19兵团要待25日方完成准备，故第一阶段打到24日。②

至26日，这一阶段，志愿军共对敌军连以下兵力防守的20个阵地，发动29次攻击，与敌争夺到底巩固占领2个阵地，有5个阵地与敌进行了反复争夺，大量歼敌后放弃，其余均是"咬一口"就走，共歼敌4000余人。

在战场作战的有力配合下，经过朝中代表的努力，美方代表团经过反复后，于25日的谈判会上，接受了朝中方面提出的将不直接遣返的战俘交由中立国在朝鲜看管，然后

---

① 参见沈宗洪、孟照辉主编《中国人民志愿军抗美援朝战史》，第196～197页，北京：军事科学出版社，1990年。
② 参见沈宗洪、孟照辉主编《中国人民志愿军抗美援朝战史》，第199页，北京：军事科学出版社，1990年。

由战俘原属各方进行解释的建议。

其实，美方有关谈判的一切决定，都是由美国单独作出的，在决定作出后，才通报南朝鲜李承晚，迫使其接受美国的决定。因此，在美方代表团中，美国代表和南朝鲜代表是互相戒备的，美国担心有关谈判的一些决定过早泄露给南朝鲜，会遭到他们的干扰，因此尽量对他们保密，直至在板门店谈判会上宣布之前才告诉他们。南朝鲜则担心美国为了早日停战，而出卖他们的利益，而想方设法企图早些时候得知美国的决定。5月25日，美方接受朝中方面的建议的决定，是在当天板门店谈判会议开始前一小时，才由克拉克告诉李承晚的。这使李承晚措手不及而大为恼火。

李承晚集团本来就反对停战，于是，一方面为了反对停战，另一方面也是对美国表示抗议，而指使其代表退出了谈判会议。直至朝鲜停战，南朝鲜代表再未出席谈判会议。李承晚及其政府官员公开申明：不能接受"联合国军"的新方案，韩国将坚决反对不规定国土统一的任何国际协定。

实际上，志愿军这次以打促谈，是根据"联合国军"内部对谈判的不同态度确定重点打击对象的。因美国是志愿军作战和谈判的主要对手，因此，一开始即确定以打美军为重点。但谈判中，美方的态度在向朝中方面接近，而李承晚则从中干扰捣乱，因此，志愿军的重点打击对象，也随之作了调整。

邓华、杨得志鉴于这种形势，为更有力地配合谈判，打得更策略些，决定将原定以打美军为重点，改为以打南朝鲜军为重点，于6月1日，指示第一线各军："目前反击作战打击对象主要是李伪军，应坚决打击，求得大量杀伤歼灭其有生力量，对英国等仆从军暂不攻击，对美军亦不作大的攻击（只打一个连以下的），但原定之作战准备仍应进行，以便必要时再打，不管任何敌人，凡是向我们进攻，就应该坚决地彻底粉碎之。"[1]同时，为使新入朝部队迅速开赴第一线得到作战锻炼，对部署也作了调整。

据此，第一线部队经过调整和准备之后，以打南朝鲜军为重点，发起了夏季战役第二阶段攻击，攻击目标比第一阶段更多，作战规模比第一阶段更大。从5月27日，至6月15日，第19兵团指挥的第46军，第9兵团指挥的第23、第24军，第20兵团指挥的第60、第67军以及人民军第3、第7军团，共对敌军团以下兵力防守的51个阵地，攻击65次，扩大阵地面积58平方公里，歼敌4.1万余人。其中第60军连续攻占南朝鲜军第5师两个团的阵地，连同打反扑共歼其9 000余人，据《韩国战争史》记载，南朝鲜第5师所属3个团及配属该师的另1个团均被打残[2]；第67军一次攻占南朝鲜军第8

① 参见沈宗洪、孟照辉主编《中国人民志愿军抗美援朝战史》，第201页，北京：军事科学出版社，1990年。
② 见韩国国防部编《朝鲜战争》中文版第五卷，第120～136页，黑龙江朝鲜民族出版社，1988年。

师1个团阵地，连同打反扑共歼其4 000余人。该两军均创造了阵地战以来一次攻歼敌军一个团的范例。

志愿军和人民军的作战，有力地促进了谈判斗争。6月8日，谈判双方首席代表正式签订了关于战俘遣返问题的协议。至此，朝鲜停战谈判各项议程全部分别达成协议。至6月15日，根据双方早已达成的军事分界线的协议，重新校订军事分界线的工作业已完成，双方司令官签署停战协定的各种准备基本就绪。为了保持政治上的主动，促进停战实现，6月15日18时，彭德怀致电邓华代司令员并转朝鲜人民军各军团和志愿军各兵团首长及李克农，指出："顷接我停战谈判代表团电话称：军事分界线基本上已达协议，以今晚（六月十五日）廿四时为准，在本晚廿四时以前敌我双方攻占之阵地均为有效；在此时以后（零时起）即作为十六日计算，敌我所攻夺之阵地均属无效。我志愿军和朝鲜人民军为促进停战实现，应从明十六日起，坚守现阵地，不再主动攻击，但需提高警惕，严阵以待，对敢于向我军阵地侵犯之任何敌军，坚决给以歼灭之打击，切不可有任何疏忽。"①当日19时，中朝联合司令部将此电内容下达给第一线各部。各部遂停止了第二阶段攻击作战。

① 见《抗美援朝战争史》第三卷，第410页。

毛泽东、彭德怀决定惩罚李承晚

就在朝鲜停战实现在即的时候，李承晚集团极力破坏和阻挠，一再叫嚷"不能接受如同对韩国宣告死刑的停战协定"，"将继续单独战斗，直到达到目的为止"。公然破坏谈判双方于6月8日刚刚达成的遣返战俘的协议，经过密谋策划后，于6月17日深夜至19日，将在大邱、光州、论山、马山、峰山等战俘营由南朝鲜军看管的朝鲜人民军被俘人员2.7万余人和数十名志愿军被俘人员，以"就地释放"为名，强迫予以扣留。刚刚看到的朝鲜和平的曙光，又被罩上了阴影。

李承晚集团的破坏行为，引起了强烈的国际反响，不但民主国家的各国政府和人民纷纷谴责这种行为，就连英国、法国、加拿大、澳大利亚等国政府官员也强烈谴责这种行为，美国总统艾森豪威尔和接替艾奇逊任国务卿的约翰·福斯特·杜勒斯，也觉得面子上难堪而非常恼怒。包括美国在内的许多国家的舆论，纷纷要求撤换李承晚。6月18日，艾森豪威尔给李承晚发一急电，指责他"违抗了'联合国军'司令部的指挥"，并威胁说"要是你坚持目前的方针，就无法使'联合国军'司令部继续同你一致行动，除非你准备立即毫不含糊地接受'联合国军'司令部的指挥，处理并结束目前的敌对行动，否则就将另行安排"。①正如美国一位记者所说的："在整个世界上，李承晚的名望一落千丈，降到了最低点，世界上谴责之声四起。"②

对于李承晚的这种破坏行为，朝中方面当然不能容忍。6月19日，毛泽东致电李克农并告金日成和志愿军首长，指出："美军总部明知故犯地纵容李承晚破坏战俘协议，引起全世界严重注意和纷纷责难。……帝国主义阵营内部的争吵和分歧正在扩大。鉴于这种形势，我们必须在行动上有重大表示方能配合形势，给敌方以充分压力，使类此事件不敢再度发生，并便于我方掌握主动。因此，我们决定以朝鲜人民军最高司令官和中国人民志愿军司令员名义写一封严厉的信给克拉克"。③

同日，以朝鲜人民军最高司令官金日成和中国人民志愿军司令员彭德怀名义致函克

① 见德怀特·艾森豪威尔《白宫岁月（上）——受命变革（一）》，第218页。
② ［美］罗伯特·莱基《冲突——1950～1953年朝鲜战争》第四部分第七章。
③ 参见《周恩来年谱》（1949～1976）上卷，第310页，北京：中央文献出版社，1997年。

拉克，指出：美方"必须负起这次事件的严重责任"，"现在发生的这次李承晚'释放'和胁迫战俘事件，证明我们所反对的强迫扣留已进一步地成为不容置辩的事实"，而"你方所一贯宣传的所谓'防止强迫遣返战俘'，完全是无中生有"，"你方在这个问题上历来所表现的错误立场和纵容态度，不能不直接影响这次事件的爆发和即将签字的停战协定的实施。""鉴于这次事件所产生的异常严重的后果，我们不能不质问你方：究竟联合国军司令部能否控制南朝鲜的政府和军队？如果不能，那么，朝鲜停战究竟包括不包括李承晚集团在内？如果不包括在内，则停战协定在南朝鲜方面的实施有什么保障？如果包括在内，那么，你方就必须负责立即将此次所'在逃'的、亦即被'释放'和胁迫扣留并准备编入南朝鲜军队中去的……战俘，全部追回，并保证以后绝对不再发生同类事件。"

这时，战场上的军事形势和政治形势对中朝方面都十分有利。为了对李承晚的破坏行为表示抗议，6月20日，朝中代表团要求谈判休会，直至美方做出保证。

同时为了加深敌人内部矛盾，予美方以更大的压力，已从北京起程准备前往开城办理朝鲜停战协定签字事宜的彭德怀，于20日21时抵达平壤中国大使馆，与李克农、邓华分别通了电话后，22时致电毛泽东，建议："根据目前情况，停战签字需推迟至月底似较有利，为加深敌人内部矛盾，拟再给李承晚伪军以打击，再消灭伪军一万五千人（六月上半月据邓华说消灭伪军一万五千人），此意已告邓华妥为布置，拟明廿一日见金首相，二十二日去志司面商停战后各项布置。妥否盼示。"[1]次日，毛泽东复电同意彭德怀的建议，指出："停战签字必须推迟，推迟至何时为宜，要看情况发展才能作决定。再歼伪军万余人，极为必要。"[2]同日，彭德怀也征得了金日成的同意。

邓华、杨得志和轮换解方任志愿军参谋长的李达，根据彭德怀20日晚的电话指示，于当晚23时半即给各部下达了指示，并告人民军前线指挥部和开城代表团，指出："李承晚匪帮破坏遣返战俘协议，释放大批北鲜战俘。这一无理行动，势将拖延停战协定的签字，在世界舆论上已造成极大震动。为给敌以更大压力，配合板门店谈判，并经彭总同意，决在军事上继续予李伪军以狠狠的打击。为此，各军应即根据原预选目标，如已准备就绪者应即坚决攻歼之，如新选目标，应抓紧时间进行准备，并在有坑道之新占阵地上应坚决扼守，求得在打敌反扑中大量杀伤敌人。对美军及外国帮凶军，仍不作主动攻击，但对任何向我进犯之敌，均必须予以坚决打击。"25日，再次指示第一线各部，已做好准备的各军可放手对南朝鲜军作战，尚未准备好的各军加紧准备，准备完毕后，

---

① 参见《毛泽东军事文集》第六卷，第350页注［2］。
② 参见《毛泽东军事文集》第六卷，第350页，北京：军事科学出版社、中央文献出版社，1993年。

狠狠打击南朝鲜军。

据此，第一线之第1、第46、第23、第16、第24、第60、第67军及人民军第3、第7军团，于6月24日开始，纷纷对已做好攻击准备的目标展开了攻击。与此同时，第20兵团司令员杨勇、政治委员王平和被轮换准备回国的郑维山研究认为，该兵团金城正面南朝鲜军几个师，已遭到夏季战役第一、第二阶段的打击，兵团指挥的各部也有了攻坚作战的经验，对南朝鲜军工事情况较为了解，并且金城正面阵地向我方突出，于是计划了金城战役，接替王近山任第3兵团司令员的许世友、志愿军后方勤务司令部副司令员张明远等共同参加了研究。决定切掉在金城正面南朝鲜军的突出部，拉平战线。经邓华、杨得志批准，以第21、第60、第67、第68、第54军，组成东、中、西三个作战集团，在第9兵团第24军的配合下，于7月13日黄昏，对南朝鲜军4个师防守的正面25公里的阵地，同时发起了攻击，即金城战役。

此次攻击，是志愿军转入阵地战以来规模最大的一次攻击，也是抗美援朝战争最后一次攻击，并且是抗美援朝战争中唯一的一次阵地进攻战役。自1952年下半年以来，志愿军方面地面火炮虽在质量上仍不能与"联合国军"相比，但在数量上，已超过"联合国军"。这次战役，志愿军集中了1 480余门各种火炮，地面火炮对比以1.7∶1占有优势，兵力对比以3∶1占有优势。志愿军共发射炮弹1.9万余吨，相当于运动战时期第一至第五次战役发射炮弹总量的2.2倍。其中，在发起攻击的当夜，1 000余门火炮齐放，发射炮弹1 900余吨，摧毁了南朝鲜军阵地的主要工事。志愿军在25公里的正面上，一个小时之内即全部突破阵地。至14日黄昏，已拉平了战线，向南最远推进9.5公里。尔后向南朝鲜军纵深发展，最远的又推进了8公里。16日，克拉克和接替范佛里特任美第8集团军司令官的马克斯韦尔·泰勒，组织美军和南朝鲜军共8个师，在飞机、坦克和炮兵火力的支援下，全力展开反扑。志愿军遂转入防御，直至27日，共击退敌军1个连至两个团兵力的反扑1 000余次。金城战役共歼敌5.3万余人，南朝鲜军4个师被打残，收复阵地160余平方公里。毛泽东讲到这次战役时曾说："如果照这样打下去，再打它两次、三次、四次，敌人的整个战线就会被打破。"①

从6月25日至7月27日，志愿军和人民军共歼敌7.8万余人，收复土地192.6平方公里。这次作战，严厉地惩罚了李承晚集团，加深了美方内部的矛盾，有力地保证了停战后朝鲜局势的稳定。

克拉克后来回忆时说："在我的心中毫无疑问认为，这次共产党攻势的主要原因，

① 见《毛泽东军事文集》第六卷，第354页，北京：军事科学出版社、中央文献出版社，1993年。

假使不是唯一原因的话，是给大韩民国陆军一个迎头痛击，并向他们及全世界表示'北进'是说易行难的事。"①艾森豪威尔也说："许多人认为，中国共产党人的政策在于通过只进攻大韩民国部队，不进攻美国部队，以此来分裂盟国。……一个可能有用的后果是，提醒一下李总统，如果失去'联合国军'的支持，他的部队是脆弱的。"李承晚甚至抱怨："中共攻势之所以获得胜利，是由于第8集团军采取守势太久，以致让共产党建立了他们的实力。"②

从1953年4月底至7月27日朝鲜停战实现止，这一段以打促谈的作战指导，是抗美援朝战争后期作战指导最精彩的一幕。打谈紧密配合，打是为了谈，打服从谈，打促进谈。同时，谈为打规定任务，谈为打提出要求，打击重点目标的选择，打的时机的确定和打的规模大小，均根据谈判的需要而定。志愿军作战和谈判的主要对手是美军，谈判能否有所进展，关键决定于美国的态度。因此，志愿军确定以打促谈，首先决定以美军为重点打击目标；待美方在谈判中的态度有所好转，而南朝鲜李承晚集团不愿停战时，则将打击的重点目标改为南朝鲜军，并扩大了打击的规模，而对早已主张停战的英、法等国军队不作主动攻击，对美军也只选择连以下兵力防守的目标进行攻击；待停战谈判全部达成协议，李承晚集团破坏协议时，则将作战目标改为专打南朝鲜军，并更加扩大了打击的规模，而对美、英军等均不作主动攻击，直至打得李承晚集团也不得不同意停战。整个作战显得有理、有力、有节，堪称以打促谈的典范。

---

① 见［美］马克·克拉克《从多瑙河到鸭绿江》，第258页，台北：（台湾）黎明文化出版公司。
② 见［美］德怀特·艾森豪威尔《白宫岁月（上）——受命变革（一）》，第211页。

克拉克认输了

美国当局已经清楚地看到，战争越拖下去，"联合国军"的阵地丢失得越多，战争早停一天，阵地就可少丢一点。在朝中方面政治上强烈抗议、谴责和军事上严厉打击的双重压力下，一贯骄横的美国也不得不软了下来。美国向李承晚施加了压力，并向朝中方面作出了关于遵守停战协定的保证。

美国总统艾森豪威尔在回忆录中承认：共产党提出"美国究竟能否保证执行任何有南朝鲜人参加的协议"这一质问，是"有理由的"，并且克拉克无法作答。

为使李承晚能接受停战，并使克拉克能向金日成、彭德怀作出答复，美国向李承晚施加了压力。6月25日，艾森豪威尔派助理国务卿沃尔特·罗伯特作为总统特使，前往南朝鲜，对李承晚进行劝说活动。克拉克也曾向参谋长联席会议请示，"假使大韩民国破坏停战协定，联合国应撤退对他的军事支持。"据泰勒说，与此同时，"克拉克被授权，不管李承晚的反对态度，加紧解决停战谈判问题。"泰勒也被授权向南朝鲜的高级军官们说明："美国对李承晚的耐心已接近最大限度的地步了。"泰勒在回忆录中说："为了表示我们迫切的意向，我们减少了对韩国军队的供应，特别是弹药与石油产品的供应，削减甚至停止了用来扩充南朝鲜军队的装备的交货，我在竭力提醒韩国的将军们，他们的国家和军队都是依赖美国的，如果李承晚继续抵制停战，那么援助就会没有指望了。"泰勒还说："为了进一步强调这一点，我举行了一次记者招待会，公开阐明我的态度：如果韩国决定要单独继续战斗，'联合国军'可以从这场冲突中脱身出来，不会有多大困难。"[①]

从6月26日开始，罗伯特同李承晚举行了14次会谈，对李承晚一方面威胁恐吓，晓以失去美国帮助的利害，另一方面，又给以利诱抚慰，使这个美国人并不喜欢，但又没有别人能代替的老家伙能够听从美国的指挥。至7月11日，会谈结束，美国对李承晚表示：一、停战后，美国将继续以和平方式促进朝鲜的统一；二、缔结美韩共同防卫条约；三、美国将予南朝鲜以长期的经济援助，并先援助两亿美元。美国以此为条件，换

---

① 见 [美] 马克斯韦尔·泰勒《剑与犁——泰勒回忆录》，第 176 页，北京：商务印书馆，1981 年。

取李承晚做出不再破坏停战的表示。对于李承晚来说，就此停战不是他的愿望，但他也非常清楚，如果失去美国的帮助，他将一事无成，甚至整个南朝鲜和他这个傀儡总统的宝座也将失去。他也尝到了破坏停战遭到惩罚的利害。本来，他的不得人心的破坏行为，一方面是表示不愿停战，另一方面也是就此向美国要价。既然美国满足了他的要价，闹剧就不能继续演下去了。他向罗伯特表示，无意承认停战协定，但不再做反对停战的活动。

6月29日，克拉克也做了服软的表示，向金日成和彭德怀做出了答复和保证，他承认李承晚"释放"战俘"是一个严重的事件"，并保证"'联合国军'与利害相关的各国政府将尽一切努力以取得大韩民国政府的合作，遇有必要之处，联合国军将尽其所能建立军事上的防御措施，以保证停战条款将被遵守"。同时恳求恢复谈判。

毛泽东和周恩来认为，尽管克拉克对中朝方面提出的问题没有做全面明确的答复，但已经有了服软的表现，并做出了部分保证。鉴于此，可以金、彭名义复函，表示同意双方代表团恢复定期会晤。复会后，必须要美方作出完全保证，要弄清楚"联合国军"签字停战是否包括李承晚的军队在内？美方必须有一个毫不含糊的答复，否则就无法停战，或停战后还会遭到破坏。①

7月7日，以金日成、彭德怀名义致函克拉克，同意双方代表团恢复定期会晤。7月10日，休会20天后，停战谈判举行了双方代表团大会。此时，美方代表哈里逊也一改原来的无赖模样，简直像一个做了坏事的小孩子，在倾听大人的指问，并且一条一条做出答复保证。当朝中代表团首席代表南日问及能否保证南朝鲜不再破坏停战协定条款的实施时，哈里逊保证：南朝鲜政府"将不以任何方式阻挠停战协定草案条款的实施"。当问及南朝鲜进行破坏停战的侵略行为时"联合国军"将持何种态度？哈里逊保证说："大韩民国进行任何破坏停战的侵略行为时，'联合国军'将不予以支持。"当问及停战后，南朝鲜军破坏停战协定，采取侵略行动，而中朝方面采取必要行动抵抗侵略、保卫停战时，"联合国军"将采取什么态度？哈里逊保证说："'联合国军'仍保持停战状态，不给南朝鲜军以任何支持，包括不给予装备和供应上的支持。"从7月11日至16日，哈里逊对朝中方面提出的9个问题一一做了答复和保证。

为了使世人得以共见哈里逊的保证，以便监督，7月19日，朝中代表团将这些保证公之于世。同时表示，尽管美方对部分问题的答复和保证尚不能令朝中方面满意，但鉴于美方已做出了这些保证，朝中方面仍愿意尽快讨论停战协定签字前的各种准备工作。

7月24日，双方参谋人员最后一次校订了军事分界线。这时，同1951年11月27日

---

① 参见《周恩来年谱》（1949～1976）上卷，第312～313页，北京：中央文献出版社，1997年。

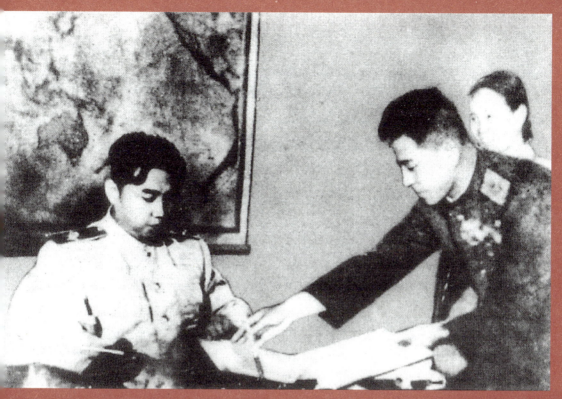

朝鲜人民军最高司令官金日成在朝鲜停战协定上签字

"联合国军"总司令、美国陆军上将马克·克拉克在朝鲜停战协定上签字

达成军事分界线协议时校订的军事分界线相比，朝中方面净推进了 3326 平方公里。从 1951 年 11 月 27 日达成关于军事分界线的协议，到 1953 年 7 月，20 个月时间，美国的现代化装备，美国的飞机大炮未能帮他们夺得一寸土地，相反却丢失阵地 330 余平方公里。到了这时，对美国已没有什么"体面"可言了，但是如果不停战，就会更加不"体面"。

1953 年 7 月 27 日上午 10 时，朝中代表团首席代表南日和美方代表团首席代表哈里逊，在板门店签署了停战协定。是日下午 1 时和晚上 10 时，"联合国军"总司令克拉克于开城东南的汶山、朝鲜人民军最高司令官金日成于平壤也先后在停战协定上签字。28 日，中国人民志愿军司令员彭德怀于开城在停战协定上签字。谈判双方商定，1953 年 7 月 27 日上午 10 时为签字时间。根据停战协定规定，双方于协定签字后 12 小时，即 1953 年 7 月 27 日 22 时同时停火，朝鲜停战实现。至此，中国人民的抗美援朝战争胜利结束。

克拉克后来回忆朝鲜战争的情况时说："1952 年 5 月，我受命为'联合国军'统帅，代表 17 个国家，在韩国抵抗共产党侵略。15 个月以后，我签订了一项停战协定，这协定暂时停止了……那个不幸半岛上的战争。对我来说这亦是表示我 40 年戎马生涯的结束。

1953 年 7 月 28 日，中国人民志愿军司令员彭德怀于开城在朝鲜停战协定上签字

它是我军事经历最高的一个职位，但是它没有光荣。在执行我政府的训令中，我获得了一项不值得羡慕的荣誉，那就是我成了历史上签订没有胜利的停战条约的第一位美国陆军司令官。我感到一种失望和痛苦。我想我的前任麦克阿瑟和李奇微两位将军一定具有同感。"①

美国知名的政论著作家约瑟夫·格登，在他所著的《朝鲜战争——未透露的内情》一书的引言中，一开篇就说："美国政坛老手艾夫里尔·哈里曼谈到朝鲜战争时，称它是'一场苦涩的战争'。""在美国不甚愉快的经历中，朝鲜战争算是其中的一个：当它结束之后，大多数美国人都急于把它从记忆的罅隙中轻轻抹掉。出于某一原因，朝鲜战争是美国第一次没有凯旋班师的战争。美国使朝鲜处于僵持状态，同共产党中国这个庞大而落后的亚洲国家打成了平手。"②

世界霸主、自由世界的"领袖"——"山姆大叔"，在朝鲜战场上失去了光彩与威风——在中国人民志愿军和朝鲜人民军面前输了，而且输得很惨。

① 见［美］马克·克拉克《从多瑙河到鸭绿江》，第1页，台北：台北：（台湾）黎明文化出版公司。
② 见［美］约瑟夫·格登《朝鲜战争——未透露的内情》，第1～2页，北京：解放军出版社，1990年。

主要经验和启示

主要经验和启示

据志愿军有关部门的统计，在两年零九个月的抗美援朝战争中，中国人民志愿军共毙伤俘敌 71 万余人，自身作战减员 36.6 万余人（其中阵亡 11.6 万余人 [1]、战伤 22 万余人、失踪被俘 2.9 万余人），共击毁和缴获飞机 4 268 架、坦克 1492 辆、装甲车 92 辆、汽车 7 949 辆，缴获（不含击毁）各种炮 4 037 门。志愿军损失飞机 231 架、坦克 9 辆、汽车 6 060 辆，各种炮（含被击毁）4 371 门。1953 年 8 月 14 日朝中方面公布，在三年零一个月的朝鲜战争中，中国人民志愿军和朝鲜人民军共毙伤俘敌 109 万余人。[2]同一时期，朝鲜人民军和中国人民志愿军共伤亡、失踪和被俘 62.8 万余人（人民军的损失是本书作者统计的）。按朝中方面公布的歼敌数字计算，中朝军队和"联合国军"人员伤亡损失对比为 1∶1.7。中国人民志愿军依靠优劣悬殊的武器装备同朝鲜人民军一起，将美国为首的"联合国军"从鸭绿江边打回到三八线，并迫使美国签字停战，取得了战争的伟大胜利。

这场战争，是新中国历史上的第一场战争，是新中国在各方面严重困难的情况下，为"抗美援朝、保家卫国"，被迫决策以中国人民志愿军名义参加的一场国际性局部战争。仅仅建立 1 年的新中国，居然打败了美国这个气势汹汹、不可一世，有 170 多年资本主义发展历史的世界头号强国。武器装备优劣悬殊的中国人民志愿军，居然打败了武器装备高度现代化的美军。显示了已经站起来的中国人民反抗侵略的决心和力量，一扫中国近代以来历史上的耻辱，改变了中国在世界上的形象，确立了中华人民共和国在亚洲和国际事务中的重要地位和作用。

抗美援朝战争的胜利，是多种因素综合作用的结果，但其中最核心、最关键的因素，是高层的决策和指导。无论从当时的情况看，还是 60 年后回过头来看，当时决策"抗美援朝、保家卫国"，都是英明的决策，并且是相当了不起的决策。表明

---

[1] 据全国县以上民政部门统计，志愿军阵亡和非作战死亡共 17 万余人。
[2] 美国官方公布，美国阵亡 3.36 万余人、战伤 10.32 万余人、失踪和被俘 0.51 万余人，共 14.2 万余人；韩国国防部公布南朝鲜军阵亡 22.78 万余人、战伤 71.71 万余人、失踪和被俘约 4.5 万余人，共 98.99 万余人。美国和南朝鲜官方公布的各自减员数的总和为 113 万余人（不包括英、法等其他国家军队的损失），即超过了朝中方面公布的歼敌数字。

了以毛泽东为主席的中共中央大无畏的英雄胆略和气魄，体现了已经站起来的中国人民反抗侵略，保卫国家安全的决心和意志，体现了中华民族的传统正气，也体现了中国人民伟大的爱国主义同无产阶级国际主义相结合的高尚品格。驾驭整个战争的发展和演变，也显得措置裕如，导演得威武雄壮有声有色，体现了高超的战争指导艺术。

主要经验

抗美援朝战争的高层决策和指导提供了许多宝贵的经验，主要有以下几点：

❀ 一、根据形势的变化，权衡利弊得失作出最有利于国家利益的战略决策

决策的根据是形势的变化，决策的标准是符合国家的最大利益。

新中国成立后，中共中央和中央人民政府就决心治理战争创伤，恢复国家建设。1950 年 4 月，海南岛解放，除台湾等少数沿海岛屿和大陆的西藏尚未解放外，全国解放战争基本结束，解放区县级以上各级政权相继建立，集中精力治理战争创伤，恢复国家建设已经有了可能。6 月上旬，中共中央刚刚对此作出决定和部署。然而，6 月下旬，美国就武装干涉朝鲜内战，同时派海军舰队侵入台湾海峡。形势发生了突然变化。美国武装侵略朝鲜，对中国东北地区的安全构成了威胁，美国海军舰队侵入台湾海峡，是对中国主权的直接侵犯。中国政府和人民不能不作出强烈的反应。此时，中国军事斗争准备的重点，是解放台湾。解放台湾是渡海登陆作战，其准备工作本身就相当复杂，并且中国没有海空军作战部队，美国海军舰队侵入台湾海峡，更增加了中国人民解放军解放台湾的困难。而保卫东北大陆的国防安全又迫在眉睫。解放台湾和保卫东北边防同属国家利益，然而就当时人民解放军的力量来说，不可能鱼和熊掌兼得，两者只能舍轻取重。保卫东北国防安全，是防范外敌侵略，显然重于属内政问题的解放台湾。于是，中共中央和中央军委决定，推迟解放台湾，保卫东北边防和准备援助朝鲜人民抗击侵略，组建了东北边防军。

后来作出"抗美援朝、保家卫国"的战略决策，也是同此道理。美军仁川登陆后，地面部队越过三八线，中国东北地区直接面临着美国侵略的威胁。就是美国不直接侵入中国境内，而站在边境上跃跃欲试，中国东北地区也不会得到安宁，况且中国本来就不多的工业基地 50% 在东北地区。此时，抗美援朝、保家卫国和恢复国内建设，同属国家利益，然而，抗美援朝，必然会影响国内建设的恢复；而按兵不动，埋头恢复国内建设，

总有一种不安全感，美国推行霸权主义和强权政治的侵略扩张政策，占领整个朝鲜后，随时都可能对中国进行战争挑衅，因此，中国不可能安心搞建设。无论从中国当时利益和长远利益考虑，都必须抗美援朝、保家卫国。同时，朝鲜是中国的友好邻邦，与中国同属社会主义国家，并且向中国提出了直接出兵援助的请求。因此，中国采取积极政策，出兵参战，对中国，对朝鲜，对东方，甚至对于整个世界都极为有利；而不出兵，让美国压至鸭绿江边，国际国内反动气焰增高，对各方都不利，首先是对中国东北更不利。中国应当参战，必须参战，参战利益极大，不参战损害极大。据此，中共中央作出了"抗美援朝、保家卫国"的战略决策，决定以中国人民志愿军名义出动一部分部队到朝鲜作战。这一决策的最终结果充分表明，无论从政治上、经济上和军事上看，还是就当时和现在看，决策本身都是对中国最有利的选择。

二、从敌我双方的实际情况出发，考虑到各种可能，确立军事战略目标

中国是个弱国，美国是世界头号强国，两国的经济力量强弱悬殊，无法相比。中国人民志愿军的武器装备落后，并且基本是单一地面部队作战，美国军队武器装备高度现代化，并且是陆海空三军联合作战，双方的作战条件也无法相比。但是，中国国家大，人口多，兵力资源雄厚，民族凝聚力强，尤其刚刚翻身做了国家主人的中国人民，爱国热情极高；改编为中国人民志愿军的部队经受了国内长期革命战争的考验和锻炼，有国内作战的丰富经验，作战意志顽强；抗美援朝战争是反侵略的正义战争，会得到世界爱好和平国家和人民的支持和援助，特别是苏联的支持和援助。而这些恰恰是美国的弱点。

建立在双方这样的客观基础上，中共中央对志愿军参战后可能出现的战争结局作了三种估计：一是在苏联提供武器装备和出动空军支援的条件下，在朝鲜境内歼灭和驱逐美国及其他侵略军，根本解决朝鲜问题；二是在苏联提供的武器装备不能及时到达，空军也不能提供支援的情况下，在朝鲜打成僵局，甚至被迫撤回，美国对中国宣战，从而影响整个国家的恢复和建设计划；三是志愿军灵活指挥，充分发挥战术特长，能够攻打除大、中城市以外的地区，则可迫使美国通过谈判解决问题，但条件是美军必须首先撤至三八线以南。中央的态度是力争第一种可能，力避第二种可能，接受第三种可能。也就是说，志愿军在朝鲜作战的最低目标是第三种可能，最高目标是第一种可能。对可能出现第二种局面，也必须有所考虑和准备，并以志愿军的名义参战，不给美国对中国宣战以口实。究竟会出现哪种结局，只能经过一段战争实践才能确定。总的方针是，从稳

当的基点出发，不做办不到的事。在稳当可靠的基础上争取一切可能的胜利。事实证明，整个战争的发展没有超出这些预先估计，因此中共中央和中央军委对战争的发展变化能够从容应对，驾驭战争向预想的有利方向发展。

☟ 三、以保证战争胜利为中心，进行全面筹划和部署

抗美援朝战争开始后，中共中央、中央人民政府和中央军委，以保证志愿军在战场上的胜利为中心，对军事战略计划和部署，对恢复国内建设的计划和部署，作了全面调整，既保证战场充足的作战部队，又兼顾国内防务的万无一失；既保证战争需要的物力、财力，又兼顾国内建设的恢复；既保证前方的作战，也建立巩固的后方；既靠党政军各级组织解决问题，也充分动员全国人民广泛深入地开展抗美援朝运动（这是人民战争的一种新形式），帮助国家克服困难，为支援战争和恢复国内建设做贡献。这样，战场内外，为了实现战争胜利这个目标，拧成一股劲，不但志愿军在战场上取得了战争的胜利，而且国内建设也按原定计划完成了恢复。

☟ 四、根据战争形势的变化，适时调整战场指导方针

根据志愿军的作战条件和可能实现的军事战略目标，在志愿军出动前，中央军委为志愿军确定的第一期作战方针是，在平壤、元山铁路线以北，德川、宁远公路线以南，建立防御阵地，组织防御战，站稳脚跟，待6个月后，苏联装备到达，完成训练，在空中和地上均具有压倒优势时，再配合朝鲜人民军实行战略反攻。然而，志愿军入朝后，战场形势的变化，使志愿军已不可能按原计划实行防御作战。中央军委和志愿军遂审时度势，果断放弃了原来的防御作战方针，而根据战场形势采取了在运动中歼敌的方针，立即发起了战略反攻，争取了战场主动，打出了战争的有利形势。到1951年夏，战争在三八线地区出现了相持局面，美国当局调整了朝鲜战争政策，放弃了武装占领全朝鲜的军事目标，寻求通过谈判实现朝鲜停战。同时，就志愿军和人民军的力量看，能够将美国军队赶出北朝鲜，却难以将其赶出南朝鲜，并且抗美援朝战争的最低军事战略目标已经实现。根据这种形势，中共中央适时确定了"充分准备持久作战和争取和谈达到结束战争"的指导方针，在军事上则采取"持久作战、积极防御"的作战方针，作战与谈判紧密配合。当停战谈判双方达成关于军事分界线的协议后，志愿军坚守战线不但是军事

作战上的需要，而且成了政治上的需要。于是，中共中央则为志愿军确定了坚守防御的作战方针。当正面战线已经巩固，而侧后的海岸防御仍是薄弱环节时，中共中央又决定志愿军协同人民军，集中力量解决侧后海岸防御问题。致使抗美援朝战争的战场指导，完全适应了战争形势的发展变化。而美国除了不敢使用原子弹外，使用了它所有的现代化武器和所有战争手段，但是在战场上也只能是无可奈何。

◎ 五、围绕作战中的新问题，研究对策，采取措施

由于敌我双方武器装备优劣悬殊，志愿军武器装备落后，特别是没有制空权和制海权，因此遇到了以往作战中从未遇到过的困难，这主要是能不能打、能不能守、能不能保证给养运输的问题。可以说，抗美援朝战争在战场上的全部军事指导，都是围绕这三个问题进行的。

除向苏联订购武器装备，保证志愿军在战场上的急需，国内突击扩建、组建空军和炮兵（含高射炮兵）、装甲兵部队，增强志愿军的作战能力外，在战场上也采取了许多有效对策和措施，基本的原则是避强击弱，扬长避短。

一是抓住和利用美军作战中难以克服的弱点予以打击。美国空军在夜间不能像昼间那样大规模出动和充分发挥作用，美军部队怕夜战，志愿军则充分发挥夜战特长，在夜间发起攻击；美军摩托化和机械化装备对后方和道路依赖性大，怕离开道路和切断与后方的联系，志愿军则采取迂回包围战术，切断其后路，动摇其战役决心；美军步兵战斗精神差，怕失去空中和地面火力支援，怕近战，志愿军则经常采取战役上的迂回包围和战斗上的分割包围相结合的战法，隔离美军步兵与坦克的联系，派小分队直捣敌团、营指挥所和炮兵阵地，实行近战，集中力量打其步兵。在前期的运动战中尤其如此。

二是根据自身装备特点和作战能力确定打法。志愿军火力弱，实现战役包围后难以全歼被围之敌，遂改变战略战役性大迂回大包围的战法，实行战术性的小包围，打小歼灭战，"零敲牛皮糖"。以军或师为单位，选择敌营以下建制单位为目标，集中兵力、火力达到局部优势，一举包围歼灭之。在后期的阵地战中，采取此种战法，取得了理想的歼敌效果。志愿军没有摩托化装备，实行战役追击困难，遂只进行相应追击，不徒行疲劳。志愿军运输补给困难，持续进攻的作战能力弱，遂每次进攻作战更加强调速战速决。志愿军实行坚守防御困难，遂在前期运动战中采取"兵力前轻后重，火力前重后轻"的部署原则，依山傍水节节抗击；而在后期则创造了地面战场上以坑道为骨干的坚固阵

地防御体系，并采取相应的坑道战术。还在第一线展开了冷枪冷炮狙击歼敌活动，杀伤昼间出没前沿阵地的敌军。

采取这些对策，有效地限制了美军优势武器装备的作用，较好地解决了能不能打、能不能守的问题。

三是建立打不烂、炸不断的钢铁线。国内和战场共同努力，志愿军后勤系统与在后方的部队共同努力，交通运输线上的防空作战与抢修、抢运相结合，火车运输与汽车运输及人畜力运输相结合，形成了此断彼通纵横交错的交通运输网，即所谓的"钢铁运输线"，解决了物资的补给运输问题。

✿ 六、在政治、外交和军事上，始终以孤立和打击美国这个主要敌人为目标

这场战争就是抗美援朝战争，中国的主要敌人是美国，因此在政治、外交策略指导上，包括停战谈判，始终以孤立和打击美国这个主要敌人为目标。利用美国与"联合国军"其他参战国之间的矛盾和参战国的不同心态，加以区别对待，提出"抗美援朝、保家卫国"的口号，利用各种国际场合和国内新闻舆论工具，集中揭露、谴责美国的侵略政策和侵略罪行；巩固发展当时与中国建交的十几个国家的关系，并积极争取未与中国建交的国家甚至未参加"联合国军"行动的西方国家的同情和支持。这些也都有力地配合了战场上的作战行动。

在战场上也始终把孤立和打击美军作为战略上的主要目标。虽然在有些具体战役战斗中，主要是打击南朝鲜军或美军以外的其他"联合国军"，但这在战略上都是为孤立和打击美军这个主要目标服务的，是为孤立和打击美军创造条件的。

这样就分化了敌人内部，增加了敌人内部矛盾，有力地打击了主要敌人。

主要启示

抗美援朝战争的高层决策和指导也提供了许多有益的启示，主要是：

一、贫穷就会受欺，落后就要挨打

贫穷就会受欺，落后就要挨打。这是一部中国近代史留给中华民族的教训，也是抗美援朝战争给中国人民的启示。中国近代史上受欺挨打，一个重要原因就是中国贫穷落后。

帝国主义者是不讲公理的，欺软怕硬，看重的只是实力。第二次世界大战后，美国帝国主义所以气势汹汹，不可一世，到处插手干涉别国内政，到处侵略扩张，除了帝国主义的本性决定其必然如此外，关键的因素就是它具有强大的经济力量和强大的军事力量，具有侵略扩张的强大物质基础，具有威慑力量。如果中国当时不是那样的烂摊子，而是具有相当规模的工业基础和相当规模的经济力量；如果志愿军当时武器装备水平不是那样落后，而是具有相当规模的现代化基础，尤其是具有一支相当规模的海军和空军，装备水平与美军相当或接近，那么美国当局对中国一再发出的警告，也就不敢置之不理而一意孤行了。即便其一意孤行，那么志愿军在战场上作战有后方强大经济力量为基础，发挥人民军队的优势和特长，加上有一定现代化基础的武器装备，则完全可以取得更大的胜利，甚至完全可能在朝鲜境内歼灭以美国为首的"联合国军"地面部队，或将其彻底赶出朝鲜。中国的国防战略方针一向是"积极防御"，中国不去侵犯任何国家，但中国也不容许任何别国来侵犯。然而，只有搞好中国的经济建设，增强经济实力，搞好军队现代化建设（特别是武器装备的现代化建设），增强军队现代作战能力，中国的国家安全才更有保证。

二、对于帝国主义的战争挑衅不能示弱，必须坚决予以回击

对于帝国主义的战争挑衅，必须坚决回击，妥协退让只能换来帝国主义者更大的贪

心和自己国家的更大屈辱。这同样是一部中国近代史告诉中国人民的经验，也是抗美援朝战争告诉中国人民的经验。

中国近代史上的耻辱，是由于清王朝上层政府的腐败、软弱无能，一再妥协退让所致。日本帝国主义侵华，1931 年迅速占领东北全境，1937 年以后迅速占领大半个中国，是由于蒋介石国民党上层政府违背民意，实行不抵抗政策和消极抵抗政策的结果。美国侵朝，将战火烧到中国大门口，以毛泽东为主席的中共中央勇敢地作出"抗美援朝、保家卫国"的决策，重振了中华民族的雄威。

美国人总结朝鲜战争的重要教训之一，就是当初不相信中国人民的决心和力量，没有听从中国政府的一再警告。正是总结了这一教训，在越南战争中，美国的约翰逊政府才没把中国政府的警告当做耳旁风，其地面部队才未敢越过北纬 17° 线。①

三、弱国能够打败强国，武器装备落后也能取得战争的胜利

弱国能够打败强国，武器装备落后也能取得战争的胜利。抗美援朝战争的历史，充分表明了这一点。这里的关键是高层灵活正确的战略指导。强胜弱败是战争的客观规律，弱国打败强国，以劣势装备战胜优势装备的强敌仍然必须遵循这一规律。高层战略指导的任务就是，调动各方面的因素和力量，同仇敌忾，团结对敌，以民族凝聚力的强大，弥补经济力量的弱小；变武器装备整体的劣势为局部的优势，充分发挥政治优势，以顽强的战斗意志，弥补武器装备的劣势；并灵活利用政治、外交上的策略手段，使战争中各种因素综合作用的结果，有利于己，不利于敌，从而获得战争中的有利形势。

---

① 参见 [美] 马修·李奇微《朝鲜战争》，第 256～257 页，北京：军事科学出版社，1983 年。

主要参考书目

1. 《毛泽东军事文集》，第六卷，北京：军事科学出版社、中央文献出版社，1993年12月。

2. 《周恩来军事文选》，第四卷，北京：人民出版社，1997年11月。

3. 《陈云文选》（1949—1956年），北京：人民出版社，1984年7月。

4. 《彭德怀军事文选》，北京：中央文献出版社，1988年9月。

5. 《聂荣臻军事文选》，北京：解放军出版社，1992年7月。

6. 《周恩来年谱》（1949～1976），上卷，北京：中央文献出版社，1997年5月。

7. 沈宗洪、孟照辉主编：《中国人民志愿军抗美援朝战史》，北京：军事科学出版社，1990年12月第二版。

8. 军事科学院军事历史研究部著《抗美援朝战争史》（三卷本），北京：军事科学出版社，2000年9月。

9. 王焰主编：《彭德怀年谱》，北京：人民出版社，1998年3月。

10. 《彭德怀自述》，北京：人民出版社，1981年12月。

11. 洪学智：《抗美援朝战争回忆》，北京：解放军文艺出版社，1990年10月。

12. 杜平：《在志愿军总部》，北京：解放军出版社，1989年3月。

13. 柴成文、赵勇田：《抗美援朝纪实》，北京：中共党史资料出版社，1987年2月。

14.《中美关系资料汇编》，第二辑，北京：世界知识出版社，1960年。

15. [美]哈里·杜鲁门：《杜鲁门回忆录》，第二卷，中译本，北京：生活·读书·新知三联书店，1974年10月。

16.《艾奇逊回忆录》，中译本，上海：上海译文出版社，1978年4月。

17. [美]奥马尔·布莱德雷：《将军百战归》，中译本，北京：军事译文出版社，1985年12月。

18. [美]马修·李奇微：《朝鲜战争》，中译本，北京：军事科学出版社，1983年10月。

19. [美]马克·克拉克：《从多瑙河到鸭绿江》，中译本，台北：（台湾）黎明文化出版公司。

20.《麦克阿瑟回忆录》，中译本，上海：上海译文出版社，1984年3月。

21. [美]詹姆斯·F.施纳贝尔：《朝鲜战争中的美国陆军——战争爆发前后》，中译本，北京：解放军国防大学出版社，1990年12月。

22. [美]沃尔特·G.赫姆斯：《朝鲜战争中的美国陆军——停战谈判的帐篷和战斗的前线》，中译本，北京：解放军国防大学出版社，1988年8月。

23. [美]约瑟夫·格登：《朝鲜战争——未透露的内情》，北京：解放军出版社，1990年6月。

后记

　　这部书稿是10年前为纪念中国人民志愿军出国作战50周年，依据已解密的权威性历史档案资料和有关历史著作写成。书稿内容的突出特点是比较全面系统地记述了中共中央和中央军委，特别是毛泽东、周恩来、彭德怀关于抗美援朝战争的高层决策和指导活动，同时也反映了斯大林、金日成关于这场战争（朝鲜战争）的一些决策和指导活动，对于美国最高军政当局关于朝鲜战争的决策及其演变过程也有适当的反映。

　　书稿是当时在我的爱妻、军事科学院营房部高级会计师张素香和我目不识丁的慈母李桂云促使下写成的。在书稿完成过程中，军事科学院军事历史研究部部长林登泉少将，副部长曾庆洋少将、支绍曾少将给予很大支持；该部研究员曲爱国审读了全部书稿，并提出了宝贵的审读意见；在撰写和出版过程中，《军事历史》杂志主编赵一平、中共中央党校教授毛卫平、军事科学院宣传部干事包国俊、军事科学院军事历史研究部助理研究员陈传刚，提供了支持和帮助。

　　本书第一版由中共中央党校出版社出版，当时该社总编室经营部宿华主任和该社李德福编辑对出版该书给予大力支持。2010年是中国人民志愿军出国作战60周年，我希望该书能够再版，辽宁人民出版社给予大力支持，使该书再版面世。军事科学院宣传部包国俊副部长，军事历史研究所所长曲爱国研究员、副所长郭志刚研究员对该书再版给予热情支持，在此一并表示感谢。再版对书稿作了个别文字修订，增加了部分图片。该书再版时我非常怀念已作古的我的慈母李桂云女士。

　　由于水平和掌握的资料有限，书中不妥之处在所难免，欢迎广大读者提出宝贵意见。